AN ALARM TO THE UNCONVERTED

회개하지 않은 자에게 보내는 경고

KB192240

● **독자 여러분께 알립니다!**
'**CH북스**'는 기존 '**크리스천다이제스트**'의 영문명 앞 2글자와
도서를 의미하는 '**북스**'를 결합한 출판사의 새로운 이름입니다.

세계기독교고전 10

회개하지 않은 자에게 보내는 경고

1판 1쇄 발행 2015년 10월 6일
1판 5쇄 발행 2024년 7월 1일

지은이 조셉 얼라인
옮긴이 박문재
발행인 박명곤   **CEO** 박지성   **CFO** 김영은
기획편집1팀 채대광, 김준원, 이승미, 이상지
기획편집2팀 박일귀, 이은빈, 강민형, 이지은, 박고은
디자인팀 구경표, 구혜민, 임지선
마케팅팀 임우열, 김은지, 전상미, 이호, 최고은

펴낸곳 CH북스
출판등록 제406-1999-000038호
전화 070-4917-2074 **팩스** 0303-3444-2136
주소 서울시 강서구 마곡중앙6로 40, 장흥빌딩 10층
홈페이지 www.hdjisung.com **이메일** support@hdjisung.com
제작처 영신사

ⓒ CH북스 2015

세계
기독교
고전

10

AN ALARM TO THE UNCONVERTED

회개하지 않은 자에게 보내는 경고

조셉 얼라인 | 박문재 옮김

CH북스
크리스천
다이제스트

차례

서론

하나님께로 돌이키라고 죄인들을 간곡하게 초대하는 글   9

제1장 ┃ 회심에 관한 오해들   15

1. 회심은 기독교를 믿는다고 고백하는 것이 아닙니다.   16

2. 회심은 그리스도의 이름으로 세례를 받는 것이 아닙니다.   17

3. 회심은 도덕적으로 의롭게 되는 것이 아닙니다.   20

4. 회심은 경건의 규범들을 외적으로 지키는 것이 아닙니다.   21

5. 회심은 교육이나 인간의 법이나 훈육을 통해서 타락을 억제하는 것이 아닙니다.   22

6. 회심은 한 번 빛을 받거나 양심의 가책을 느끼거나 피상적으로 변화 받거나
     부분적으로 행실이 바뀌는 것이 아닙니다.   22

제2장 ┃ 회심의 본질   29

1. 회심은 하나님의 성령으로부터 옵니다.   30

2. 회심을 가져다주는 유효한 원인으로는 내적인 원인과 외적인 원인이 있습니다.   31

3. 회심의 도구로는 인격적인 도구와 실제적인 도구가 있습니다.   34

4. 회심의 궁극적인 목적은 인간의 구원과 하나님의 영광입니다.   36

5. 회심의 주체는 택함 받은 죄인입니다.   36

6. 우리는 회심할 때에 죄와 사탄과 세상, 그리고 우리 자신의 의로부터
     돌아서게 됩니다.   51

7. 회심은 성부와 성자와 성령께로 돌이키는 것입니다.   60

제3장 │ 회심의 필요성   75

1. 회심 없이는, 당신이라는 존재는 헛되고 허망할 뿐입니다.   77

2. 회심 없이는, 사람만이 아니라 눈에 보이는 피조세계 전체가 헛됩니다.   83

3. 회심 없이는, 당신의 신앙은 헛됩니다.   84

4. 참된 회심 없이는, 당신이 품고 있는 소망들은 헛됩니다.   85

5. 회심이 없으면, 그리스도께서 고난을 통해 이루어 놓으신 모든 일이
   당신에게는 헛되게 됩니다.   94

제4장 │ 회심하지 않은 자임을 보여 주는 증표들   111

1. 드러난 죄인들.   114

2. 은밀한 죄인들.   119

제5장 │ 회심하지 않은 자의 참상   135

1. 무한하신 하나님께서 회심하지 않은 당신을 대적하여 싸우고 계십니다.   140

2. 하나님이 지으신 모든 피조물이 당신을 대적합니다.   151

3. 사탄이 당신을 완전히 지배합니다.   153

4. 당신의 온갖 죄로 인한 죄책이 당신을 산처럼 짓누르고 있습니다.   156

5. 당신은 당신 속에서 광분하는 욕망들과 욕심들의 노예가 되어
   비참하게 살아가고 있습니다.   158

6. 맹렬히 타오르고 있는 영원한 응보의 지옥의 불구덩이가
   당신을 기다리고 있습니다.   160

7. 율법은 당신을 향해 자신의 온갖 위협들과 저주들을 쏟아냅니다.   163

8. 복음은 당신에게 지옥에서의 영원한 형벌을 선고합니다.   164

제6장 | 회심하지 않은 사람을 위한 지침들　171

1. 지금과 같이 당신의 회심하지 않은 상태로는 결코 천국에 들어갈 수 없다는 것은
   의심할 여지 없는 확고한 진리라는 사실을 당신의 마음 판에 새기십시오.　173

2. 당신의 죄들을 철저하게 보고 생생하게 느끼고 깨닫기 위하여 애쓰십시오.　174

3. 당신이 지금 얼마나 비참한 상태에 있는지를 깊이 인식하고
   마음에 선명하게 새기십시오.　181

4. 당신 자신의 어떤 행위들이 아니라 당신의 외부에서 도움을 구해야 한다는 것을
   명심하십시오.　183

5. 이제부터는 당신의 모든 죄들을 버리십시오.　185

6. 오직 하나님만을 당신의 분깃이자 복으로 엄숙하게 선택하십시오.　187

7. 주 예수의 모든 직임을 당신의 것으로 받아들이십시오.　194

8. 당신의 모든 능력과 재능, 그리고 당신이 가진 모든 것을 하나님께 드리십시오.　196

9. 그리스도의 법을 당신의 말과 생각과 행위의 규범으로 삼으십시오.　199

10. 이 모든 것에 대하여 하나님과 당신의 영혼 간에 엄숙한 언약을 맺으십시오.　202

11. 회심을 미루지 말고, 신속하게 회심하여, 하나님께 항복하고,
    당신의 마음을 드리십시오.　207

12. 하나님이 당신을 회심시키기 위한 수단으로 주신 하나님의 말씀을
    주의 깊게 경청하십시오.　208

13. 성령께서 당신의 마음에 역사하기 시작하실 때에 그 역사에 순종하십시오.　209

14. 진지하고 열렬한 기도를 끊임없이 부지런히 드리십시오.　210

15. 악한 무리들에게서 떠나고, 죄의 유혹을 이겨내십시오.　211

16. 하루의 모든 시간을 전적으로 할애해서, 하나님 앞에서 은밀하게 금식하고
    기도함으로써, 당신의 영혼을 낮추시고, 당신의 죄악들과 참상들을
    당신의 마음에 확실하게 각인시키십시오.　213

제7장 │ 회심의 동기들   223

1. 당신을 지으신 하나님께서 그 지극하신 은혜 가운데서 당신을
   초대하고 계십니다.   228

2. 천국 문이 당신 앞에 활짝 열려 있습니다.   231

3. 하나님께서는 현세에서도 당신에게 이루 말할 수 없이 놀라운 특권들을
   주실 것입니다.   234

4. 하나님께서는 당신에게 긍휼을 베푸시기 위하여
   최소한의 조건만을 제시하십니다.   236

5. 하나님께서는 당신이 구원을 얻는 데 필요한 모든 은혜를 친히 주십니다.   240

결론   243

하나님께로 돌이키라고 죄인들을 간곡하게 초대하는 글

사랑하는 여러분, 나는 내 자신이 여러분에게 빚진 자임을 기쁘게 인정하고, 하나님의 집의 선한 청지기로 발견되고자 하기 때문에, 여러분 모두에게 각자의 몫을 나누어 주는 일에 관심이 있습니다. 그러나 의사가 가장 관심을 갖는 사람은 과연 고칠 수 있을까 하는 의심이 들 정도로 중병에 걸린 환자들일 것이고, 아버지는 자기 자녀들 중에서 시름시름 앓으며 죽어 가는 자녀를 가장 불쌍히 여길 것입니다. 마찬가지로, 나는 회심하지 않는 심령들을 보면, 불이 붙어서 타들어가고 있는 장작 같은 그들이 너무 안타깝고 불쌍하여 그냥 두고 볼 수 없어서 불 속에서 얼른 꺼내 주고 싶은 마음이 간절해집니다(유 1:23). 그래서 내가 이 글에서 누구보다도 먼저 말하고 싶은 대상은 바로 그런 사람들입니다.

하지만 내가 어떤 근거를 대고 무슨 말을 해야, 그들이 납득할 수 있을 것이며, 나는 무엇으로 그들을 설득할 수 있을까요? 내가 그런 것을 알 수만 있다면, 얼마나 좋겠습니까! 그러나 나는 그런 것을 알지 못합니다. 그렇기 때문에, 나는 그들에게 나의 눈물로 글을 써서 호소하고자 하고, 나의 호소들 하나하나를 나의 눈물로 적시고자 하며, 나의 피를 잉크로 삼아 내 혈관이 다 마를 때까지 피로 호소하고자 하고, 무릎을 꿇고 그들에게 간청하고자 합니다. 내가 그렇게 해서, 그들이 회개하고 돌아올 수만 있다면, 나는 감격하고 감사할 따름입니다.

나는 여러분으로 하여금 회개하고 하나님께로 돌아오도록 하기 위해서 아주 오랫동안 애써 왔고, 여러분을 모으기 위한 시도를 무수히 행해 왔습니다! 여러분을 하나님께로 인도하는 것 — 내가 오랜 세월 동안 기도해 오고 연구해 온 것은 바로 그것입니다. 나는 이제 그 일을 할 수 있었으면 좋겠습니다! 여러분은 아직도 나의 간절한 호소를 들어봐 주실 의향이 있으십니까?

그러나 주님, 나는 이 일을 하기에는 너무나 부족한 자입니다. 애석한 일이지만, 내가 무슨 수로 리워야단의 비늘을 꿰뚫을 수 있겠으며, 연자 맷돌의 아래짝 같이 단단한 심령에 감화를 줄 수 있겠습니까? 내가 무덤들 앞에 가서 거기에 대고 그 속에 누워 있는 자들에게 일어나라고 외친다고 해서, 죽은 자들이 내 말을 듣고 무덤에서 일어나 다시 살아나겠습니까? 내가 바위들과 큰 산들 앞에서 열변을 토한다고 해서, 바위들과 큰 산들이 내가 토한 열변에 감화를 입어 미동이라도 할 것이라고 기대할 수 있겠습니까? 우리는 "창세 이후로 맹인으로 난 자의 눈을 뜨게 하였다 함을 듣지" 못하였는데(요 9:32), 내가 무슨 수로 앞 못 보는 눈먼 자들의 눈을 열어 볼 수 있게 해 주겠습니까? 그러나 주께서는 죄인의 심장을 꿰뚫으실 수 있으십니다. 나는 단지 내가 쏜 화살이 죄인의 심장에 맞는 요행을 바라며, 활시위를 당길 수 있겠지만, 주께서는 내가 쏜 그 화살이 가는 길을 인도하셔서, 죄인이 자기를 방어하기 위하여 입고 있는 갑옷의 이음새를 지나 죄인의 심장을 꿰뚫게 하실 수 있으십니다. 이 글을 읽는 죄인의 죄를 죽이시고, 그의 영혼을 구원해 주십시오.

거듭남이라는 좁은 문을 통과함이 없이 천국으로 들어가는 것은 불가능합니다. "거룩함"이 없이는 아무도 하나님을 볼 수 없습니다(히 12:14). 그러므로 여러분 자신을 이제 주께 내어드리십시오. 이제 주를 찾는 일을 시작하십시오. 주 예수를 여러분의 심령 속에 우뚝 세우시고, 여러분의 집에도 우뚝 세우십시오. 하나님의 아들에게 입 맞추시고(시 2:12), 그 아들이 여러분에게 주시고자 하시는 은혜를 받아들이십시오. 하나님의 아들의 규를 만지고 사는 길을 택하십시오. 여러분이 죽는 길을 택할 이유는 전혀 없습니다. 나는 내 자신을 위해서가 아니라 여러분을 행복하게 하기 위해서 이렇게 간청하고 있는 것입니다. 내가 할 일은 여러분을 행복하게 하는 것이고, 그것은 하늘에서 부르는 부르심의 상을 받기 위하여 달려가고 있는 내가 해야 할 일입니다. 내 영혼이 여러분을 위해 바라고 기도하는 것은 여러분이 구원받는 것입니다(롬 10:1).

나는 여러분에게 가장 중요한 일이고 여러분이 가장 깊이 관심을 가져야 할 일과 관련해서, 내가 여러분을 사랑하는 마음으로 여러분에게 허심탄회하고 솔직하게 말할 수 있는 기회를 허락하시기를 부탁드립니다. 나는 대단한 웅변가처럼 여러분에게 박식한 말로 거창한 웅변을 쏟아놓아서 여러분을 사로잡고자 하는 것도 아니고, 아름답고 우아한 말로 여러분을 기분 좋게 하고자 하는 것도 아닙니다. 내가 이 글을 통해서 지금부터 여러분에게 하고자 하는 것은 인간에게 더할 나위 없이 중요한 일, 곧 여러분의 죄를 깨닫게 하고 회심하게 하며 구원받게 하는 것입니다. 나는 온갖 달콤한 미사여구로 장식한 이상한 미끼를 던져서 여러분으로 하여금 그 미끼를 덥석 물게 하고자 하는 것도 아니고, 여러분의 박수갈채와 찬사를 받기 위하여 낚시하는 솜씨를 보이려고 하는 것도 아니며, 오로지 여러분의 영혼을 낚고자 합니다. 내가 할 일은 여러분을 기쁘게 하는 것이 아니라, 여러분을 구원하는 것입니다. 내가 관심 있는 것은 여러분의 망상이 아니라 여러분의 진심입니다. 내가 여러분의 진심을 얻지 못한다면, 나는 아무것도 얻지 못한 것입니다. 만일 내가 여러분의 귀를 즐겁게 해 주고자 하는 것이라면, 나는 차라리 여러분에게 다른 얘기를 들려줄 것이고 다른 노래를 불러드릴 것입니다. 그런 목적이라면, 나는 얼마든지 여러분에게 좀 더 기분 좋은 얘기를 해 드릴 수 있고, 여러분으로 하여금 마치 자장가를 들으며 편안하게 잠드는 것처럼 해드릴 수 있습니다. 선지자 미가야는 북왕국의 왕이었던 아합에게 늘 "흉한 일"만 예언하였기 때문에, 아합은 미가야 선지자를 좋아할 수 없었습니다(왕상 22:8). 하지만 "여러 가지 고운 말로 유혹하며 입술의 호리는 말로 꾀는" 음녀를 따라간 자는 음녀의 그런 말들이 "화살"이 되어 "그 간을 뚫게" 되어 생명을 잃게 될 것이기 때문에(잠 7:21-23; 6:26), 참된 친구가 해 주는 듣기 싫은 말들에 귀를 기울이는 것이 훨씬 지혜로운 일입니다. 우는 아이를 달래려면, 요람에 누이고 자장가를 불러 주어서, 아이의 마음을 편안하게 해주어 잠들게 해 주면 됩니다. 하지만 아이가 불 속으로 떨어진 경우에도, 아이에게 자장가를 불러 주는 부모는 없을 것입니다. 이 둘은 서로 사정이 완전히 다르기 때문입니다. 나는 우리가 여러분을 설득하지 못하면, 여러분은 영원히 멸망 받게 되리라는 것을 압니다. 우리가 여러분의 동의를 얻어내지 못해서, 여러분이 일어나서 나가 버린다면, 여러분은 영원히 망하게 될 것입니다. 회심 없이는 구원도 없습니다(no conversion —no salvation)! 나는 여러분의 동의를 반드시 얻어내야 합니다. 그렇지 않으면, 나는 여러분이 비참한 상태에 머물러 있는 것을 계속해서 두고 볼 수밖에 없을 테니까요.

그러나 여기에서 내가 할 일은 또다시 어려움에 봉착하게 됩니다. "주여, 시냇가에서 내가 사용할 돌들을 골라 주소서"(삼상 17:40, 45). 전쟁을 경험하지도 못한 애송이 다윗이 블레셋의 거인 골리앗을 상대하기 위해서 "시내에서 매끄러운 돌 다섯을 골라" 싸우러 나가서, "너는 칼과 창과 단창으로 내게 나아 오거니와 나는 만군의 여호와의 이름 곧 네가 모욕하는 이스라엘 군대의 하나님의 이름으로 네게 나아가노라"고 말한 것처럼, 나는 "혈과 육을 상대하는 것이 아니요 통치자들과 권세들과 이 어둠의 세상 주관자들과 하늘에 있는 악의 영들을 상대하기" 위하여(엡 6:12) 전능하신 주의 이름으로 나아갑니다. 이 날에 주께서는 블레셋 사람들을 치시고, 강한 자의 무장을 벗겨 버리시며, 나로 하여금 그 강한 자의 수중에서 포로된 자들을 구해 내게 하소서. 주여, 내가 해야 할 말들을 내게 주시고, 내가 사용하여야 할 무기들을 골라 주십시오. 내가 나의 손을 주머니에 넣어서 돌 하나를 꺼내어 물매로 던질 때, 주께서 그 돌의 궤적을 인도하셔서, 회심하지 않은 죄인의 이마가 아니라 심장을 맞추어서, 그 죄인으로 하여금 다소의 사울처럼 땅에 엎드러지게 해 주십시오(행 9:4).

여러분 중에는, 내가 말하는 "회심"이 무엇을 의미하는지를 알지 못하는 분들도 계실 것인데, 여러분이 이해하지도 못하는 것을 여러분에게 설득시키려고 하는 것은 헛수고일 것이기 때문에, 나는 여러분을 위해서 회심이 무엇인지를 보여드리고자 합니다. 또한, 여러분 중에는, 평상시처럼 계속해서 살아가고 있기는 하지만, 하나님의 은혜를 받고자 하는 소망을 마음속에 은밀하게 품고 계시는 분들도 있을 것입니다. 나는 그런 분들을 위해서, 회심이 왜 필요한지를 보여드릴 것입니다. 또한, 여러분 중에는, 자기는 이미 회심하였다고 잘못 착각하고서, 자기에게는 회심 같은 것은 이제 필요 없다고 고집하는 분들이 계실 것입니다. 나는 그런 분들을 위해서, 회심하지 않은 자임을 보여 주는 증표들에 대하여 들려드리고자 합니다. 또한, 여러분 중에는, 절벽 위에서 잠을 자면서도, 자기는 두렵지도 않고 아무렇지도 않아서 무엇이 문제인지를 전혀 느끼지 못하기 때문에, 회심 같은 것에는 관심이 없다고 말하는 분들도 계실 것입니다. 나는 그분들에게 회심하지 않은 자의 참상을 보여드릴 것입니다. 또한, 여러분 중에는, 위험하다는 것을 뻔히 알면서도, 피할 길을 알지 못해서, 가만히 앉아 있는 분들도 계시기 때문에, 나는 그분들에게 회심의 수단들을 보여드리고자 합니다. 끝으로, 나는 이 모든 분들로 하여금 정신을 바짝 차리도록 하기 위하여, 회심을 위한 동기들에 대하여 말하는 것으로 이 글을 끝맺을 것입니다.

제1장

회심에 관한 오해들

　마귀는 많은 가짜 회심을 날조해 내서, 이 사람은 이런 가짜 회심을 통해서, 저 사람은 저런 가짜 회심을 통해서, 그들이 마치 진짜 회심을 한 것처럼 착각하게 만듭니다. 마귀의 속임수는 아주 교묘하고 감쪽같아서, 하나님의 택하신 자들도 정신을 바짝 차리지 않으면 깜빡 속아 넘어가기 십상입니다. 그래서 나는 실제로는 회심하지 않았는데도 불구하고, 자기가 진짜 회심했다고 착각하는 사람들의 위험하기 짝이 없는 오해를 바로잡아 주고, 실제로는 회심하였는데도 불구하고, 자기가 회심하지 못했다고 오해하는 사람들의 괴로움과 두려움을 제거해 주기 위하여, 회심의 본질, 즉 무엇이 회심이고 무엇이 회심이 아닌지를 당신에게 보여드리고자 합니다. 그러면, 먼저 회심처럼 보이지만 회심이 아닌 것들이 어떤 것들인지를 살펴보겠습니다.

1. 회심은 기독교를 믿는다고 고백하는 것이 아닙니다.

어떤 사람이 자기가 기독교를 믿는다고 고백했다고 해서, 그것이 곧 그 사람이 회심한 것은 결코 아닙니다. 왜냐하면, 사도 바울이 우리에게 말해 주고 있듯이, 기독교 신앙은 "말에 있지 아니하고 오직 능력에" 있기 때문입니다(고전 4:20). 어떤 사람들은 유대교인이나 이교도였다가, 거기에서 나와서 기독교 신앙을 고백하고 기독교인이 되었다면, 그것으로 참된 회심을 한 것이라고 생각합니다. 그런데 만일 그런 사람들의 생각이 옳다면, 요한계시록에 등장하는 사데 교회나 라오디게아 교회에 속한 기독교인들은 더할 나위 없이 훌륭한 그리스도인들이라고 해야 하지 않겠습니까? 그들은 모두 기독교 신앙을 고백하고 기독교인이 된 사람들이었고, 따라서 "살았다 하는 이름"을 가진 사람들이었습니다. 그러나 그들은 "살았다 하는 이름"만을 가지고 있었을 뿐이고 실제로는 "죽은 자들"이었기 때문에, 그리스도께서는 그들을 단죄하셨고, 그들을 "토하여 버릴" 것이라고 경고하셨습니다(계 3:1, 14-16). 주 예수의 이름을 부르면서도 죄악에서 떠나지 않는 사람들이 많고(딤후 2:19), 입으로는 하나님을 안다고 고백하면서도 행위로는 하나님을 부인하는 사람들이 많지 않습니까(딛 1:16)? 그런데도 하나님께서 그런 사람들을 진정으로 회심한 사람들로 여기시고서 받아들이실 것이라고 당신은 생각하십니까? 그런 사람들은 자신들이 죄에서 돌이켜서 회심하였다고 분명하게 말하고 고백하는데도, 실제로는 여전히 죄 안에서 살아가고 있는데, 우리가 어떻게 그런 사람들이 회심한 사람들이라고 말할 수 있겠습니까!

만일 우리가 정말 그렇게 말한다면, 그것은 명백하게 앞뒤가 맞지 않는 말이 될 것입니다. 만일 혼인잔치에서 밤중에 신랑을 맞으러 나간 처녀들이 단지 신앙고백이라는 기름만을 준비하는 것만으로 충분하였다면, 그녀들의 등불이 꺼질 리도 없었을 것이고, 문이 닫혀서 미련한 처녀들이 혼인잔치에 들어가지 못하는 일도 일어나지 않았을 것입니다(마 25:12). 예수께서는 신앙 고백을 한 기독교인들만이 아니라 그리스도를 전하는 사역을 한 설교자들이나 이적들을 행한 자들일지라도, 그들이 악을 행하며 살아간다면, 마지막 심판 날에 "내가 그들에게 밝히 말하되 내가 너희를 도무지 알지 못하니 불법을 행하는 자들아 내게서 떠나가라"고 할 것이라고 분명하게 밝히셨습니다(마 7:22-23).

2. 회심은 그리스도의 이름으로 세례를 받는 것이 아닙니다.

아나니아, 삽비라, 마술사 시몬은 다른 사람들과 마찬가지로 세례를 받은 사람들이었습니다. 세례와 관련해서 아주 많은 사람들이 속기도 하고 속임을 당하기도 합니다. 왜냐하면, 외적으로 세례를 받기만 하면, 사람이 구원을 받는 데 꼭 필요한 하나님의 은혜가 주어진다고 생각해서, 세례를 받은 사람은 누구나 단지 형식적으로가 아니라 실제로 거듭나게 된다고 착각하는 사람들이 너무나 많기 때문입니다. 그래서 사람들은 자기가 세례를 받았을 때에 이미 거듭났기 때문에, 거듭남과 관련해서 자기가 추가적으로 해야 할 일은 없다고 잘못 믿게 됩니다. 그러나 만일 그들의 그런 생각이 옳다면, 세례를 받은 사람은 누구나 구원을 받은 것이 됩니다. 왜냐하면, 세례를 받은 사람은 회심하여 거듭난 것이고, 하나님께서는 회심하여 거듭난 사람에게 죄 사함과 구원을 약속하셨기 때문입니다(행 3:19; 마 19:28). 만일 이렇게 회심과 세례가 동일한 것이라면, 사람들은 죽을 때에 교회에서 준 세례증서만을 챙겨서 세상을 떠나면 될 것이고, 천사들은 세례증서만을 확인하고서 그 증서를 가지고 온 사람들만을 천국으로 들여보내 주어야 할 것입니다.

하지만 세례를 받은 사람들은 누구나 회심한 사람들이고 거듭난 사람들이라고 생각하는 것은 마태복음 7:13-14을 비롯해서 성경에 나오는 많은 구절들을 정면으로 부정하는 것입니다. 만일 그들의 생각이 옳다면, 세례를 받은 사람은 누구나 구원을 받는다면, 구원으로 통하는 문은 대단히 넓을 것이기 때문에, "생명으로 인도하는 문은 좁고 길이 협착하다"(마 7:14)는 성경 말씀은 틀린 말이 되고, 우리는 이후로는 "생명으로 인도하는 문은 크고 길은 넓다"고 말해야 할 것입니다. 또한, 그들의 생각이 옳다면, 생명으로 통하는 길로 수많은 사람들이 구름 떼처럼 몰려서 천국을 향해 걸어가는 장관이 우리 눈 앞에 펼쳐질 것이고, 더 이상 우리는 의인들조차도 겨우 구원을 받게 될 것이기 때문에, 사람들은 천국에 들어가기 위해서는 온 힘을 다해서 고군분투를 하지 않으면 안 된다고 가르쳐서는 안 될 것입니다(벧전 4:18; 마 11:12; 눅 13:24).

　　만일 많은 사람들이 생각하듯이, 구원을 받는 것이 그렇게 쉬운 일이라면, 구원 받고자 하는 사람들은 단지 세례를 받고, "주여, 불쌍히 여기소서"라고 소리치면, 그것으로 충분할 것이기 때문에, 예수께서 구원을 얻고자 하는 사람들에게, "구하라 그리하면 너희에게 주실 것이요 찾으라 그리하면 찾아낼 것이요 문을 두드리라 그리하면 너희에게 열릴 것"이라고 (마 7:7) 하신 말씀에 굳이 귀 기울일 필요가 없을 것입니다. 또한, 그들의 생각이 옳다면, 예수께서 "좁은 문으로 들어가기를 힘쓰라 내가 너희에게 이르노니 들어가기를 구하여도 못하는 자가 많으리라"(마 눅 13:24)고 하신 말씀과는 반대로, 우리는 구원으로 인도하는 문은 아주 넓어서, 그 문을 찾지 못하거나 그 문으로 들어가지 못하는 자는 거의 없을 것이라고 말해야 할 것입니다. 또한, 이제 우리는 "청함을 받은 자는 많되 택함을 입은 자는 적으니라"(마 22:14)고 말해서도 안 되고, "이스라엘 자손들의 수가 비록 바다의 모래 같을지라도 남은 자만 구원을 받으리니"(롬 9:27)라고 말해서도 안 될 것입니다. 그들의 생각이 옳다면, 이제 우리는 제자들처럼 "그렇다면 누가 구원을 얻을 수 있으리이까"(마 19:25)라고 물어서는 안 되고, "그렇다면 누가 구원을 얻지 못하리이까"라고 물어야 할 것입니다. 그들의 생각이 옳다면, 상습적으로 간음을 행하는 자들이나 욕지거리를 입에 달고 사는 자들이나 탐욕스러운 자들이나 날마다 술에 취해 사는 자들도 세례를 받기만 하면, "하나님의 나라를 유업으로" 받게 될 것입니다(고전 5:11; 6:9-10).

어떤 사람들은 "이런 사람들은 세례를 받았을 때에 하나님의 은혜로 거듭난 사람들이 되었지만, 그 후에 다시 타락한 사람들이기 때문에, 구원을 받기 위해서는 다시 거듭나야 한다"고 말합니다. 나는 그렇게 말하는 사람들에게 이렇게 대답할 것입니다. (1) 우리가 앞에서 이미 보여 주었듯이, 거듭남과 구원은 떼려야 뗄 수 없이 서로 결합되어 있습니다. (2) 따라서 그런 사람들이 구원 받기 위해서는 다시 거듭나야 합니다. 그러나 사람이 모태에서 다시 태어나는 것이 불가능한 것과 마찬가지로, 영적으로 두 번 거듭나는 것도 불가능하다고 보아야 하기 때문에, 거듭난 사람이 또다시 거듭나야 한다는 것은 터무니없는 생각입니다. (3) 이 모든 것은 나의 주장이 옳음을 보여 줍니다. 즉, 어떤 사람이 자기가 세례를 받았을 때에 자신은 거듭났음에 틀림없다고 아무리 큰 확신을 가지고 있다고 할지라도, 그 사람이 그 후에 경건의 능력을 전혀 보이지 않고, 복음에 대해서 거의 무지한 가운데 형식적인 신앙생활을 하면서 실제로는 여전히 속된 삶을 살아가고 있다면, 그 사람은 거듭나지 않은 것이기 때문에, 하나님의 나라에 들어가려면, 반드시 거듭나야 한다는 것입니다(요 3:7). 따라서 자기는 세례를 받았기 때문에 거듭났음에 틀림없다는 확신 외에는 다른 것들을 내세울 것이 없는 사람들은 하나님의 나라에 들어갈 수 없습니다.

이제 당신은 어떤 사람이 세례를 받았을 때에 자기가 거듭났다거나 구원을 받았다고 주장한다고 할지라도, 그 사람이 그 후에 뚜렷하게 거룩한 삶을 사는 모습을 보이지 않는다면, 그의 삶이 어떤 철저하고 강력한 변화를 통해서 새로워지지 않는 한, 그 사람은 지옥의 형벌을 피할 수 없으리라는 것에 대하여 동의하게 되셨을 것입니다. 성경은 "스스로 속이지 말라 하나님은 업신여김을 받지 아니하시나니"(갈 6:7)라고 말씀합니다. 즉, 하나님은 사람이 가짜를 가지고 진짜라고 우겨서 속여 먹을 수 있는 그런 분이 아니시기 때문에, 당신이 스스로를 속이고서 하나님까지 그런 식으로 우롱하는 일이 있어서는 안 된다는 것입니다. 당신이 "나는 세례를 받았으니 이제 천국은 나의 것"이라고 아무리 확신한다고 해도, 여전히 기도하지 않고, 오만한 자로 살아가며, 악한 자들과 어울리는 것을 좋아한다면(잠 13:20), 즉 한 마디로 말해서, 당신이 자기를 부인하고 하나님의 말씀을 따라 거룩한 삶을 살아가는 그리스도인이 되어 있지 않다면, 당신은 구원 받을 수 없습니다(히 12:14; 마 15:14).

3. 회심은 도덕적으로 의롭게 되는 것이 아닙니다.

우리가 도덕적으로 의롭게 된다고 할지라도, 우리의 그러한 도덕적인 의는 옛적에 서기관들과 바리새인들이 보여 준 의를 넘어설 수 없기 때문에, 우리를 하나님의 나라로 데려다줄 수 없습니다(마 5:20). 회심하기 전의 바울은 율법의 의로 말하자면 흠이 없는 사람이었습니다(빌 3:6). 바리새인들은 하나님 앞에서 "나는 다른 사람들 곧 토색, 불의, 간음을 하는 자들과 같지 아니하고 이 세리와도 같지 아니함을 감사하나이다"(눅 18:11)라고 말할 정도로, 자신들이 도덕적으로 의로운 자들이라는 대단한 자부심을 지니고 있었습니다. 그런데도 예수께서는 서기관들과 바리새인들의 의로는 하나님의 나라에 들어갈 수 없다고 분명하게 선언하셨기 때문에, 당신이 자신의 도덕적인 의로 하나님의 나라에 들어가고자 한다면, 적어도 그들의 의보다는 더 나아야 합니다. 만일 그렇지 못하다면, 당신은 자기 자신을 아무리 도덕적으로 의로운 자로 자부한다고 할지라도, 하나님께서는 당신을 의롭다고 하지 않으시고 도리어 단죄하실 것이 뻔합니다. 당연히 나는 도덕적으로 의롭게 되는 것이 나쁜 것이라고 단죄하는 것이 절대로 아니고, 단지 당신이 자신의 도덕적인 의를 의지해서 구원을 받으려 하거나 하나님의 나라에 들어가려고 해서는 안 된다고 경고하는 것일 뿐입니다. 경건하면 도덕적으로 의롭게 되지만, 도덕적으로 의롭다고 해서 반드시 경건한 것은 아닙니다.

4. 회심은 경건의 규범들을 외적으로 지키는 것이 아닙니다.

성경은 사람이 "경건의 능력"은 없는데도 "경건의 모양"만 갖추는 것이 얼마든지 가능하다는 것을 분명하게 보여 줍니다(딤후 3:5). 기독교인이라고 하는 사람들 중에는, 길게 기도하고(마 23:14), 자주 금식하며(눅 18:12), 하나님의 말씀을 기쁘게 듣고(막 6:20), 많은 시간과 정성과 돈을 들여서 아주 열심히 하나님을 섬기지만(사 1:11), 회심과는 거리가 먼 사람들이 있습니다. 그런 사람들은 자기는 교회에 꼬박꼬박 다니고 있고, 가난한 자들을 구제하는 일을 자주 하고 있으며, 하나님께 기도하는 삶을 살고 있기 때문에 진정으로 회심한 것이라고 생각하겠지만, 그것은 착각입니다. 하나님을 외적으로 섬기는 일들 중에서, 외식하는 자들, 즉 겉과 속이 다른 위선자들이 행할 수 없는 일은 아무것도 없습니다. 심지어 그들은 자신의 전 재산을 다 팔아서 가난한 사람들을 구제하고, 다른 사람들에게 봉사하는 일에 자신의 몸을 불사르게 내어 주기도 합니다(고전 13:3).

5. 회심은 교육이나 인간의 법이나 훈육을 통해서 타락을 억제하는 것이 아닙니다.

교육이나 훈육을 은혜와 혼동하기가 아주 쉽기 때문에, 그런 일은 비일 비재하게 일어납니다. 그러나 만일 교육이나 훈육으로 충분하다면, 요아스 왕보다 더 훌륭한 사람이 어디 있겠습니까? 성경에서는 "요아스는 제사장 여호야다가 그를 교훈하는 모든 날 동안에는 여호와 보시기에 정직히 행하였다"고 말씀합니다(왕하 12:2). 여호와에 대한 요아스 왕의 열심은 대제사장 여호야다를 시켜서 여호와의 전을 수리하게 할 정도로 대단하였습니다(왕하 12:7). 그러나 요아스 왕이 한 모든 일은 단지 좋은 교육과 훈육의 효과였을 뿐이었습니다. 왜냐하면, 자신의 훌륭한 스승이 세상을 떠나자, 요아스 왕은 금방 타락해서 망나니 같은 삶을 살게 되었고, 결국 우상 숭배에 빠져 버림으로써, 전에 그가 했던 온갖 선한 일들은 자신의 스승에 의해서 잠시 쇠사슬에 묶여 있던 늑대로서 그렇게 한 것일 뿐이라는 사실이 드러났기 때문입니다.

6. 회심은 한 번 빛을 받거나 양심의 가책을 느끼거나 피상적으로 변화 받거나 부분적으로 행실이 바뀌는 것이 아닙니다.

한 번 빛을 받고 배교자가 된 사람도 있고(히 6:4), 로마 총독 벨릭스 같이 하나님의 말씀을 들었을 때에 양심의 가책을 느껴 괴로워하는 사람도 있으며(행 24:25), 세례 "요한을 의롭고 거룩한 사람으로 알고 두려워하여 보호하며 또 그의 말을 들을 때에 크게 번민을 하면서도 달갑게 들은" 헤롯과 같은 반응을 보이는 사람도 있습니다(막 6:20). 하지만 하나님의 말씀을 듣고서 양심에 가책을 느끼고 죄를 깨달음으로써 죄에 대하여 경각심을 갖게 된 것은 회심의 은혜를 받아서 자신의 죄가 십자가에 못 박히게 된 것과는 완전히 다릅니다. 자신의 죄로 인하여 양심의 가책을 느끼고 괴로워해 본 사람들은, 그렇게 죄를 깨닫고 죄책감을 느끼게 된 것이 자기가 회심한 증거라고 터무니없이 믿어 버리는 경우가 많습니다. 만일 그런 식으로 죄책감으로 인하여 괴로워하는 것이 진정한 회심이라면, 우리는 가인을 회심한 자로 여겨야 합니다. 왜냐하면, 가인은 자기 손으로 동생 아벨을 돌로 쳐 죽이고 나서 죄책감으로 인해 거의 미치광이가 되어 온 세상을 떠돌아다니다가, 에녹 성을 지으며 바쁘게 일에 몰두함으로써 겨우 그 죄책감에 의해 시달리는 것에서 벗어날 수 있었기 때문입니다.

어떤 사람들은 자기가 이전에는 방탕하게 생활하고, 악한 자들과 어울려 다니며, 욕망들을 추구하는 삶을 살다가, 이제는 정신을 차려서 건전한 삶을 회복하여 올바르고 제대로 된 생활을 영위하고 있기 때문에, 자기는 진정으로 회심한 자라고 생각합니다. 하지만 그런 사람들은 거룩한 삶과 도덕적으로 올바른 삶은 하늘과 땅만큼이나 서로 다르다는 것을 망각하고 있는 것입니다. 그들은 천국에 들어가고자 하는 사람들 중에서, 천국 근처까지 왔고, 기독교 신앙을 거의 가질 수 있는 정도까지 이르렀는데도, 결국에는 천국에 들어가지도 못하고 기독교 신앙을 가지지도 못한 사람들이 많다는 사실을 망각하고 있습니다. 그런 사람들은 양심이 채찍을 휘두르면 어쩔 수 없이 하나님께 기도하고 설교를 듣고 성경을 읽고, 자신들이 좋아하던 죄들을 멀리하다가도, 양심이라는 사자가 잠이 들면, 또다시 자신들이 좋아하던 죄들에 손을 대기 시작합니다. 유대인들은 하나님의 징계의 손 아래에서는 세상 그 어떤 사람들보다도 더 경건한 자들로 살아갔지만, 하나님이 징계의 손을 거두심으로써 그들에게 닥쳤던 환난이 지나가 버리자마자, 언제 그랬냐는 듯이 하나님을 잊어버렸습니다. 이런 일이 벌어지는 근본적인 원인은, 그들이 자신을 괴롭히던 어떤 죄를 한동안 버릴 수 있었고, 세상의 부패하고 더러운 죄악들에 한동안 빠지지 않을 수 있었다고 할지라도, 그들의 육적인 본성, 즉 육성이 전혀 변하지 않았기 때문입니다.

당신은 볼품없는 납덩이를 녹여 부어서, 식물이나 짐승, 또는 사람 같은 좀 더 아름답고 볼품 있는 형상들을 주조해 낼 수 있지만, 그 모든 것들은 여전히 납일 뿐이기 때문에, 단지 변한 것은 겉모습일 뿐이고, 실제 내용물이 변한 것은 아무것도 없습니다. 마찬가지로, 사람도 다양한 모습으로 변할 수 있습니다. 무식한 사람에서 유식한 사람으로 변하기도 하고, 불경스러운 사람에서 점잖고 예의바른 사람으로 변했다가 또다시 경건한 사람처럼 변신하기도 합니다. 하지만 어떤 사람이 그런 식으로 변하였다고 하여도, 그의 본성이 변화되지 않았다면, 그는 여전히 거듭나지 않은 사람이기 때문에 육신의 정욕을 따라 살아갈 수밖에 없습니다.

죄인들이여, 그러므로 내 말을 들으십시오. 당신이 살고자 한다면, 내 말을 들으십시오. 당신이 진실에 귀를 막고, 의도적으로 스스로를 속이고자 할 이유가 어디 있겠으며, 당신의 소망을 모래 위에 쌓아서 금방 무너지게 하고자 할 이유가 어디 있겠습니까? 당신이 비록 자신의 소망을 모래 위에 쌓았다고 하더라도, 다른 사람이 당신의 소망을 무너뜨리는 일은 정말 어렵고 힘든 일이라는 것을 나는 압니다. 그것은 당신에게 불쾌한 일이 될 수밖에 없고, 내게도 유쾌한 일은 결코 아닙니다. 어떤 외과의사가 자신의 사랑하는 친구의 다리가 썩어 들어가는 것을 보았다면, 그는 가슴이 찢어지는 고통을 느끼면서도 그 친구의 다리를 절단해 내지 않으면 안 될 것인데, 당신에 대한 지금 나의 심정이 바로 그런 것입니다.

하지만 사랑하는 자여, 내 마음을 이해해 주시기를 부탁드립니다. 내가 지금부터 당신에게 하고자 하는 일은, 당신의 집이 머지않아 저절로 무너져 내려서 그 집더미에 당신이 깔려서 죽게 되는 일이 일어나기 전에, 다 쓰러져가는 당신의 집을 허물고서, 영원히 멋지고 튼튼하고 견고한 집을 짓고자 하는 것입니다. 성경은 악인이 품고 있는 불의의 소망은 영원할 수 없기 때문에, 악인이 죽음과 동시에 소멸해 버릴 것이라고 말씀합니다(잠 11:7). 죄인들이여, 당신은 거짓되고 헛된 소망에 속아서, 자기는 죽어서 틀림없이 천국에 갈 것이라고 잔뜩 기대하고 살아가다가, 나중에 죽은 후에 눈을 떠보니, 자기가 지옥에 와 있는 것을 발견하고 기겁을 하는 것보다는, 지금 내가 전하는 하나님의 말씀을 듣고서, 당신을 장차 천국으로 인도해 줄 제대로 된 회심을 경험하는 편이 훨씬 더 낫지 않겠습니까?

당신이 내가 앞에서 여러 가지로 설명한 그런 잘못되고 거짓된 토대들 위에 당신의 소망을 구축해 놓고서, 그런 줄도 모르고 태평하게 여전히 죄 가운데서 살아가고 있는데도, 내가 당신의 그런 모습을 보고, 무엇이 잘못되었는지를 당신에게 말해 주지 않는다면, 나는 충성되지 못한 거짓된 목자가 되고 말 것입니다. 양심이 당신에게 무슨 말을 하고 있는지를 잘 들어 보십시오. 당신은 무엇에 의지해서, 당신이 나중에 반드시 하나님의 나라에 들어가게 될 것이라고 믿고 계시는 것입니까? 거기에 대해서 당신의 양심은 당신에게 무엇이라고 말해 주고 있습니까? 당신은 그리스도의 이름으로 세례를 받았다는 것을 의지하고 계십니까? 당신이 그리스도의 이름을 지닌 그리스도인이라는 것을 의지하고 계십니까? 당신은 눈에 보이는 교회의 한 지체라는 사실을 의지하고 계십니까? 아니면, 당신이 기독교 신앙의 기본 교리들을 잘 알고 있고, 도덕적으로 의롭게 살아가고 있으며, 기독교인으로서 마땅히 행해야 할 의무들을 꼬박꼬박 행하고 있고, 사람들과 거래할 때에 정직하고 공평하게 행하고 있으며, 당신의 죄로 인해서 양심의 가책을 느껴 괴로워하고 있다는 것을 의지하고 계십니까?

내가 주님의 이름으로 당신에게 단언할 수 있는 것은, 당신이 마지막 심판의 때에 하나님의 법정에 서서, 그런 것들을 의지해서 자신은 거듭난 사람이고 구원 받은 사람이기 때문에 하나님의 나라에 들어갈 자격이 있다고 호소한다면, 하나님께서는 당신의 그런 호소를 결코 들어주지 않으시리라는 것입니다. 당신이 호소한 이 모든 것들은 그 자체로는 선한 것이기는 하지만, 당신이 회심하였음을 보여 주는 증거가 될 수는 없고, 당신으로 하여금 구원을 받게 해 주기에 충분하지 않은 것들입니다. 사랑하는 자여, 정신을 바짝 차리고서 진실을 바라보십시오. 그리고 신속하고 철저하게 돌이키기로 결단하십시오. 당신 자신의 심령 상태가 어떠한지를 세심하게 살피십시오. 하나님께서 당신의 심령 속에서 역사하셔서 당신을 철저하게 변화시켜 놓으실 때까지는 쉬지 마십시오. 왜냐하면, 당신은 반드시 회심한 사람이 되어야 하기 때문입니다. 만일 그렇게 되지 않는다면, 당신은 영원히 멸망 받게 될 사람이 될 수밖에 없습니다.

내가 지금까지 앞에서 말한 부류의 사람들이 회심에 이르지 못한 사람들이라고 한다면, 세속적인 사람들에 대해서는 내가 무슨 얘기를 하겠습니까? 그런 사람들은 내가 하는 말에 귀를 기울이려고 하지도 않을 것이고, 이런 말을 하는 내게 눈길을 주려고 하지도 않을 것입니다. 그러나 그런 사람들이 혹시라도 내가 쓴 글을 읽거나 내가 하는 말을 듣는다면, 그들은 자신들을 지으신 하나님께서 그들이 하나님의 나라에서 멀리 있다고 말씀하고 계신다는 것을 알아야 합니다. 지혜로운 처녀들과 어울려 지내던 사람들도 천국 문이 닫혀서 들어가지 못하였는데, 하물며 미련한 처녀들과 어울려 지내던 사람들이 어떻게 지옥에 떨어져서 영원한 멸망에 처해지는 것을 피할 수 있겠습니까? 남들과 거래할 때에 정직하게 행한 자들도 하나님 앞에서 의롭다 하심을 얻지 못하였는데, 남들과 거래할 때에 속임수와 거짓말을 일삼아 왔음을 양심이 소리쳐 알려 주고 있는 저 비참한 사람들은 어떻게 되겠습니까? 한 번 빛을 받고 성도로서의 의무들을 외적으로나마 행한 자들도 그런 것들에 안주하여 진정한 회심을 하지 않았다는 이유로 단죄를 받고 지옥에 떨어진다면, 이 세상에서 하나님 없이 살아온 저 비참한 사람들은 어떻게 되겠고, 이 세상에서 살면서 하나님에 대하여 별로 생각한 적이 없는 저 비참한 죄인들은 어떻게 되겠으며, 하나님을 알지 못해서 기도조차 할 수 없거나, 하나님에 대해 관심이 없어서 기도하고자 하지 않는 저 비참한 사람들은 어떻게 되겠습니까?

회개하고 회심하십시오. 당신의 죄를 의로 끊어내 버리십시오. 그리스도께로 피하여서 죄 사함을 받으시고 새롭게 하시는 은혜를 받으십시오. 당신 자신을 그리스도께 내어 맡기시고, 거룩함 가운데서 그리스도와 동행하십시오. 만일 그렇게 하지 않는다면, 당신은 하나님을 결코 보지 못하게 될 것입니다. 당신은 하나님의 경고에 주의를 기울여야 합니다! 나는 하나님의 이름으로 다시 한 번 당신에게 강력히 권고합니다. 내가 하는 책망의 말씀을 듣고 돌이키십시오. 우매하고 어리석은 생각을 버리고, 진정으로 살 길을 붙잡으십시오. 정신을 제대로 차려서 의롭고 경건한 삶을 사십시오. 죄인들이여, 손을 씻으십시오. 두 마음을 품은 자들이여, 마음을 깨끗하게 하십시오. 악을 행하기를 그치고, 선을 행하기를 배우십시오(잠 1:23; 9:6; 딛 2:12; 약 4:8; 사 1:16-17). 그러나 당신이 계속해서 악한 삶을 살아간다면, 당신은 반드시 죽게 될 것입니다.

제2장

회심의 본질

주님으로부터 고침 받아 눈을 뜨게 된 한 맹인이 처음에 사람들이 걸어
다니는 것을 보고서, 마치 나무 같은 것들이 걸어가는 것처럼 보인다고 말
하였는데(막 8:24), 나는 당신이 그 맹인처럼 진실에 대하여 눈을 반쯤 뜬 상
태에서 머물러 있게 되기를 원하지 않습니다. 하나님의 말씀은 책망하는 데
유익할 뿐만 아니라 가르치는 데에도 유익합니다. 그러므로 나는 지금까지
는 당신에게 항해하면서 피해야 할 무수한 암초들, 즉 회심에 관한 수많은
위험한 오해들을 알려 주어서, 먼 길을 잘 항해할 수 있게 해 주었기 때문에,
지금부터는 드디어 당신을 진리의 항구로 인도하고자 합니다.

한 마디로 말해서, 회심이라는 것은 마음과 삶의 철저한 변화인데, 나는
여기에서 회심의 본질과 원인들을 간단하게 설명하고자 합니다.

1. 회심은 하나님의 성령으로부터 옵니다.

회심의 원천은 하나님의 성령이시기 때문에, 성경은 "성령의 거룩하게 하심"(살후 2:13)과 "성령의 새롭게 하심"(딛 3:5)에 대하여 말씀합니다. 그렇다고 해서, 삼위일체 하나님의 나머지 두 분, 즉 성부 하나님과 성자 하나님이 회심에 관여하지 않으시는 것은 결코 아닙니다. 베드로 사도는 "우리를 거듭나게 하사 산 소망이 있게 하신" "우리 주 예수 그리스도의 아버지 하나님을 찬송하라"고 우리에게 가르칩니다(벧전 1:3). 그리고 성경은 우리 주 예수 그리스도를 "이스라엘에게 회개함을 주시는" 분이라고 말하고(행 5:31), "영존하시는 아버지"라고 부르며(사 9:6), 우리를 그리스도의 씨, 즉 "하나님께서" 그리스도에게 "주신 자녀"라고 부릅니다(히 2:13). 하지만 회심 사역은 일차적으로 성령께 돌려지고, 그래서 성경은 우리가 "성령으로 난다"고 말씀합니다(요 3:5-6).

그렇기 때문에, 회심은 인간의 능력을 넘어서는 일입니다. 우리는 "혈통으로나 육정으로나 사람의 뜻으로 나지 아니하고 오직 하나님께로부터 난 자들"입니다(요 1:13). 당신 자신의 힘으로 회심할 수 있다고 절대로 생각하지 마십시오. 당신이 구원 받기 위한 회심을 하고자 한다면, 당신 자신의 힘으로 회심하고자 하는 것을 포기하여야 합니다. 회심은 죽은 자 가운데서 부활하는 것이고(엡 2:1), 새롭게 지음 받는 것이며(갈 6:15; 엡 2:10), 전능하신 하나님의 절대적인 권능으로 이루어지는 일입니다(엡 1:19). 그런데 어떻게 이런 일들을 인간의 힘으로 할 수 있겠습니까? 당신이 좋은 본성과 온유하고 순결한 성품 등과 같이, 모태에서 태어날 때부터 지니고 있는 것들만을 의지해서 회심하고자 한다면, 당신은 참된 회심을 결코 이룰 수 없습니다. 회심은 인간의 본성을 넘어서는 일입니다.

2. 회심을 가져다주는 유효한 원인으로는 내적인 원인과 외적인 원인 이 있습니다.

(1) 회심의 내적인 원인은 오직 하나님이 값없이 거저 주시는 은혜뿐입니다.

성경은 하나님께서 "우리를 구원하시되 우리가 행한 바 의로운 행위로 말미암지 아니하고 오직 그의 긍휼하심을 따라 중생의 씻음과 성령의 새롭 게 하심으로 하셨나니"(딛 3:5)라고 말씀합니다. 또한, 성경은 하나님께서 "자기의 뜻을 따라 진리의 말씀으로 우리를 낳으셨느니라"(약 1:18)고 말씀 합니다. 하나님께서 우리를 택하시고 부르신 것은, 우리가 거룩해서가 아니 라 우리를 거룩하게 하시기 위해서입니다(엡 1:4).

하나님께서는 인간이라는 존재 속에서 자신의 마음을 끌 만한 구석은 조 금도 발견하실 수 없으시고, 오직 메스껍기 짝이 없는 것들만을 발견하실 수 있으실 뿐이며, 사랑할 만한 구석은 조금도 발견하실 수 없으시고, 오직 역 겨움을 불러일으키기 충분한 것들만을 발견하실 수 있으실 뿐입니다. 그리 스도인들이여, 당신 자신을 한 번 되돌아보십시오! 당신 자신이 전에 얼마 나 비열하고 탐욕스러우며 음란한 본성을 지니고 있었으며, 얼마나 더럽고 추악한 것들을 먹었고, 악취 나는 시궁창을 얼마나 편안하게 느끼면서 거기 에서 기분 좋게 뒹굴며 살았었는지를 한 번 생각해 보십시오(벤후 2장). 당신 이 얼마나 심하게 타락해서 추잡하고 썩어 문드러진 존재로 살았는지를 생 각해 보십시오. 그 때에는 당신의 옷조차도 당신을 혐오하지 않았던가요(욥 9:31)? 그런데 어떻게 거룩함과 순결함이 당신을 사랑할 수 있었겠습니까? 당신의 그런 모습을 보고서, 하늘도 깜짝 놀라 기겁을 하고, 땅도 기가 막혀 서 어쩔 줄 몰라 하였습니다. 그 때에 당신은 오직 "은총, 은총"을 주시라고 부르짖을 수밖에 없었습니다(슥 4:7).

지극히 높으신 하나님의 자녀들이여, 당신은 듣고 부끄러워하여야 합니다. 당신이 이전에 어떤 존재였는데, 지금은 지극히 높으신 하나님의 자녀들이 된 이야기를 들은 사람들이라면, 당신이 언제 어디서나 해야 할 일은 오직 하나님을 찬송하고 경배하는 일뿐이라고 누구나 이구동성으로 말할 것입니다. 그런데 이토록 큰 은혜를 하나님으로부터 값없이 거저 받아서 지금의 당신이 되었는데도, 배은망덕하게도 지금 당신의 입술과 당신의 생각 속에는 하나님의 은혜라는 것이 온 데 간 데 없고, 하나님을 경배하는 것이나 찬송하는 것도 온 데 간 데 없습니다. 어떻게 당신이 하나님의 그 지극하신 은혜를 잊어버릴 수가 있으며, 형식적으로 살짝 한 번 언급하고 그냥 넘어가 버릴 수가 있습니까? 당신의 이전의 모습은 너무나 흉측해서 하나님의 진노만을 불러일으킬 수 있었을 뿐인데, 그런데도 하나님께서 당신을 사랑하셨다면, 그것은 전적으로 값없이 거저 주어진 하나님의 은혜로 된 것이 아니고 무엇이겠습니까?

사도 베드로는 자신의 서신에서 "우리 주 예수 그리스도의 아버지 하나님을 찬송하리로다 그의 많으신 긍휼대로… 우리를 거듭나게 하사 산 소망이 있게 하시며"(벧전 1:3)라고 써 나갈 때, 하나님의 큰 사랑에 대하여 얼마나 감사하고 감격하는 마음으로 그 글을 써 내려갔겠습니까! 또한, 사도 바울이 "긍휼이 풍성하신 하나님이 우리를 사랑하신 그 큰 사랑을 인하여 허물로 죽은 우리를 그리스도와 함께" 살리셨으니, "너희는 은혜로 구원을 받은 것이라"(엡 2:4-5)고 말할 때, 하나님이 우리에게 값없이 베풀어 주신 크신 은혜에 대하여 얼마나 감사하고 감격하였겠습니까!

(2) 회심의 외적인 원인은 저 찬송 받으시기에 합당하신 예수님의 공로와 중보기도입니다.

예수 그리스도께서는 반역한 자들을 위한 선물들을 하나님으로부터 얻어 내셨고(시 68:18), 하나님께서 자기가 기뻐하시는 일들을 우리 가운데서 행하시는 것은 예수 그리스도 때문입니다(히 13:21). 하나님께서 "하늘에 속한 모든 신령한 복"을 우리에게 주시는 것은 예수 그리스도 때문입니다(엡 1:3). 예수께서는 택함 받은 자들인데도 아직 믿고 있지 않은 자들을 위하여 중보 기도를 하십니다(요 17:20). 모든 회심하는 사람들은 한 사람 한 사람이 다 예수 그리스도의 피와 땀의 열매입니다. 어머니의 산고 없이 이 세상에 태어날 수 있는 아기가 단 한 명도 없는 것과 마찬가지로, 그리스도께서 우리를 위하여 감내하신 산고 없이 거듭날 수 있는 자는 단 한 명도 없습니다. 그가 십자가 위에서 겪으신 모든 고통이 바로 우리를 낳으시기 위한 산고였습니다. 그는 우리에게 "거룩함"이 되셨습니다(고전 1:30). 즉, 그는 우리를 거룩하게 하시기 위하여, 자기를 거룩하게 성별해서 희생제물로 하나님께 드리셨습니다(요 17:19). 예수 그리스도께서 자신의 몸을 단번에 드리심으로써, 우리는 "거룩함"을 얻게 되었습니다(히 10:10).

그러므로 하나님께서 우리에게 회심의 은혜를 주시는 것은 오직 그리스도의 공로와 중보기도 덕분입니다. 당신이 새로운 피조물이 되었다면, 당신은 그것이 누구의 덕분인지를 알 것인데, 그것은 그리스도의 산고와 기도 덕분입니다. 망아지는 어미 말을 졸졸 따라다니고, 젖먹이 아기는 어머니의 품에 안겨 살아가는 것이 자연스러운 것처럼, 신자는 그리스도를 졸졸 따라다니며 그의 품에 안겨 살아가는 것이 당연합니다. 당신이 그리스도께로 가지 않는다면, 어디로 가겠습니까? 세상에 속한 그 어떤 것이 당신의 마음을 얻어 당신으로 하여금 그리스도를 떠나게 할 수 있다면, 어디 한 번 그렇게 해보라고 하십시오. 사탄이 당신의 마음을 주장할 수 있습니까? 세상이 당신에게 구애한다고 해서, 당신의 마음이 움직입니까? 죄가 당신의 마음을 빼앗을 수 있습니까? 당신은 이미 그러한 것들을 다 십자가에 못 박은 사람들이 아닙니까? 당신이 그러한 것들에 대하여 이미 죽은 자인데, 그러한 것들이 무슨 짓을 한다고 해도, 어떻게 당신의 마음을 움직일 수 있겠습니까? 그리스도인들이여, 당신이 이 땅에 살아 있는 동안 부지런히 당신의 주를 사랑하고 섬기십시오.

3. 회심의 도구로는 인격적인 도구와 실제적인 도구가 있습니다.

(1) 회심을 위한 인격적인 도구는 복음 사역입니다.

사도 바울은 "그리스도 예수 안에서 내가 복음으로써 너희를 낳았다"(고전 4:15)고 말합니다. 그리스도의 사역자들은 사람들의 "눈을 뜨게 하여 하나님께로 돌아오게" 하기 위하여 보내심을 받은 자들입니다(행 26:18). 배은망덕한 세상이여! 당신은 주의 사자들을 박해하고 있는 것이 무슨 짓을 하고 있는 것인지를 잘 알지 못합니다. 그들은 하나님께서 당신을 구원하시기 위하여 보내신 자들이고, 당신을 구원으로 인도하는 것을 자신들의 사명으로 여기고 일하는 자들입니다. 당신은 자신이 "훼방하고 능욕한" 사람들이 누구인지를 알지 못하는 것입니까(사 37:23)? 그들은 당신에게 구원의 길을 보여 주기 위하여 지극히 높으신 하나님으로부터 보내심을 받은 종들입니다(행 16:17). 그런데 당신은 미련하고 어리석은 자여서, 그들이 당신에게 베푸는 은혜를 원수로 되갚고 있습니다(신 32:6).

배은망덕한 자들이여, 당신은 자신이 누구를 희롱하며 가지고 노는 것인지를 알고 있습니까? 그들은 죄인들을 회심시켜서 구원하시기 위하여 하나님이 사용하시는 도구들입니다. 당신은 자신의 병을 고치러 온 의사에게 욕설을 퍼붓고, 당신들이 타고 있는 배를 운행하는 항해사를 바닷속으로 던져버리는 자입니까? "아버지 저들을 사하여 주옵소서 자기들이 하는 것을 알지 못함이니이다"(눅 23:34).

(2) 회심을 위한 실제적인 도구는 하나님의 말씀입니다.

우리는 진리의 말씀으로 거듭납니다. 우리의 눈을 뜨게 해 주고, 우리의 심령을 회심시키며(시 19:7-8), 우리로 하여금 구원에 대하여 지혜롭게 해 주는(딤후 3:15) 것도 모두 이 진리의 말씀입니다. 하나님의 말씀은 우리를 거듭나게 해 주는 "썩지 아니할 씨"입니다(벧전 1:23). 우리가 깨끗하게 씻음을 받았다면, 그것은 하나님의 말씀 덕분입니다(엡 5:26). 우리가 거룩함을 덧입게 되었다면, 그것도 진리의 말씀 덕분입니다(요 17:17). 하나님의 말씀은 우리 속에서 믿음을 만들어 내어 우리를 거듭나게 해 줍니다(롬 10:17; 약 1:18).

성도들이여, 당신은 왜 하나님의 말씀을 사랑하여야 합니까? 그것은 당신이 하나님의 말씀으로 인하여 회심하였기 때문입니다! 당신은 회심한 순간부터 하나님의 말씀이 지닌 새롭게 하시는 능력을 체험해 왔고, 당신이 살아 있는 동안 계속해서 그 능력을 느끼게 될 것입니다. 그러므로 당신은 말씀을 주신 하나님께 늘 감사하는 것이 마땅합니다. 말씀을 당신의 목에 걸고 다니시고, 당신의 손바닥에 써서 다니시며, 당신의 품에 품고 다니십시오. 당신이 길을 갈 때에는 말씀이 당신을 인도하게 하시고, 당신이 잠잘 때에는 말씀이 당신을 지켜 주게 하시며, 당신이 깨어 있을 때에는 말씀이 당신에게 말을 걸게 하십시오(잠 6:21-22). 시편 기자가 "내가 주의 법도들을 영원히 잊지 아니하오니 주께서 이것들 때문에 나를 살게 하심이니이다"(시 119:93)라고 고백한 것처럼, 당신도 "주께서 주의 교훈들로 나를 살게 하셨사오니, 내가 어찌 주의 교훈들을 잊겠습니까"라고 고백하십시오. 당신이 아직 회심하지 않았다면, 하나님의 말씀을 부지런히 읽으시고, 하나님의 말씀이 능력으로 선포되는 곳을 찾아가십시오. 당신이 하나님의 말씀을 읽거나 들을 때에 성령께서 임하시도록 기도하십시오. 말씀을 읽거나 듣기 전에 먼저 무릎 꿇고 기도하시고, 말씀을 읽거나 들은 후에도 무릎 꿇고 기도하십시오. 당신이 하나님의 말씀을 당신의 기도와 눈물로 촉촉이 적시지 않거나,

묵상을 통해서 숙성되도록 하지 않는다면, 당신은 말씀을 읽거나 들어도 별 열매를 거두지 못할 것입니다.

4. 회심의 궁극적인 목적은 인간의 구원과 하나님의 영광입니다.

하나님이 우리를 택하신 것은 우리를 "거룩하게" 하셔서 "구원을 받게" 하시기 위한 것이고(살후 2:13), 하나님이 우리를 부르신 것은 우리를 "영화롭게" 하시기 위한 것이지만(롬 8:30), 특히 하나님 자신이 영광을 받으시기 위한 것이기 때문에(사 60:21), 우리는 하나님을 찬송하여 하나님의 "아름다운 덕을 선포하고"(벧전 2:9) 선한 일들에 많은 열매를 맺어드려야 합니다(골 1:10).

그리스도인들이여, 하나님이 당신을 부르신 목적을 잊지 마십시오. 당신의 빛이 밝게 빛나게 하고, 당신의 등불이 환히 타오르게 하며, 당신으로부터 때를 따라 선한 열매가 풍성하게 맺어지게 하십시오(시 1:3). 당신이 생각하고 행하는 모든 것들이 하나님의 뜻과 일치하게 하여, 하나님께서 당신으로 인하여 영광과 찬송을 받으시게 하십시오(빌 1:20).

5. 회심의 주체는 택함 받은 죄인입니다.

회심을 하는 주체는 하나님으로부터 택하심을 받은 죄인이고, 이 죄인의 모든 부분들과 능력들, 지체들과 마음이 다 회심의 대상입니다. 하나님께서는 미리 예정하신 자들만을 부르십니다(롬 8:30). 하나님 아버지께서 그리스도에게 주신 사람들, 즉 그리스도의 양들 외에는, 아무도 부르심을 받거나 믿음으로 말미암아 그리스도께로 나아갈 수 없습니다(요 6:37, 44). 따라서 부르심과 택하심은 사실 동전의 양면입니다. 왜냐하면, 하나님께서는 오직 자기가 영원 전에 택하신 자들만을 나중에 부르시기 때문입니다(벧후 1:10).

만약 당신이 자기가 과연 택하심을 받은 것인지를 의심하고, 그것을 찬찬히 따져 보고자 한다면, 당신은 출발점을 잘못 선택한 것입니다. 왜냐하면, 당신은 자기가 택하심을 받았는지가 아니라, 자기가 과연 회심한 것이 맞는지를 먼저 살펴보고, 당신이 회심한 것이 틀림없다면, 그것은 하나님이 당신을 택하셨음을 보여 주는 증거인 까닭에, 당신의 택하심에 대하여 더 이상 의심하지 말아야 하는 것이 올바른 순서이기 때문입니다. 만약 당신이 자기가 회심한 것이 확실하지 않다는 것을 발견하였다면, 즉시 철저하게 회심하십시오. 어떤 사람을 택하시고 어떤 사람을 택하시지 않은 것과 관련된 하나님의 뜻과 계획은 우리에게 감추어져 있기 때문에, 우리는 그것을 알 수 없습니다. 그러나 하나님의 약속은 분명합니다.

패역한 자들은 아주 고집스럽게 이렇게 말합니다: "만약 하나님이 나를 택하셨다면, 내가 무슨 짓을 해도, 나는 반드시 구원받게 될 것이다. 그러므로 나는 내가 하고 싶은 대로 하면 된다. 만약 하나님이 나를 택하시지 않으셨다면, 내가 무슨 짓을 해도, 나는 어차피 지옥에 떨어질 수밖에 없다. 그러므로 나는 내가 하고 싶은 대로 하면 된다." 패역한 죄인들이여, 당신은 본말이 전도된 말을 하고 있으면서도, 자신의 말이 옳다고 우기고 싶은 것입니까? 하나님의 말씀이 당신 앞에 있지 않습니까? 하나님의 말씀이 당신에게 무엇이라고 말하고 있습니까? "회개하고 돌이켜 너희 죄 없이 함을 받으라"(행 3:19). "너희가 육신대로 살면 반드시 죽을 것이로되 영으로써 몸의 행실을 죽이면 살리니"(롬 8:13). "주 예수를 믿으라 그리하면 너와 네 집이 구원을 받으리라"(행 16:31).

이것보다 더 분명한 말씀이 어디 있겠습니까? 당신은 자기가 택하심을 받은 자인지를 놓고서 의심하거나 이런저런 생각을 하는 것을 즉시 중지하고, 하나님이 말씀하신 대로, 회개하고 믿는 일에 착수하십시오. 회심의 은혜를 주시라고 하나님께 부르짖으십시오. 하나님께서 성경 속에서 이미 계시해 주신 것들은 당신을 위한 것입니다. 그러므로 당신은 쓸데없이 자신의 생각에 골몰하지 마시고, 성경에서 하나님이 말씀하신 대로만 부지런히 행하십시오. 하나님이 우리 인간에게 주신 양식인 말씀을 먹으려 하지 않는 자들은 다른 것들을 먹다가 목에 가시가 걸려 질식사하게 될 것이라고 어떤 사람이 말하였는데, 그 말이 지극히 옳습니다. 하나님의 뜻과 계획이 무엇이든지 간에, 나는 하나님이 약속하신 것들은 참되다는 것을 확신합니다. 하나님이 작정하신 것들이 무엇이든 간에, 나는 내가 회개하고 믿는다면, 구원을 받게 될 것이고, 내가 회개하지 않는다면, 영원한 저주를 받아 지옥에 떨어지게 되리라는 것을 확신합니다. 이것은 당신이 회심하여야 할 충분한 이유가 되지 않습니까? 그런데도 당신은 하나님께로 돌이키고 회심하는 것이 아니라, 자신의 생각대로 그대로 내달리다가 암초에 부딪쳐서 난파를 당하여 멸망하고자 하십니까?

좀 더 구체적으로 말한다면, 이 회심으로 인한 변화는 한 사람 전체에 전인적으로 미칩니다. 육신적인 사람들도 단편적으로 도덕적으로 선한 행위들을 할 수 있지만, 결코 그들의 모든 행위가 다 선할 수는 없습니다. 회심은 옛 건물을 수리하는 것이 아니라, 옛 건물을 깡그리 다 부수고 무너뜨린 후에, 새로운 건물을 짓는 것입니다. 회심은 이전에 입고 있던 옷에 한 조각의 거룩함을 덧대는 것이 아닙니다. 어떤 사람이 참되게 회심한 자라면, 그 사람의 모든 능력들과 원리들과 행위들이 모두 다 거룩함으로 짜여져 있게 됩니다. 이렇게 참된 그리스도인들은 머리부터 발끝까지 완전히 새롭게 지음받은 자들입니다. 그들은 새 사람이고 새로운 피조물입니다. 그래서 성경은 "그런즉 누구든지 그리스도 안에 있으면 새로운 피조물이라 이전 것은 지나갔으니 보라 새 것이 되었도다"(고후 5:17)라고 말씀합니다. 회심은 한 사람의 모든 것을 변화시키는 역사이고, 그 중심에는 한 사람의 마음 또는 심령의 변화가 있습니다. 회심은 한 사람을 완전히 새로운 사람으로 만들어서 새로운 세계 속에 존재하게 만듭니다. 회심은 한 사람의 마음은 물론이고, 한 사람에게 속한 모든 기능들과 삶의 모든 행위들에 전인적으로 미칩니다.

(1) 마음.

회심은 한 사람의 왜곡된 판단력을 올바르게 바로잡아 주기 때문에, 회심한 사람은 육신적이고 세상적인 온갖 이해관계들보다도 하나님과 하나님의 영광이 가장 중요하다는 것을 알게 됩니다. 회심은 마음 눈을 뜨게 해 주고, 태어날 때부터 지니고 있던 무지의 비늘이 그 마음 눈에서 떨어져 나가게 해 주어서, 사람들을 어둠에서 빛으로 인도해 줍니다. 그래서 전에는 자신의 영적인 상태가 얼마나 위험하고 위태로운지를 전혀 보지 못했던 사람이, 이제는 자기가 은혜의 능력으로 말미암아 새롭게 되지 않는다면, 영원히 멸망할 수밖에 없는 자라는 것을 보게 됩니다(행 2:37). 전에는 자기가 죄 가운데 살아가면서도 별로 괴로워하거나 마음 아파하지 않았던 사람이, 이제는 자신의 죄악된 삶이 얼마나 극악무도한 삶인지를 알게 됩니다. 회심한 사람은 전에 자기가 몸담고 살아 왔던 죄가 얼마나 진리에서 벗어나 있고 불의하며 기형적이고 흉측하며 더럽고 추악하다는 사실을 보게 됩니다. 이렇게 그는 자신의 이전의 죄악된 삶이 얼마나 끔찍한 삶인지를 알게 되었기 때문에, 그런 삶을 혐오하고 두려워하며, 그런 삶에서 도망치고 싶어 하고, 심지어 그런 삶을 살아 왔던 자기 자신을 혐오하기까지 합니다(롬 7:15; 욥 42:6; 겔 36:31).

회심한 사람은 전에는 자기 자신 속에서 거의 죄를 볼 수 없었고, 특별히 고백할 죄를 발견할 수 없었지만, 이제는 자신의 마음이 얼마나 부패하고 썩어 문드러졌는지를 보게 되고, 자신의 본성 전체가 얼마나 절망스러울 정도로 깊이 타락하고 오염되어 있는지를 보게 됩니다. 그래서 그는 마치 나병환자처럼 "부정하다, 부정하다"(레 13:45)고 외치며, "우슬초로 나를 정결하게 하소서 내가 정하리이다 나의 죄를 씻어 주소서 내가 눈보다 희리이다…하나님이여 내 속에 정한 마음을 창조하시고 내 안에 정직한 영을 새롭게 하소서"(시 51:7, 10)라고 기도하게 됩니다. 그는 뼛속 깊이까지 온통 썩어 문드러져서 더럽기 짝이 없는 자신의 모습을 보고서(시 14:3; 마 7:17-18), 자신의 모든 부분들과 기능들과 행위들에 "부정하다"고 쓰게 됩니다(사 64:6; 롬 7:18). 그는 자신의 존재의 구석구석에 전에는 알지 못했던 더럽고 악취나는 오물과 쓰레기들이 잔뜩 쌓여 있는 것을 발견하게 되고, 자신의 심령 속에 하나님을 모독하는 것들과 도둑질하는 것들과 살인하는 것들과 간음하는 것들이 있다는 것을 발견하게 됩니다. 그런 것들은 그가 전에는 자기 속에 있는지도 알지 못했던 것들입니다. 회심한 사람은 전에는 그리스도 속에서 자기가 사모할 만한 그 어떤 볼품 있는 것이나 아름다운 것을 보지 못했었지만, 이제는 그리스도 안에 감추어진 보화를 보고서, 자신의 모든 소유를 다 팔아서 그리스도라는 밭을 사고자 합니다. 그리스도는 우리가 찾던 진주입니다.

이제 이 새로운 빛을 받은 사람은 이전과는 완전히 다른 마음과 생각과 분별력을 지니게 됩니다. 이제 그에게는 오직 하나님이 자신의 전부가 되고, 하늘에서나 땅에서나 하나님 같은 분은 존재하지 않게 됩니다. 그는 진정으로 온 세상보다 하나님을 더 좋아합니다. 하나님의 은총은 그의 생명이고, 하나님의 얼굴 빛은 그가 전에 좋은 것이라고 여겨서 마음을 두고 추구하던 "곡식과 새 포도주와 기름"보다 더 좋은 것입니다(시 4:6-7). 겉으로는 신을 믿는 체하면서 실제로는 믿지 않는 외식하는 자들도 하나님은 최고의 선이라는 추상적인 명제에는 동의할 수 있지만, 이렇게 회심한 자가 하나님에 대하여 생각하고 말하고 행하는 것처럼 할 수는 없습니다. 이방인들 중에서 극소수에 불과한 지혜롭다고 하는 자들도 그렇게 말할 수는 없었습니다. 그러나 외식하는 자가 아닌 진정으로 회심한 사람은 하나님이야말로 자기가 가장 사모하는 선이라고 여기기 때문에, 두말하지 않고 하나님을 묵묵히 따릅니다. 회심한 사람은 이렇게 말합니다: "내 심령에 이르기를 여호와는 나의 기업이시니 그러므로 내가 그를 바라리라 하도다 하늘에서는 주 외에 누가 내게 있으리요 땅에서는 주 밖에 내가 사모할 이 없나이다 하나님은 내 마음의 반석이시요 영원한 분깃이시라"(애 3:24; 시 73:25-26).

회심은 수단 및 목적과 관련한 사람의 의지의 왜곡을 바로잡아 줍니다. 사람의 의지의 동기들이 바뀝니다. 회심한 사람은 이제 새로운 목표들과 계획들을 갖습니다. 그는 이제 다른 무엇보다도 하나님을 목적으로 삼고, 이 세상에 속한 것들을 이루고자 하는 목표나 계획을 전혀 갖지 않으며, 오직 자기 안에서 그리스도만이 영광과 존귀를 얻으시게 하고자 합니다. 그는 자기가 그리스도를 섬기고 그리스도께 영광을 돌릴 수 있게 된 것을, 세상이 자기에게 줄 수 있는 모든 것을 다 갖게 되는 것보다 더 행복하고 복된 일로 여깁니다. 그가 목표로 하는 푯대는 예수의 이름이 이 세상에서 존귀히 여김을 받으시게 하는 것입니다.

독자들이여, 당신은 이 글을 읽으면서, 당신 자신도 과연 그러한지를 스스로에게 물어보고 계십니까? 이 글을 읽는 것을 잠시 멈추고서, 당신 자신을 살펴보십시오.

또한, 회심한 사람은 무엇을 선택하느냐 하는 것도 바뀌게 됩니다. 그는 하나님을 자신의 최고의 복으로 여기고, 그리스도와 거룩함을 자기를 하나님께로 데려다줄 수단들로 여깁니다. 그는 예수님을 자신의 주로 선택합니다. 그는 단지 어쩔 수 없이 등 떠밀려서 그리스도께로 억지로 가는 것도 아니고, 그리스도를 어쩔 수 없이 받아들이는 것도 아니고, 자원해서 기쁜 마음으로 그리스도 앞으로 나아갑니다. 그는 겁이 나거나 양심이 괴로워서, 또는 죄인으로 죽어가는 것이 두려워서, 그 두려움을 없애기 위해서는 무슨 짓이라도 할 수 있기 때문에, 지옥에 가는 것보다는 그리스도를 받아들이는 것이 더 낫다고 생각해서, 그런 선택을 하는 것이 아닙니다. 그는 그리스도야말로 자신에게 최고로 좋은 것이기 때문에, 이 세상에 자기가 사는 동안 누릴 수 있는 온갖 좋은 것들을 다 버리고, 그리스도를 의도적으로 선택하기로 결단하는 것입니다(빌 1:23). 또한, 그는 자신이 가야 할 길로 거룩함을 선택합니다. 그는 단지 어쩔 수 없어서 그 길을 선택하는 것이 아니라, 그 길을 좋아하고 사랑해서 선택하는 것입니다. 그래서 다윗은 "내가 주의 법도들을 택하였사오니"(시 119:173)라고 고백합니다. 즉, 자기가 주 하나님의 교훈들이 말해 주는 길을 사랑해서 의도적으로 선택하였다는 것입니다.

회심한 사람은 하나님의 교훈들을 자기를 구속하고 속박하는 것이 아니라, 자신의 기업(heritage), 곧 자신의 영원한 기업으로 여깁니다. 그는 하나님의 교훈들을 무거운 짐이 아니라, 자기를 지극히 복되게 해 줄 가르침으로 여기고, 자기를 옭아매는 밧줄들(cords)이 아니라, 자기에게 힘을 공급해 주는 원동력으로 여깁니다(요일 5:3; 시 119:14, 16, 47). 그는 그리스도께서 메워 주시는 멍에를 단지 수동적으로 묵묵히 지는 것이 아니라, 적극적으로 그 멍에를 짊어지려고 합니다. 그는 거룩함을, 죽지 않으려고 어쩔 수 없이 먹는 역겹고 메스꺼운 약으로 여기는 것이 아니라, 여러 날 굶은 사람 앞에 놓인 너무나 맛있는 음식으로 여깁니다. 그가 거룩함을 따라 행하고 살아가는 시간들은 그에게 너무나 달콤한 시간들로 여겨집니다. 거룩한 행실들은 그의 자양분들이고, 그의 눈이 보기를 원하는 것들이며, 그의 마음이 기뻐하는 것들입니다.

당신이 방금 내가 앞에서 말한 바로 그런 사람인지를 당신의 양심으로 한 번 살펴보십시오. 당신이 정말 그런 사람이라면, 당신은 정말 행복하고 복된 사람일 것입니다! 그러나 당신은 과연 자기 자신을 철저하고 공평하고 정직하게 살펴보았는지를 검증하여야 합니다.

회심은 감정들의 흐름을 바꾸어 놓습니다. 회심한 사람의 모든 감정은 새로운 수로를 따라 흐르게 됩니다. 이제 요단 강은 거꾸로 흐르게 되고, 그 물은 원래 흐르던 방향과는 정반대로 위로 거슬러 흐르게 됩니다. 그리스도가 이제 그의 소망이 됩니다. 이것이 그의 상입니다. 따라서 그의 눈도 거기로 향하게 되고, 그의 마음도 거기로 향하게 됩니다. 폭풍우 속에서 배에 승선해 있던 상인이 자신의 목숨을 구하기 위하여 기꺼이 자신의 모든 것을 바닷속으로 던져 버리는 것과 마찬가지로, 그는 그리스도라는 보석을 지킬 수만 있다면, 자신의 모든 소유를 다 버려도 만족합니다.

회심한 사람이 가장 원하는 것은 금이 아니라 은혜입니다. 그는 은혜를 갈망하고, 마치 은혜가 금은보화나 되는 것처럼 은혜를 구하며, 마치 은혜가 감추어진 보화나 되는 것처럼 은혜를 찾아 땅을 팝니다. 그는 위대한 인물이 되기보다는 은혜가 충만한 사람이 되고자 합니다. 그는 세상에서 가장 박식하고 유명하며 잘 나가는 사람이 되기보다는 이 땅에서 가장 거룩한 사람이 되고자 합니다. 그가 전에 육신적인 사람이었을 때에는 이렇게 말했습니다: "내가 사람들로부터 크게 존경받고, 금은보화를 산더미처럼 쌓아 놓으며, 쾌락 속에서 헤엄치며 살아갈 수 있다면 얼마나 좋을까요! 내가 진 빚을 다 갚아 버리고, 나와 내 가족이 충분히 먹고 살 수 있는 재물이 내게 있다면, 나는 정말 행복한 사람이 될 수 있을 텐데요." 그러나 회심한 순간, 그가 말하는 것이 예전과 달라졌습니다. 회심한 사람은 이렇게 말합니다: "나의 부패하고 타락한 성품들이 다 죽어지고, 내가 은혜에 충만해서 하나님과 교제할 수만 있다면, 비록 내가 가난하고 세상에서 멸시받는다고 해도, 나는 그런 것에 개의치 않고, 내 자신을 정말 복된 사람으로 여길 것입니다."

독자들이여, 지금 당신은 어떻게 말하고 있습니까?

회심한 사람은 기뻐하는 것이 달라집니다. 그는 하나님의 교훈들이 가르쳐 주는 길, 즉 하나님의 법도를 세상의 모든 보화보다 더 기뻐합니다. 그는 전에는 주의 법에 거의 흥미조차 느끼지 못했었지만, 이제는 주의 법을 즐거워합니다. 그가 가장 기뻐하는 일들은 그리스도를 생각하는 것과 그리스도와 교제하는 것, 그리고 그리스도의 백성들이 형통하는 것을 보는 것입니다.

회심한 사람은 관심을 갖는 것이 달라집니다. 그는 전에는 온통 세상에만 관심이 있었고, 자신의 영혼을 생각하는 데에는 눈곱만큼의 시간을 내는 것도 아까워하였습니다. 그러나 이제 그는 "내가 어떻게 하여야 구원을 받으리이까"(행 16:30)라고 부르짖습니다. 그의 최대의 관심사는 어떻게 자신의 영혼을 안심시키느냐 하는 것입니다. 만일 당신이 그에게서 의심을 없애 주고 그의 영혼에 평안을 가져다 줄 수 있다면, 그는 당신에게 너무나 고마워할 것입니다.

회심한 사람은 범죄하기보다는 차라리 고난을 당하고자 합니다. 그는 전에는 자신의 재산이나 명성을 잃게 되는 것을 가장 두려워하였고, 고통이나 가난이나 모욕과 멸시 같은 말들을 듣는 것을 가장 끔찍해했습니다. 하지만 이제 그런 것들은 그가 두려워하는 것이 아니고, 그가 진정으로 두려워하는 것은 하나님을 욕되게 하거나 진노하시게 하는 것입니다. 그는 혹시라도 죄의 올무에 걸리지 않도록 하기 위하여 아주 조심조심 행합니다! 그는 죄에 붙잡히지 않도록 하기 위하여, 앞뒤를 잘 살피고, 자신의 마음을 주시하며, 자신의 어깨 너머로 자주 눈길을 줍니다. 하나님의 은총을 잃게 된다는 생각만 해도 끔찍하고, 그의 마음은 덜덜 떨립니다. 그가 진정으로 두려워하여 피하고자 하는 것은 바로 그것, 즉 하나님의 은총을 잃는 것입니다. 그에게는 그리스도에게서 떨어진다고 생각하는 것보다 더 끔찍한 것은 없습니다.

회심한 사람의 사랑은 새로운 길을 따라 흐릅니다. 이그나티우스(Ignatius)는 "내 사랑은 십자가에 못 박히신 분입니다"라고 말함으로써, 그리스도가 자신의 사랑이라고 고백하였습니다. 아가서에서 신부는 그리스도에 대하여 "이는 내 사랑하는 자요"(아 5:16)라고 말합니다. 또한, 아우구스티누스

(Augustine)는 그리스도를 향하여 자신의 사랑 고백을 무수히 쏟아 놓았습니다! "내 눈의 빛이시여, 나로 하여금 당신을 보게 하소서. 내 영의 기쁨이시여, 오소서. 내 마음의 기쁨이시여, 나로 하여금 당신을 바라보게 하소서. 나의 목숨이시여, 나로 하여금 당신을 사랑하게 하소서. 나의 큰 기쁨이시고 나의 달콤한 위로이신 나의 하나님, 나의 생명, 내 심령의 모든 영광이시여, 내게 모습을 보이소서. 내 마음이 간절히 원하는 이시여, 나로 하여금 당신을 발견하게 하소서. 내 심령이 사랑하는 이시여, 나로 하여금 당신을 붙잡게 하소서. 하늘의 신랑이시여, 나로 하여금 당신을 포옹하게 하소서. 나로 하여금 당신을 소유하게 하소서." 하지만 그는 이런 말들로도 그리스도를 향한 자신의 사랑을 제대로 표현해낼 수 없다고 느꼈습니다.

회심한 사람의 슬픔은 이제 새로운 방향으로 흘러갑니다(고후 7:9-10). 그는 이전에는 자신의 죄를 보거나 십자가에 못 박히신 그리스도를 보아도 별 느낌이 없었는데, 이제는 마음이 아프고 쓰라리고 눈물이 앞을 가립니다!

죄를 보면, 증오심이 끓어오르고, 분노가 불타오릅니다. 그는 자기 자신을 참을 수가 없습니다. 그는 자기 자신을 우매한 자라 부르고, 짐승이라고 부릅니다. 그는 자신의 죄를 보면 분노가 치솟아 오르기 때문에, 자기 자신을 조금이라도 선하다고 할 수가 없습니다(시 73:22; 잠 30:2). 그는 전에는 죄 가운데 빠져서 마음껏 즐기고 기뻐하며 살 수 있었지만, 이제는 혹시라도 죄악된 삶으로 다시 돌아가는 일이 생길 수도 있다고 생각하는 것만으로도, 사람이 토한 가장 더러운 음식물을 입으로 핥는 것만큼이나 혐오스럽고 끔찍하게 느껴집니다.

그러므로 당신 자신의 마음을 한 번 들여다보시고, 당신의 감정이 전체적으로 어디로 흐르고 있는지를 주의해서 살펴보십시오. 당신의 감정은 과연 다른 그 어떤 것들보다도 그리스도 안에서 하나님을 향해 흐르고 있습니까? 실제로, 하나님을 향한 뜨겁고 강렬한 감정들은 외식하는 자들에게서 갑자기 솟구쳐 나오는 경우가 많은데, 타고난 천성이 원래부터 뜨겁고 다혈질인 사람들이 특히 그렇습니다. 반대로, 거룩함을 입은 사람들의 경우에도, 하나님을 향한 그들의 감정이 흔히 격렬하고 강렬하게 올라오지 않는 사람들이 있는데, 타고난 천성이 다소 메마르고 둔한 사람들이 특히 그렇습니다. 여기에서 중요한 것은 어떤 사람 속에서 다른 무엇보다도 하나님을 사랑하는 마음과 의지가 확고한가 하는 것입니다. 그렇기만 하다면, 그리고 그들의 내면의 감정들이 그들의 선택과 실천을 참되게 따르고 있기만 한다면, 그 감정들이 비록 생각보다 그렇게 강렬하지 않다고 할지라도, 그들에게서 구원의 회심이 이루어져서, 그들이 변화되었다는 것은 의심의 여지가 없습니다.

(2) 몸의 지체들.

회심한 사람은 전에는 자신의 몸의 지체들을 죄의 도구들로 내어 주었지만, 이제는 그리스도의 살아 있는 성전에서 사용되는 거룩한 그릇들이 되었습니다. 그는 전에는 자신의 몸을 욕되게 하였지만, 이제는 자신의 몸을 거룩하고 존귀하게 대하고, 고결하고 건강하며 절제된 상태로 유지해서, 하나님께 드립니다.

회심한 사람의 눈은 이전에는 자신의 욕망을 따라 자기가 보고 싶은 것들을 보며 초점이 맞지 않고 정처 없이 떠도는 눈이었고, 오만방자하고 탐욕스러우며 정욕으로 가득한 눈이었지만, 이제는 막달라 마리아의 눈처럼, 자신의 죄악에 대하여 울며, 하나님의 역사들을 바라보고, 하나님의 말씀을 읽으며, 긍휼을 베풀 대상들을 찾고, 하나님을 섬길 기회들을 찾는 눈이 되었습니다.

회심한 사람의 귀는 전에는 사탄의 부름에 즉각 대답하는 귀였고, 더러운 말들 또는 적어도 실속 없이 너절한 말들이나 우매한 자들의 웃음소리에만 민감하게 반응하는 귀였지만, 이제 하나님께서 그리스도의 전의 문에 대고 그의 귀에 구멍을 뚫은 후에는, 그리스도의 제자들이 전하는 말씀들을 똑똑히 들을 수 있는 귀가 되었습니다. 그는 이제 "말씀하옵소서 주의 종이 듣겠나이다"(삼상 3:10)라고 말하며, 하나님의 말씀을 단비처럼 여겨 간절하게 기다리기 때문에, 하나님의 말씀을 "정한 음식"보다 더 귀히 여기게 되었고(욥 23:12), 꿀이나 송이 꿀보다 더 달게 느끼게 되었습니다(시 19:10).

회심한 사람의 머리는 전에는 세상적인 생각과 계획들로 가득 차 있었지만, 이제는 그런 것들과는 전혀 다른 것들로 가득 차 있습니다. 이제 그는 어떻게 하면 자신의 이득을 챙길 수 있는지를 궁리하는 것이 아니라, 자신이 마땅히 해야 할 일들이 무엇인지를 살피기 위하여 자신의 머리를 사용하고, 하나님의 뜻을 연구하는 데 자신의 머리를 사용합니다. 그의 머리를 가득 채우고 있는 생각과 관심사는 주로 어떻게 하면 하나님을 기쁘시게 해드리고 죄를 피할 수 있느냐 하는 것이 되었습니다.

회심한 사람의 가슴은 전에는 더러운 욕망들이 들끓는 매음굴 같은 곳이었지만, 이제는 하나님을 향한 거룩한 사랑이 잠시라도 꺼지지 않고 끊임없이 타오르고 있는 향단이 되었고, 날마다 기도와 찬송의 제사가 드려지는 제단이 되었으며, 거룩한 소원들과 부르짖음들과 기도들의 향이 끊임없이 올라가는 제단이 되었습니다.

회심한 사람의 입은 생명의 우물이고, 그의 혀는 극상품의 은이며, 그의 입술은 많은 사람들을 먹입니다. 그는 전에는 입만 벙긋 하면, 그의 입에서 더러운 말이나 아첨하는 말이나 자랑하는 말이나 남을 욕하는 말이나 거짓말이나 상스러운 말이나 남을 헐뜯는 말이 그의 마음속에 있던 지옥으로부터 불길처럼 끊임없이 솟구쳐 나왔지만(약 3:6), 이제 그의 말들은 항상 은혜라는 소금으로 맛이 내져서 부패한 것이 없이 깨끗해져서(골 4:6), 그런 것들이 그의 입에서 나오지 않습니다.

회심한 사람의 목구멍은 전에는 열린 무덤이었지만, 이제는 향기로운 기도와 거룩한 말이 나오는 곳이 되었습니다. 그는 이제 이전과는 완전히 다른 언어인 가나안 방언으로 말하게 되어서, 하나님과 그리스도에 관한 말들과 내세의 일들에 관한 말들이 그의 목구멍에서 샘물처럼 솟아나옵니다. 그의 입에서는 지혜가 흘러나오고, 그의 혀는 그를 지으신 조물주와 그리스도의 영광을 찬송하는 은 나팔이 되었습니다.

이제 당신은 외식하는 자들이 이런 것들을 흉내 낼 수 없다는 것을 알게 되었을 것입니다. 외식하는 자들은 천사처럼 말할 수는 있겠지만, 탐욕으로 가득한 그의 눈과 그 손에 쥐어진 불의의 소득을 감출 수는 없을 것입니다. 그는 자신의 손을 희어 보이게 할 수는 있겠지만, 그의 마음이 썩어서 악취가 풍기는 것들로 가득하고(마 23:27), 온갖 염려들과 잡념들로 가득한 것은 어쩌지 못합니다. 그의 심령은 욕망들이 펄펄 끓는 용광로이고, 교만의 진열장이며, 앙심의 본거지입니다. 느부갓네살이 본 신상처럼, 그의 머리는 금으로 되어 있는 반면에, 그의 발은 진흙으로 되어 있는데, 이것은 그의 머릿속에는 수많은 지식들이 들어 있지만, 그의 마음과 감정은 온통 이 땅에 속한 세상적인 것들로 가득 차 있고, 그가 행하는 길은 육신적이고 정욕적인 길이라는 것을 보여 줍니다. 따라서 그의 행위는 온전할 수 없습니다.

(3) 삶과 실천.

회심하여 새 사람이 되었을 때, 그가 이전과는 다른 새로운 길을 가게 되는 것은 당연한 일입니다(엡 2:2-3). 그의 "시민권"은 하늘에 있습니다(빌 3:20). 그리스도께서 유효한 은혜로 부르시자마자, 그는 그 즉시 그리스도를 따르는 사람이 되었습니다. 하나님께서 그에게 새 마음을 주시고서, 그의 마음에 하나님의 법을 새겨 주신 때로부터, 그는 하나님의 율례들을 따라 행하고, 하나님의 판단들을 따르게 되었습니다.

그에게 죄는 정말 진저리나도록 끔찍한 불청객임에도 불구하고, 그의 안에는 여전히 죄가 거할 수도 있기는 하지만, 죄는 이제 더 이상 그를 지배할 수 없고, 그는 점점 더 거룩함의 열매를 맺어 갑니다. 그는 비록 많은 실수와 잘못을 범하기는 하지만, 예수의 법과 삶을 자신의 본으로 삼고, 하나님의 모든 계명들을 진심으로 따르고자 합니다. 아무리 작은 죄악들도 그냥 넘어가지 않고, 하나님께서 자기에게 행하라고 하신 일들은 아주 작은 일이라도 꼼꼼하게 살핍니다. 자기가 어찌할 수 없는 자신의 연약한 부분들은 그에게 자신의 영혼을 짓누르는 무거운 짐으로 느껴지고, 다른 사람들의 눈에는 땅의 먼지나 티끌처럼 별 것 아닌 것처럼 보이는 아주 작은 자신의 흠도 그에게는 적지 않은 괴로움을 안겨 줍니다. (당신은 이 글을 읽으면서, 계속해서 자기 자신을 살펴보고 계십니까?)

진심으로 회심한 사람은 교회에서 행하는 것과 집에서 행하는 것이 전혀 딴판인 그런 사람이 아닙니다. 그는 무릎을 꿇고 기도할 때에는 성인이 되지만, 자신의 가게나 사업장에서는 속이는 자로 돌변하는 그런 사람이 아닙니다. 그는 자기가 얻은 "박하와 회향"에 대한 십일조는 철저하게 하지만, 율법에서 더 중요한 것들인 "자비와 공의"를 행하는 것은 소홀히 하는 그런 사람이 아닙니다. 그는 "경건"에 속한 것들에는 열심이면서도, 도덕은 무시하는 그런 사람이 아닙니다. 도리어, 그는 자신의 모든 죄로부터 돌이켜서, 하나님의 모든 계명들을 지키고자 합니다. 하나님의 모든 계명들을 비록 완벽하게 지키지는 못한다고 할지라도, 진심으로 지키려고 하고, 단 하나의 계명도 어기지 않으려고 애씁니다.

이제 그는 하나님의 말씀을 기뻐하고, 기도하는 것이 즐거우며, 굶주린 자들을 진심으로 불쌍히 여겨서 있는 힘을 다해서 도와줍니다. 그는 공의를 행함으로써 자신의 죄를 끊어 내고, 가난한 자들에게 자비를 베풀어 구제함으로써 자신의 악들을 끊어 냅니다(단 4:27). 그에게는 선한 양심이 있어서, 모든 일에서 정직하고 살고자 하고(히 13:18), 하나님과 사람에게 범죄함이 없이 살아가려고 애씁니다.

이런 것들과 관련해서도, 제대로 된 그리스도인들로 자처하는 많은 사람들에게서 이상한 점들이 발견됩니다. 그들은 하나님의 법을 모두 다 빠짐없이 지켜 행하는 것이 아니라, 별 힘을 들이지 않고 손쉽게 지킬 수 있는 것들만을 골라서 지키고, 희생이 따르거나 지키기에 힘든 것들은 무시해 버리기 때문에, 그들의 행위는 온전할 수 없습니다. 그들은 반쯤 구워져서 설익은 시루떡과 같습니다. 그런 사람들은 말을 할 때에나 거래할 때에는 정확하게 하지만, 경건하게 되기 위한 훈련을 하지는 않습니다. 즉, 그들은 자기 자신을 살피는 일과 자신의 마음을 다스리는 일에는 문외한들입니다. 그들은 교회에서는 별 문제 없이 번듯한 신앙인으로 행세합니다. 그러나 예배가 끝나고, 그들의 가정으로 그들을 따라가 보십시오. 당신은 그들이 가정에서는 세상적으로 생각하고 세상적으로 행동하는 것만을 보게 될 것이고, 그들이 제대로 된 신앙인으로서 생각하고 살아가는 모습을 거의 찾아볼 수 없을 것입니다. 만약 그들이 가족들에 대한 자신의 도리를 다하는 모습을 보인다면, 그들이 가족들과 떨어져서 자신의 골방에 혼자 있을 때에 보이는 모습을 살펴보십시오. 당신은 그들이 자신의 영혼을 거의 돌보지 않는 것을 발견하게 될 것입니다. 그들은 경건하게 보일 수 있지만, 자신의 혀에 재갈을 물리지 않기 때문에, 그들의 경건은 헛것입니다(약 1:26). 만약 그들이 자신의 골방에서 기도하고 가족들과 함께 기도하는 모습을 보인다면 그들의 가게나 사업장으로 따라가 보십시오. 당신은 거기에서 그들이 상습적으로 거짓말하고 아무렇지도 않게 사람들을 속이는 모습을 발견하게 될 것입니다. 그러므로 하나님에 대한 외식하는 자들의 순종은 온전할 수 없습니다.

6. 우리는 회심할 때에 죄와 사탄과 세상, 그리고 우리 자신의 의로부터 돌아서게 됩니다.

(1) 우리는 죄로부터 돌아섭니다.

어떤 사람이 회심하였다면, 그는 영원히 죄와 적대관계에 있게 됩니다. 그는 모든 죄와 적대관계에 있게 되지만, 무엇보다도 자신의 죄들, 특히 그가 애지중지하여 자신의 품에 꼭 품어 왔던 바로 그런 죄들과 적대관계로 돌아서게 됩니다. 이제 죄는 그의 분노의 대상이 됩니다. 그의 죄는 그에게 슬픔과 괴로움을 더해 주고, 그를 찌르고 그에게 상처를 입힙니다. 그의 죄는 그의 옆구리를 찌르는 가시 같고, 그의 눈에 박힌 가시 같이 느껴집니다. 그는 자신의 죄 아래에서 신음하며 너무나 힘들어서, 형식적으로가 아니라 내면의 저 깊은 곳에서, "오호라 나는 곤고한 사람이로다"(롬 7:24)라고 부르짖게 됩니다. 그는 그 어떤 무거운 짐보다도 자신의 죄를 가장 참을 수 없어 합니다. 만일 하나님께서 그에게 선택권을 주신다면, 그는 자신의 죄에서 벗어날 수 있기만 하다면, 하나님이 주시는 그 어떤 환난이나 고통도 기꺼이 감당하고자 할 것입니다. 그에게 죄는 자신의 신발에 들어와서 걸을 때마다 발을 찌르고 고통스럽게 하는 날카로운 돌조각 같이 느껴집니다.

그는 회심하기 전에는 죄를 가볍게 생각하고 대수롭지 않게 여겼었고, 우리아가 자신의 아내 밧세바를 끔찍이 아꼈듯이, 자신의 죄를 애지중지하며 자신의 품에 꼭 품고서, 온갖 좋은 것들로 먹여서, 무럭무럭 자라나게 해 주었습니다. 그래서 그의 죄는 "그와 그의 자식과 함께 자라며, 그가 먹는 것을 먹으며, 그의 잔으로 마시며, 그의 품에 누우므로 그에게는 딸처럼" 되었습니다(삼하 12:3). 그러나 하나님께서 그를 회심시키셔서 그의 눈을 열어 주시자, 그는 자기가 이전에 어둠 속에서 작고 귀여운 새로 착각해서 자신의 품에 꼭 끌어안고 있었던 것이 사실은 혐오스러운 두꺼비라는 것을 알게 되었기 때문에, 진저리를 치며 자신의 죄를 내던져 버립니다. 사람이 구원을 받고 변화되면, 죄의 위험성만이 아니라 더러움까지도 깊이 깨닫게 되기 때문에, 자신의 죄에서 벗어나서 깨끗하게 되고 정결하게 되기 위해서 하나님께 필사적으로 매달릴 수밖에 없습니다! 그는 자신의 죄들로 인하여 자기 자신이 너무나 혐오스럽게 느껴져서, 그 더러움을 씻어 내기 위해서, 그리스도께로 달려가서, 그리스도께서 그를 위하여 자신의 피로 열어 놓으신 샘에 자기 자신을 던집니다. 이렇게 그가 그 샘에 자신을 던지면, 베데스다 연못의 물처럼, 그 샘물도 동하여 그의 모든 죄를 또다시 깨끗하게 씻어 줍니다! 그는 육과 영의 온갖 더러움으로부터 자기 자신을 깨끗하게 하기 위해서, 영원무궁토록 솟아나는 말씀의 샘으로 달려가서, 그 샘에 자신을 담그고 씻어 낼 때까지는, 결코 쉬지를 못합니다.

진정으로 회심한 자는 온 마음을 다해서 죄와 싸웁니다. 그는 온 힘을 다해서 죄와 싸우고 전쟁을 벌입니다. 죄와의 싸움에서 지는 일이 비일비재하기는 하지만, 그의 목숨이 붙어 있는 동안에는, 결코 그 싸움을 멈추거나 항복하거나 무기를 내려놓지 않습니다. 또한, 그는 죄와는 절대로 평화협정을 맺거나 타협하지 않습니다. 자신의 다른 원수들에 대해서는, 그들을 불쌍히 여기고 그들을 위해 기도할 수 있지만, 죄에 대해서는 추호의 자비나 용서나 타협이 있을 수 없고, 오로지 죄를 멸절시키고자 하는 생각뿐입니다. 자신의 오른쪽 눈이나 오른쪽 손이 그로 하여금 범죄하게 한다면, 하나님이 그에게 주실 소중한 생명을 얻기 위해서, 그는 가차 없이 자신의 눈을 빼버리고 자신의 손을 잘라버릴 준비가 되어 있습니다. 어떤 죄가 자기에게 큰 이득을 가져다주고, 자신의 본성에 아주 큰 기쁨을 안겨 주며, 세상 친구들 가운데서 존경과 찬사를 받게 해 주는 것이라고 할지라도, 그는 그렇게 해서 얻게 될 이득 같은 것은 하수구에 던져 버리고, 그렇게 해서 얻게 될 사람들로부터의 존경과 찬사 같은 것은 휴지통에 던져 버리며, 그렇게 해서 얻게 될 쾌락 같은 것은 땅바닥에 던져서 시들어 버리게 하고, 그것이 죄라는 것을 뻔히 알면서 죄를 짓는 일은 결코 하지 않습니다. 그는 죄에 대해서는 그 어떤 관대함도 베풀지 않고, 죄에 대하여 관용을 베푼다는 것은 그에게 있을 수 없는 일입니다. 그는 죄와 마주칠 때마다 죄를 정면으로 응시하고 얼굴을 찡그리며, 이 반갑지 않은 손님에게 "나의 원수야, 잘 만났다!"라고 인사하며 결전의 태세를 갖춥니다.

지금 당신이 이 글을 읽어 내려가는 동안에, 당신의 양심은 계속해서 작동하고 있습니까? 내가 하고 있는 말들을 당신의 마음속에서 곱씹어 보고 계십니까? 내 말이 정말 그러한지를 확인하기 위해서, 성경을 찾아보고 계십니까? 만약 그렇지 않다면, 앞으로 돌아가서 다시 한 번 내가 한 말들을 읽어 내려오면서, 당신의 경우는 어떠한지에 대해서 당신의 양심이 말해 주는 소리를 들으십시오.

당신은 당신의 "육체"와 함께 그 정들과 욕심들을 십자가에 못 박았습니까? 당신은 단지 예수 그리스도를 믿는다고 신앙을 고백했을 뿐만 아니라, 당신의 모든 죄들, 곧 당신이 너무나 좋아해 왔고 당신의 삶 속에서 일상적으로 의도적으로 행해 온 모든 죄들을 버렸습니까? 만약 그렇지 않았다면, 당신은 아직 회심하지 않은 사람입니다. 이 글을 읽어 나가는 당신에게 양심이 무엇이라고 말하고 있습니까? 당신은 자신의 이득을 위해서 거짓말하며 살아 왔고, 사람들과 거래할 때에 속임수를 사용해 왔으며, 은밀한 죄들을 범하여 살아 왔다고 당신을 향하여 정면으로 소리치지 않던가요? 그렇다면, 자기 자신을 속이지 마십시오. 하나님께서 자신의 사도를 시켜서, "내가 보니 너는 악독이 가득하며 불의에 매인 바 되었도다"(행 8:23)라고 말씀하실 때, 그 말씀이 맞다고 인정하십시오.

당신의 재갈 물리지 않은 혀, 정욕에 빠져 탐닉하며 살아 온 삶, 악한 자들과 어울려 희희낙락하며 지내 온 것, 기도하고 말씀을 읽거나 듣기를 게

울리해 온 것 등이 지금 당신을 쳐서 증언하여, "우리는 당신이 스스로 낳은 자식들이니, 당신을 따라다니는 것이 마땅합니다"라고 말하고 있지 않습니까? 내가 당신의 처지와 형편을 정확하게 꼭 짚어서 말하지 않았을지라도, 당신 안에서 당신을 감시하고 있는 양심이, 당신은 이런저런 악들을 자행하며 살아 왔으면서도, 자신의 육체의 욕심들을 만족시키기 위하여 의도적으로 그런 악들을 용납해 왔다고 당신에게 말해 주고 있지 않습니까? 그렇다면, 당신은 지금 거듭난 사람이 아니기 때문에, 변화를 받아야 합니다. 만일 그렇게 하지 않는다면, 당신은 하나님의 심판을 받고 영원한 멸망에 처해질 수밖에 없게 될 것입니다.

(2) 우리는 사탄으로부터 돌아섭니다.

회심은 "강한 자" 사탄을 결박하고, 사탄의 무장을 해제시키며, 사탄의 모든 소유를 폐기해서, 사람들을 사탄의 권세로부터 꺼내어서 하나님께 붙입니다. 회심하기 전에는, 마귀가 자신의 손가락을 들어서 죄인에게, 자신의 졸개들인 악한 자들의 무리에게 가서 함께 어울려 죄악된 일들을 벌이며 더러운 쾌락들을 누리라고 지시하자마자, 그 죄인은 즉시 마귀의 지시를 따라, 도살장으로 끌려가는 줄도 모르고 성큼성큼 발을 내딛는 황소처럼, 쇠꼬챙이가 자신의 심장을 뚫게 될 줄도 모르고 덫 속으로 들어가는 어린 사슴처럼, 자신의 생명을 잃어버리게 될 줄을 알지 못하고 그물 속으로 들어가는 새처럼, 악한 자들에게로 달려가서 함께 어울리며 온갖 악을 저지르는 삶을 살아 왔습니다(잠 7:22-23). 사탄이 그에게 거짓말을 하라고 지시하자마자, 그 즉시 그의 입에서는 거짓말이 천연덕스럽게 흘러 나왔습니다. 사탄이 음란한 것을 보여 주기가 무섭게, 그 즉시 그는 정욕에 사로잡혔습니다. 마귀가 "가족에 대한 이런저런 의무들과 도리들을 다 팽개쳐 버려라"고 속삭이면, 그는 자기 집에서는 거의 아무 일도 하지 않았습니다. 마귀가 "그렇게까지 엄격하게 할 필요도 없고 정확하게 할 필요도 없어"라고 말하면, 그는 대충 대충 일했습니다. 마귀가 "남이 알아주지도 않는 그런 일들을 과연 할 필요가 있을까"라고 은근슬쩍 말해 주면, 그는 그런 일들에서 점점 손을 뗐습니다. 그러나 회심하고 나서는, 이전과는 완전히 다른 주인을 섬기게 되었고, 완전히 다른 길을 걷게 되었습니다. 이제 그는 그리스도의 지시에 따라서만 움직입니다. 그리스도께서 오라고 하시면 오고, 가라고 하시면 갑니다. 물론, 여전히 사탄은 종종 덫을 놓아서 그의 발목을 붙잡기도 하지만, 그가 자원해서 사탄의 포로가 되고 종이 되어 일하는 일은 더 이상 없습니다. 도리어, 그는 사탄이 은밀하게 쳐 놓은 올무들과 교묘하게 던지는 미끼들에 걸려들지 않도록 조심하고, 사탄의 교묘한 술수들을 알아내려고 애씁니다. 사탄에게 걸려들지 않도록 하기 위해서, 자기에게 일어나는 일들 속에 사탄의 술수가 작용하고 있는 것은 아닌가 하고, 매사에 극히 조심하고 경계합니다. 그는 "통치자들과 권세들" 같은 영적인 세력들에 맞서서 싸움을 벌이고(엡 6:12), 사탄의 사자를 대할 때에는 저승사자를 대하듯 합니다. 사탄이 이득을 얻지 못하도록 하기 위하여, 자신의 원수를 늘 경계하는 가운데, 자기에게 맡겨진 의무들과 본문들을 세심하고 꼼꼼하게 다 행합니다.

(3) 우리는 세상으로부터 돌아섭니다.

사람은 누구나 참된 믿음을 갖기 전에는, 세상에게 져서 살아갈 수밖에 없습니다. 돈 앞에 무릎을 꿇고 절하기도 하고, 사람들 가운데서 명성을 얻는 것을 자신의 우상으로 삼고 살아가기도 하며, 하나님을 사랑하기보다는 쾌락을 더 사랑하는 자가 됩니다. 이런 것들은 타락으로 말미암아 인간이 처하게 된 참상의 뿌리입니다. 회심하지 않는 사람은 이렇게 하나님을 떠나서 피조물로 향하고, 오직 하나님께서만 받으셔야 할 공경과 신뢰와 사랑을 피조물에게 바칩니다.

비참한 인간이여, 죄가 당신을 너무나 흉측한 괴물로 만들어 버렸습니다! 하나님께서는 당신을 천사들보다 조금 못한 존재로 지으셨는데, 죄는 그런 당신을 마귀보다 별로 나을 것이 없는 존재로 바꾸어 놓았습니다. 죄 때문에, 당신의 발이 있어야 할 곳에 머리와 심장이 있게 되었고, 당신의 모든 기관들이 다 원래 있어야 할 곳에 있지 않게 되었으며, 머리가 있어야 할 곳에 발이 있어서, 그 발로 하늘을 향하여 발길질을 하고 있습니다. 원래 당신을 섬기게 하기 위하여 하나님께서 지으셨던 세상이 지금은 당신을 지배하고 있습니다! 속임수의 귀재인 "음녀"인 세상이 겉만 그럴 듯하게 좋아 보이는 매혹적인 것들로 당신을 홀렸고, 당신은 그 주문에 넘어가서 음녀 앞에 절하며 음녀를 섬기게 되었습니다.

그러나 회심의 은혜는 이 모든 것을 다시 제자리로 돌려놓습니다. 하나님께서 자신의 보좌에 앉으시게 해드리고, 세상은 원래대로 하나님께서 자신의 발을 받치는 데 사용하시는 발판이 되게 하며, 회심한 사람의 심령 속에 그리스도께서 좌정하시게 하고, 세상은 회심한 사람의 발 아래에 놓이게 됩니다. 회심한 사람은 "그리스도로 말미암아 세상이 나를 대하여 십자가에 못 박히고 내가 또한 세상을 대하여 그러하니라"(갈 6:14)고 고백합니다. 이런 변화가 있기 전에는, "세상적으로 좋은 것들을 내게 줄 사람이 어디 있을까"라고 말하며, 그런 사람을 찾아다녔지만, 이제는 더 이상 사람들에게서 무엇인가를 구하지 않고, 오직 이렇게 고백합니다: "여호와여 주의 얼굴을 들어 우리에게 비추소서 주께서 내 마음에 두신 기쁨은 그들의 곡식과 새 포도주가 풍성할 때보다 더하니이다 내가 평안히 눕고 자기도 하리니 나를 안전히 살게 하시는 이는 오직 여호와이시니이다"(시 4:6-8). 전에는, 그의 마음을 기쁘게 해 주고 만족시켜 주는 것들이 이 세상에 있었기 때문에, "영혼아 여러 해 쓸 물건을 많이 쌓아 두었으니 평안히 쉬고 먹고 마시고 즐거워하자"(눅 12:19)라고 노래했었습니다.

그러나 이제는 그 모든 것들이 시들해지고 사랑스럽지도 않아서, 굳이 그런 것들을 갖고 싶지도 않습니다. 이제는 저 이스라엘의 멋진 시편 기자처럼, 수금의 운율에 맞춰, "여호와는 나의 산업과 나의 잔의 소득이시니 나의 분깃을 지키시나이다 내게 줄로 재어 준 구역은 아름다운 곳에 있음이여 나의 기업이 실로 아름답도다"(시 16:5-6)라고 노래하고 싶을 뿐입니다. 그 밖의 다른 어떤 것도 그를 만족시킬 수 없습니다. 이미 그는 이 세상에서 누릴 수 있는 모든 것들이 사람들에게 괴로움만 주는 "헛되고 헛된" 것들이라는 꼬리표를 붙여 놓았고, 인간으로 누릴 수 있는 부귀영화에도 사람들에게 쓸데없이 손해만 끼치는 "쓰레기와 배설물"이라는 꼬리표를 붙여 놓았습니다. 이제 그가 추구하는 것은 영원히 죽지 않고 사는 것입니다. 은혜와 영광이 그가 목말라하는 것이고, 장차 하나님께서 자기에게 주실 썩지 않을 면류관이 그가 바라보고 있는 것입니다. 그의 마음은 주님을 구하는 데 고정되어 있습니다. 그는 먼저 하나님의 나라와 그의 의를 구합니다. 신앙과 경건은 그에게 더 이상 장식물이 아니고, 가장 중요한 관심사입니다. 전에는 세상이 그를 지배하였고, 그는 신앙과 경건보다 이득을 위해 움직였으며, 자기를 지으신 하나님보다는 친구들이나 자신의 육신적인 욕망을 만족시키는 데 더 열심을 냈었습니다. 자기가 먼저 세상을 충분히 다 섬길 때까지, 하나님은 기다리셔야 했습니다. 그러나 이제는 자기가 하나님을 섬기는 동안, 다른 모든 것은 기다려야 합니다. 그리스도를 섬기기 위해서라면, 부모님이든, 자신의 목숨이든, 자신의 재산이든, 그는 모든 것을 미워할 수 있습니다.

여기에서 잠깐 이 글을 읽어 가는 것을 멈추고서, 당신의 내면을 들여다보십시오. 이런 것들과 관련해서, 당신은 어떻습니까? 당신은 그리스도를 위하여 살아가는 체하지만, 사실은 세상이 당신을 지배하고 있지는 않습니까? 당신은 그리스도 안에서가 아니라 세상에서 더 크고 실제적인 기쁨과 만족을 느끼며 살아가고 있지는 않습니까? 당신은 골방으로 물러가서 조용히 기도하고 묵상하거나, 하나님께 예배를 드리며 하나님의 말씀을 들을 때보다는, 당신의 마음이 세상에 있고, 당신이 육신적인 즐거움들로 둘러싸여 있을 때가 더 편안하게 느껴지지는 않습니까? 세상에 속한 것들이 당신이 목표로 하는 것들이고 사랑하는 것들이며 중요시하는 것들이라면, 그것은 당신이 회심하지 않은 사람임을 보여 주는 가장 확실한 증거입니다.

진정으로 회심한 사람에게 가장 소중하고 귀한 존재는 그리스도이십니다. 그에게는 그리스도라는 이름보다 더 사랑스럽고 소중한 것은 없습니다. 그에게는 그리스도로부터 오는 은총보다 더 귀한 것은 없습니다. 예수라는 이름은 그의 마음 판에 새겨져 있습니다. 그리스도를 만나 회심한 사람에게는, 부귀영화는 뜬구름일 뿐이고, 웃음소리는 미친 짓일 뿐이며, 재물이나 돈은 법궤 앞에서 고꾸라져서 손과 머리가 깨져 나간 다곤 우상 같은 것일 뿐입니다. 진정으로 회심한 자에게, 그리스도는 극히 값진 진주이고, 밭에 감추어져 있던 보화이며, 그의 유일한 소망입니다. "내 사랑하는 자는 내게 속하였고 나는 그에게 속하였도다"(아 2:16)는 사실은 그의 영광입니다. "이 왕국도 나의 것이고, 이 제국도 나의 것"이라고 말할 수 있다는 사실보다, "그리스도가 나의 것"이라고 말할 수 있다는 사실이 그에게는 더 황홀한 일입니다.

(4) 우리는 우리 자신의 의로부터 돌아섭니다.

사람은 회심하기 전에는 무화과나무 잎들로 자신의 추한 면들을 가리고서, 자기에게 주어진 의무들을 다함으로써, 자신이 하나님께 받아들여지게 만들고자 애씁니다. 자기 자신을 의지해서 자신의 의(義)를 세우고, 그렇게 세워진 자신의 변변치 않은 의를 대단한 의인 것처럼 여기고서는, 하나님의 의에는 복종하려고 하지 않습니다. 반면에, 사람이 회심하여 그 마음이 변화되면, 자신의 의가 그의 눈에 더러운 누더기 옷 같이 여겨져서, 마치 사람이

고약한 냄새를 풍기는 거지가 입었던 이와 빈대가 득실거리는 너덜너덜한 옷을 벗어 던지듯이, 그는 자신의 의를 미련 없이 벗어 던져 버리게 됩니다. 이제 그는 심령이 가난해져서, 자기 자신의 모습을 보고 탄식하며, 자기 자신을 정죄하고, "내게 있는 것이라고는 '곤고한 것과 가련한 것과 가난한 것과 눈먼 것과 벌거벗은 것'뿐이로구나"라고 부르짖습니다(계 3:17). 그는 자기가 거룩한 것들이라고 생각했던 것들이 온통 죄악덩어리들이라는 것을 알게 되고, 자기가 전에 우상으로 여겼던 자신의 의가 단지 쓰레기요 오물일 뿐이라는 것을 깨닫게 되기 때문에, 누가 억만금을 주고 시킨다고 해도, 다시는 자신의 의를 내세우려 하지 않게 됩니다.

이제 그는 그리스도의 의를 가장 값진 것으로 여기기 시작합니다. 자기가 마땅히 행해야 할 온갖 의무들과 본분들과 도리들을 제대로 올바르게 행하려면, 그리스도가 필요하다는 것, 즉 그리스도께서 자기를 의롭게 해 주시고 자신의 행위들을 거룩하게 해 주셔야 한다는 것을 알게 됩니다. 그리스도 없이는 살 수도 없고, 그리스도 없이는 기도할 수도 없습니다. 그리스도께서 함께 가주시지 않으시면, 하나님 앞으로 나아갈 수도 없습니다. 그리스도를 의지하지 않는다면, 그가 하나님의 전에서 엎드려 경배하는 것도 불가능합니다. 그는 그리스도 없이 멸망으로 이어진 길로 걸어가고 있는 사람들을 구원으로 인도하기 위한 일이라면, 물불을 가리지도 않고 자신을 돌보지도 않습니다. 나무가 풍부한 자양분을 받아서 잘 자라려면, 땅 속에 깊고 넓게 뿌리를 내려야 하는 것과 마찬가지로, 그의 뿌리는 깊고 넓습니다. 왜냐하면, 그의 생명은 그리스도 안에 감추어져 있기 때문입니다.

회심하기 전에는 그리스도의 복음이 정말 재미없고 따분한 것이었습니다. 그러나 이제는 그리스도와 그의 복음이 가장 재미있고, 그 이야기를 들을 때가 가장 기쁩니다. 아우구스티누스(Augustine)는 회심하기 전에는 키케로(Cicero, 주전 106-43년)를 존경하였고, 그의 글들에 푹 빠져 있었지만, 회심한 후에는 그의 글들에 흥미를 느낄 수 없었습니다. 키케로의 글들에서는 그리스도의 이름을 발견할 수 없었기 때문입니다. 아우구스티누스는 그리스도에 대하여 쓸 때, "오, 지극히 아름다우시고, 지극히 사랑이 많으시며, 지극히 인자하시고, 지극히 사랑스러우시며, 지극히 귀하시고, 지극히 사모할 만하시며, 지극히 매력적이시고, 지극히 훌륭하신 분이시여!"라고, 단숨에 조금의 막힘도 없이 일필휘지로 써 내려 갔습니다. 한 마디로 말해서, 회심한 사람들은, 어느 순교자가 죽으며 외친 것처럼, "내게 오직 그리스도뿐입니다"(None but Christ)라고 한결같이 한 목소리를 냅니다.

7. 회심은 성부와 성자와 성령께로 돌이키는 것입니다.

진정으로 회심한 사람은 자기에게는 오직 삼위일체 하나님만 계시면 그것으로 충분하고, 오직 그것만을 자신의 영원한 복으로 여깁니다. 하나님을 자신의 분깃이자 최고의 선, 즉 가장 좋은 것으로 여기고서, 다른 모든 것들보다도 하나님께 진심으로 자신의 마음을 두기 전에는, 사람은 결코 진정으로 거룩해질 수 없습니다. 신자들의 마음에서는 다음과 같은 고백들이 마치 숨을 쉬듯이 자연스럽게 흘러나옵니다: "여호와는 나의 분깃이시니"(시 119:57). "내 영혼이 여호와를 자랑하리니"(시 34:2). "나의 영혼이 잠잠히 하나님만 바람이여… 오직 그만이 나의 반석이시요 나의 구원이시요 나의 요새이시니… 내 힘의 반석과 피난처도 하나님께 있도다"(시 62:1, 6-7).

당신이 회심한 사람인지 그렇지 않은지를 분명히 알고 싶습니까? 그렇다면, 당신의 영혼과 당신 안에 있는 모든 것을 다 집중해서 내가 하는 말에 귀를 기울이십시오. 당신은 하나님을 당신의 행복으로 여겨 왔습니까? 당신의 마음이 갈망하는 것은 무엇입니까? 당신을 가장 만족시켜 주는 것은 무엇입니까? 그리고 이제 아브라함처럼 당신의 눈을 들어서 동서남북을 둘러보십시오. 이것이라면 당신이 정말 행복하겠다고 생각이 드는 그런 것이 있습니까? 그것이 무엇입니까? 하나님께서 솔로몬에게 그러셨던 것처럼 당신에게도 선택권을 주시거나, 아하수에로 왕이 에스더에게 그랬던 것처럼, "그대의 소청이 무엇이뇨 곧 허락하겠노라 그대의 요구가 무엇이뇨"(에 5:6)라고 물으신다면, 당신은 하나님께 무엇을 구하겠습니까? 쾌락의 동산으로 가서, 거기에 피어 있는 온갖 향기로운 꽃들을 딸 수 있다면, 그것으로 만족하겠습니까? 재물의 신인 맘몬의 보물창고로 가서, 당신이 원하는 만큼 금은보화를 가져올 수 있다면, 그것으로 만족하겠습니까? 적군의 모든 요새들을 다 점령해서, 당신의 가슴에 나라로부터 받은 온갖 명예로운 훈장들을 가득 달 수 있다면, 그것으로 만족하겠습니까? 아주 유명한 사람이 되어서, 인류 역사상 가장 위대한 인물들 중의 하나로 기억될 수 있다면, 그것으로 만족하겠습니까? 이런 것들 중에서 하나, 또는 전부가 당신에게 이루어진다면, 당신은 충분히 만족할 수 있고, 당신 자신을 행복한 사람으로 여길 수 있겠습니까? 당신이 정말 이런 것들로 만족하고 진정으로 행복해할 수 있다면, 당신은 육체의 욕심을 따라 살아가는 육신적인 사람이고, 회심하지 않은 사람임에 틀림없습니다.

반면에, 당신이 이런 것들로 만족할 수도 없고 진정으로 행복해할 수도 없다면, 당신은 이런 것들을 넘어서서 더 앞으로 나아가, 하나님께 속한 놀라운 것들로 가득한 은혜의 바닷속으로 뛰어들고, 하나님의 권능 아래 피하며, 모든 것이 헤아릴 수 없이 풍성하고 차고 넘치는 하나님의 저 깊은 곳으로 들어가야 합니다. 당신이 그렇게 해서 들어간 곳이 당신에게 아주 편안하고 기쁜 곳으로 느껴집니까? '나는 이 곳이 너무 좋으니, 여기에 장막을 치고 살다가 죽으리라'는 마음이 절로 드십니까? 그렇다면, 하나님과 당신은 사이가 좋은 것이 분명합니다. 당신은 정말 행복한 사람이고, 당신이 이 땅에 태어난 것은 축복입니다. 당신은 주 하나님을 당신의 하나님으로 받아들여 섬기고 있는 사람이기 때문에, 행복할 수밖에 없습니다. 왜냐하면, 사람을 진정으로 행복하게 만드실 수 있으신 분은 오직 하나님뿐이시기 때문입니다. "네 아버지가 내 아버지가 되실 것이고, 네 하나님이 내 하나님이 되실 것이니라"고 우리에게 말씀하시는 그리스도께, 당신도 똑같이 "주님의 아버지가 내 아버지가 되실 것이고, 주님의 하나님이 내 하나님이 되실 것입니다"라고 진심으로 고백할 수 있습니까? 그 고백이 전환점이 되어서, 당신은 이제 "하늘에서는 주 외에 누가 내게 있으리요 땅에서는 주 밖에 내가 사모할 이 없나이다 내 육체와 마음은 쇠약하나 하나님은 내 마음의 반석이시요 영원한 분깃이시라"(시 73:25-26)고 말할 수 있게 됩니다.

제대로 회심하지 않은 사람은 절대로 하나님 안에서 안식할 수 없습니다. 반면에, 회심의 은혜는 사람의 마음을 우상으로부터 돌아서서 살아 계신 하나님께로 돌이키게 만들어서, 아담의 타락으로 말미암아 생겨난 치명적인 참상을 치유해 주기 때문에, 진정으로 회심한 사람은 하나님 안에서 안식할 수 있습니다. 이제 그의 영혼은 시몬 베드로가 그랬듯이, "주여 영생의 말씀이 주께 있사오니 우리가 누구에게로 가오리이까"(요 6:68)라고 고백하는 가운데, 영생의 말씀이 있는 곳에 자리를 잡고, 거기에 눌러 앉습니다. 그에게는 그 곳이 천국으로 들어가는 입구입니다. 그는 거기에서 자기가 하나님 안에서 안식하고 있음을 발견하고서는, "내 영혼아 네 평안함으로 돌아갈지어다 여호와께서 너를 후대하심이로다"(시 116:7)라고 말합니다. 심지어, 그는 죽기 전에 자신의 주님을 자신의 눈으로 직접 보게 된 시므온처럼, "주재여 이제는 말씀하신 대로 종을 평안히 놓아 주시는도다"(눅 2:29)라고 감사기도를 하게 되기도 하고, 이미 죽은 줄로만 알았던 요셉이 지금도 살아 있고 애굽 땅 총리가 되어 있다는 기쁜 소식을 들은 야곱처럼, "족하도다"(창 45:28)라고 말하며 기운을 차리게 되기도 하며, 다윗이 죽기 전에 하나님께서 자기와 더불어 영원한 언약을 세우신 것이 자신의 구원을 온전히 이루시고 자기가 바라던 모든 것을 이루시기 위한 것임을 깨닫고서 고백하였던 것처럼, "하나님이 나와 더불어 영원한 언약을 세우사 만사에 구비하고 견고하게 하셨으니 나의 모든 구원과 나의 모든 소원을 어찌 이루지 아니하시랴"(삼하 23:5)고 확신 있게 말하게 되기도 합니다.

이런 것들이 지금 당신의 모습입니까? 당신은 이렇게 말하고 고백하며 살아 왔습니까? 그렇다면, 당신은 하나님으로부터 복을 받은 사람입니다. 하나님께서는 당신에게 능력으로 역사하셔서 당신의 심령에 회심의 은혜를 주셨습니다. 만일 그렇지 않았다면, 당신은 절대로 그렇게 말하거나 고백할 수 없었을 것입니다. 우리는 회심은 삼위일체 하나님께로 돌이키는 것이라고 했는데, 이제부터는 거기에 대해서 좀 더 구체적으로 살펴보겠습니다.

(1) 회심은 그리스도께로 돌이키는 것입니다.

그리스도는 하나님과 사람 사이의 유일하신 중보자이십니다(딤전 2:5). 그리스도께서 하시는 일은 우리를 하나님께 데려다주시는 것입니다(벧전 3:18). 그리스도는 우리로 하여금 아버지 하나님께로 갈 수 있게 해 주는 유일한 "길"이시고(요 14:6), 끝도 없이 펼쳐진 망망대해에서 살아남기 위해서 우리가 붙잡을 수 있는 유일한 널판지이시며, 우리로 하여금 천국으로 들어가게 해 줄 수 있는 유일한 "문"이십니다(요 10:9). 회심은 사람의 영혼을 그리스도께로 데려다주어서, 그리스도만이 자신을 살 수 있게 해 주시는 유일한 생명 줄이자 유일한 길, 하늘 아래에서 하나님이 주신 유일한 이름이라는 것을 시인하게 만듭니다. 따라서 회심한 사람은 그리스도가 아닌 다른 어떤 존재나 대상에게서 구원을 찾지 않고, 자기 자신을 오직 그리스도께 내어 맡깁니다.

자신의 죄를 깨달은 죄인은 이렇게 말합니다: "나는 그리스도께 나의 모든 것을 걸겠습니다. 그렇게 해서, 내가 망하게 된다면, 나는 기꺼이 망하겠습니다. 내가 죽더라도, 그리스도 앞에서 죽겠습니다. 그러나 주님께서 안타까워하시는 눈으로 나를 보시는 가운데, 내가 죽어 가는 일은 없게 해 주십시오. 그러니, 그런 일이 없도록, 내가 주님을 떠나거나, 주님을 따르다가 돌아서는 일은 절대로 없게 해 주시기를 간청합니다. 내 자신을 이미 주님께 내어 맡겨드렸사오니, 주께서 나를 죽이신다고 해도, 나는 주가 계신 이 곳에서 한 발짝도 떠나지 않을 것입니다."

회심한 영혼은 이렇게 그리스도께 자기 자신을 맡겨드린 채로, 오직 그리스도만을 필사적으로 붙들며, 거기에서 단 한 걸음도 떠나고자 하지 않습니다. 회심하기 전에는, 그리스도는 안중에도 없었고, 자신의 농장과 친구들과 세상의 즐거움들만이 소중했습니다. 하지만 이제 그에게 그리스도는 없어서는 안 되는 양식, 곧 죽지 않고 살기 위해서 반드시 있어야 하는 일용할 양식이 되었고, 그의 심령의 생명이 되었으며, 그의 삶 전체를 지탱해 주는 지지대가 되었습니다. 이제 그가 가장 바라는 소원은 그리스도께서 자기 안에서 존귀하게 되시고 높임을 받으시게 되는 것입니다. 회심하기 전에는 그리스도를 사모하는 사람을 보면, 아가서에서 예루살렘의 딸들이 그리스도를 애타게 찾는 신부에게 그랬던 것처럼, "너의 사랑하는 자가 남의 사랑하는 자보다 나은 것이 무엇인가"(아 5:9)라고 속으로 말하며 빈정거렸습니다. 그리스도 안에 머무는 것보다는, 친구들과 어울려서 즐겁게 놀고, 악한 놀이들을 하고, 세상적인 쾌락들을 즐기는 것이 훨씬 더 달콤하고 좋았습니다. 종교라는 것은, 사람들이 현실이 고달프니까 위안거리 삼아 머릿속에서 허구적인 세계를 만들어 내어 그 속으로 들어가서 즐기는 것이라고 생각했습니다. 그러나 이제는 자기가 살아가는 것이 아니라, 자기 안에서 그리스도께서 사시는 것이라고 선언하고서는, "무엇이든지 내게 유익하던 것을 내가 그리스도를 위하여 다 해로 여길뿐더러 또한 모든 것을 해로 여김은 내 주 그리스도 예수를 아는 지식이 가장 고상하기 때문이라 내가 그를 위하여 모든 것을 잃어버리고 배설물로 여김은 그리스도를 얻고 그 안에서 발견되려 함"이라고 말합니다(빌 3:7-9).

진정으로 회심한 사람은 그리스도의 모든 것을 받아들입니다. 그는 단지 "품삯"만이 아니라, 그리스도의 일도 좋아하고, 그리스도께서 주시는 은택들만이 아니라, 그리스도께서 메워 주시는 무거운 짐도 좋아합니다. 단지 자기에게 주어질 몫을 생각하고서 곡식을 밟는 것만을 좋아하는 것이 아니라, 멍에를 메고서 힘들게 밭이랑을 가는 것도 좋아합니다. 그리스도의 십자가를 지는 것, 곧 그리스도께서 명하신 것들을 행하는 것을 마다하지 않습니다.

제대로 회심하지 않은 사람은 그리스도를 반쪽만 받아들입니다. 그는 그리스도께서 자기에게 주시는 구원은 좋아하지만, 거룩하게 살아야 한다는 명령은 좋아하지 않습니다. 그리스도를 믿는 자들에게 주어지는 특권들은 좋아하지만, 그리스도의 인격을 닮아가는 것은 좋아하지 않습니다. 그는 그리스도께서 믿는 자들에게 요구하시는 일들과 그리스도께서 믿는 자들에게 베풀어 주시는 은택들을 철저하게 분리해서, 전자에 속한 것들은 쏙 빼놓고, 후자에 속한 것들만 취합니다. 이것은 근본부터 잘못된 것입니다. 진정으로 영생을 얻고자 하는 사람이라면, 절대로 그렇게 하지 않도록 조심해야 합니다. 그렇게 하는 것은 영원히 망하는 지름길이라는 경고를 당신은 귀가 따갑도록 들어 왔을 것이지만, 그런데도 사람들은 마치 한 번도 들은 적이 없다는 듯이 비일비재하게 그렇게 행합니다. 예수라는 이름은 아름답고 감미로운 이름인데도, 사람들은 주 예수를 진심으로 사랑하지 않습니다. 하나님은 주 예수를 "임금과 구주"로 삼으셨는데도(행 5:31), 사람들은 그것을 인정하려고 하지 않습니다. 그들은 하나님께서 합쳐 놓으신 것을 분리시킵니다. 즉, 하나님께서는 주 예수는 다스리시는 "임금"임과 동시에 구원하시는 "제사장"이라고 말씀하시는데도, 사람들은 그들을 다스리시는 "임금"으로서의 예수는 받아들이지 않고, 오직 그들을 구원하신 제사장으로만 받아들입니다. 이렇게 해서, 그들은 하나님께서 원래 그들에게 주고자 하시는 그리스도의 온전한 구원을 그대로 받아들이지 않고, 그 반쪽만을 받아들입니다. 사람들은 고통으로부터 구원 받는 것은 좋아하지만, 죄를 짓는 것으로부터 구원 받는 것은 바라지 않습니다. 그들은 자신의 삶이 고통이나 불행이나 저주로부터 구원 받는 것은 좋아하지만, 여전히 육체의 욕심들은 채우려고 합니다. 여기에서도 많은 사람들이 반쪽만을 받아들입니다. 자신의 죄들 중에서 일부를 버리는 데에는 동의하지만, 들릴라의 무릎을 떠나거나, 사랑하는 헤로디아와 이혼하는 것은 절대로 안 된다고 말합니다. 오른쪽 눈이나 오른손이 그들로 하여금 죄를 짓게 해도, 가차 없이 그 눈을 빼 버리거나 그 손을 잘라 버리지는 못합니다.

당신의 영혼의 운명이 바로 이 점에 달려 있기 때문에, 당신은 이 점을 무한히 주목하고 정말 깊이 숙고하지 않으면 안 됩니다. 제대로 회심한 사람은 그리스도 전체를 받아들이기 때문에, 자기를 향하신 그리스도의 모든 뜻들을 그 어떤 예외나 제한이나 조건 없이 그대로 다 받아들입니다. 그는 그 어떤 조건 아래에서도, 기꺼이 그리스도를 받아들이고자 합니다. 그리스도께서 주시는 구원만이 아니라, 그리스도의 통치도 기꺼이 받아들입니다. 그는 바울처럼, "주여, 제가 무엇을 행하기를 원하시나이까"라고 묻고(행 9:6), 무슨 일이라도 시키시는 것은 다 하겠다고 말하며, 그리스도께 백지 위임장을 내밀고서는, 자기가 해야 할 것들을 다 적으시도록 맡겨드립니다.

(2) 회심은 그리스도의 법도들과 규례들로 돌이키는 것입니다.

회심하기 전에는 이런 것들은 사람을 지나치게 엄격하고 가혹하게 속박하는 것들이라고 여겨서 참을 수 없어 하고 강한 거부감을 표출했던 사람도, 회심한 후에는 이런 것들을 너무나 좋아하게 되어서, 자신의 영원한 규범과 지침으로 삼게 됩니다.

하나님께서는 제대로 회심한 모든 사람들 속에서, 그리스도의 법도들과 관련해서 네 가지를 이루어 내시는데, 당신이 자신의 심령을 잘 살피기만 한다면, 당신은 이 네 가지에 비추어서 당신의 심령 상태가 어떠한지를 알 수 있습니다. 그러므로 지금부터 내가 설명하는 이 네 가지를 읽어 나가면서, 당신의 심령을 잘 살펴보십시오.

⑴ 회심한 사람의 판단력은 그리스도의 법들과 규례들과 길들이야말로 가장 의롭고 이치에 맞는 것들이라는 것을 인정하고 동의합니다. 또한, 그의 마음과 생각은 하나님의 길들을 좋아하게 됩니다. 회심하기 전에는, 그런 것들은 이치에 맞지 않는 용납할 수 없는 것들이라고 여겼지만, 이제 그러한 뒤틀리고 왜곡된 편견들은 제거됩니다. 또한, 회심한 사람의 오성 (understanding)은 그러한 것들이 거룩하고 의로우며 선한 것들이라는 데 동의합니다(롬 7:12). 다윗이 하나님의 법들이 얼마나 놀랍고 굉장하며 대단한 것들인지를 깨닫고서, 얼마나 감격스러워하고 경탄하며 찬양했는지를 한 번 생각해 보십시오. 그는 하나님의 법들에 내재되어 있는 놀라운 특질들과 그 경탄할 만한 효과들을 찬양하는 말들을 입에 침이 마르도록 늘어놓습니다(시 19:8-10 등).

오성에 의한 판단에는, 절대적인 판단과 상대적인 판단, 이렇게 두 종류가 있습니다. 어떤 사람이 자신의 입장이나 자신의 현재의 상황과는 상관없이 일반적으로 판단해서 어떤 특정한 길이 최선이라고 생각할 때, 우리는 그것을 절대적인 판단이라고 부릅니다. 경건한 사람은 하나님의 법도들이 옳다고 판단하는데, 그의 그러한 판단은 절대적인 판단임과 동시에 상대적인 판단입니다. 그는 하나님의 법도들이 일반적으로 생각할 때에 최선이라고 생각할 뿐만 아니라, 자기를 위해서도 최선이라고 생각합니다.

하나님이 정해 놓으신 경건의 법도들은 그에게 단지 절대적인 관점에서 보았을 때에 용납할 만한 것들인 것에서 그치는 것이 아니라, 그가 적극적으로 바라고 원하는 것들, 곧 많은 순금보다 더 바라고 사모하는 것들입니다.

경건한 사람의 확고한 판단은 하나님의 법도는 지극히 거룩하고 너무나 빈틈없이 완벽하며 이치에 맞지 않는 것이 하나도 없기 때문에, 하나님의 법도를 따라 행하는 것이야말로 가장 지혜롭고 이치에 맞으며 바람직한 선택이라는 것입니다. 경건한 사람의 판단을 한 번 들어 보십시오: "여호와여, 나는 주의 판단들이 옳다는 것을 압니다 … 내가 주의 계명들을 금 곧 순금보다 더 사랑하고, 범사에 주의 모든 법도들이 옳다고 여기기 때문에, 나는 모든 거짓된 행위를 미워합니다"(시 119:75, 127-128). 우리가 여기에서 주목할 것은, 그는 하나님이 명하시는 모든 것들은 옳은 것들이라고 말하고, 하나님이 금하시는 모든 것들은 거짓되고 잘못된 것들이라고 말하고 있다는 것입니다. "여호와여, 주의 판단들은 의롭고 옳습니다. 주께서 명하신 증언들은 의롭고 지극히 신실합니다. 주의 말씀은 처음부터 참되고, 주의 의로우신 판단들은 영원합니다"(시 119:137-138, 160). 우리가 주목할 것은, 그는 하나님의 법도에 기꺼이 그리고 온전히 동의하고, 거기에 모든 것이 담겨 있다는 것에도 온전히 동의한다는 것입니다.

(ii) 회심한 사람의 마음의 소원은 그리스도의 마음을 온전히 아는 것입니다. 그는 자신의 모든 죄가 하나도 빠짐없이 다 드러나기를 원하고, 하나님이 자기에게 요구하시고 명하시는 모든 일들을 단 하나라도 빼놓지 않고 다 알기를 원합니다. 거룩함을 입은 마음으로부터는 다음과 같은 말이 자연스럽고 진실하게 흘러나옵니다: "주여, 내 안에 악한 것이 조금이라도 있다면, 제발 그 악을 내게 알려 주십시오. 내 안에 죄가 있는데도, 내가

알지 못하고 그냥 넘어가는 일이 없도록, 나를 가르치십시오. 내가 이전에 알지 못하여 악을 행해 왔을지라도, 다시는 악을 행하고 싶지 않습니다." 반면에, 제대로 회심하지 않은 사람은 자신의 죄를 알고 싶어 하지 않고, 빛으로 나오는 것을 좋아하지 않습니다. 자기 안에 있는 이런저런 죄들을 버리고 싶은 마음이 없기 때문에, 그런 것들이 죄라는 것을 알 수 있게 되는 상황은 무슨 수를 써서라도 피해 버리고, 진리의 빛이 들어와서 자신의 죄들이 드러나지 않도록 하기 위해서 모든 창문을 봉쇄해 버립니다. 반면에, 은혜를 받은 심령은 조물주의 모든 법을 시시콜콜한 것까지 다 알고 싶어 하기 때문에, 자기가 마땅히 행해야 할 일들 중에서 전에는 미처 알지 못했거나 신경 쓰지 못했던 것들을 깨우쳐 주거나, 전에는 숨겨져 있던 죄를 드러내 주는 하나님의 말씀을 감사함으로 받습니다.

(iii) 회심한 사람의 의지는 죄가 가져다주는 온갖 쾌락들과 세상에서 잘 되고 형통하는 것보다 그리스도의 법도를 자원해서 단호하고 결연하게 선택합니다. 이것은 극도로 고민하고 번민한 끝에 어쩔 수 없어서 마지못해 내린 결정도 아니고, 갑작스럽게 별 생각 없이 경솔하고 성급하게 내린 결단도 아닙니다. 그는 이것에 대해서 깊이 숙고했고, 이것이 최고의 선택이라고 여겨서, 자원하여 기꺼이 선택한 것입니다. 물론, 그의 육신은 여전히 반기를 들지만, 그의 의지의 대부분은 그리스도의 법과 통치를 좋아하기 때문에, 그리스도의 법과 통치는 그에게 힘들고 부담스러운 짐이 아니라 지극히 복된 것입니다. 거룩함을 입지 않은 사람은 쇠사슬에 묶이고 족쇄에 채워진 자인 것처럼 죽을상을 하고 억지로 그리스도의 길로 행하지만, 진정으로 회심한 사람은 진심으로 그 길로 행하고, 그리스도의 법을 자신의 자유로 여깁니다. 그는 거룩함이 지닌 지극히 아름다운 속성들을 알고

기뻐하기 때문에, 세상에서 온갖 부귀영화를 누릴 수 있는 기회가 주어진다고 할지라도, 조금의 망설임이나 주저함도 없이 하나님의 법도를 엄격하게 따르는 거룩한 삶을 선택하는데, 이것은 그가 참된 거룩함이 무엇인지를 알고 있다는 것을 보여 주는 증표입니다.

성경은 "사울도 기브아 자기 집으로 갈 때에 마음이 하나님께 감동된 유력한 자들과 함께 갔느니라"(삼상 10:26)고 말씀합니다. 하나님께서 자신이 택하신 자들의 마음에 감동을 주시면, 그들은 즉시 그리스도를 따르게 되고, 비록 하나님의 이끄심에 의한 것이기는 하지만, 자원해서 그리스도를 따라 달려가게 되며, 하나님을 섬기는 일에 자신의 모든 것을 다 헌신하고, 온 마음을 다하여 그리스도를 사모하고 구하게 됩니다. 두려움은 그 고유한 용도가 있어서 때로 쓸 데가 있기는 하지만, 거룩함을 입은 심령을 움직이는 주된 원천은 아닙니다. 그리스도께서는 강제력을 사용하셔서 자신의 사람들을 통제하시고 움직이시는 것이 아니라, 그들로 하여금 자원하여 움직이게 하십니다. 따라서 모든 신자들은 억지로가 아니라 자원해서 그리스도를 자신들의 왕으로 섬기는 자들입니다. 그들은 그리스도로부터 은혜를 받아서 자원하여 그리스도를 섬기는 일에 헌신합니다. 노예가 되어서 어쩔 수 없이 섬기는 것이 아니라, 하나님의 자녀이자 그리스도의 신부로서, 충성된 마음과 사랑하는 마음이 원천이 되어서 자원하여 섬깁니다. 한 마디로 말해서, 회심한 사람은 그리스도의 법을 사랑하고 기뻐하며 끊임없이 연구하게 된다는 것입니다.

(iv) 회심한 사람이 달려가는 인생행로는 하나님의 율례들을 지켜 행하는 것입니다. 그가 자신의 인생길에서 매일 같이 신경 쓰는 것은 어떻게 하면 하나님과 동행하는 삶을 살 수 있느냐 하는 것입니다. 그는 자기가

너무나 형편없다는 것을 잘 알지만, 그럼에도 불구하고 큰 일들을 이루기 위하여 고상한 뜻을 품고 매일 같이 달려 나갑니다. 그의 목표는 온전함에 도달하는 것이고, 거기에 도달하기 위해서 끊임없이 고군분투합니다. 아무리 깊은 은혜를 받고 아무리 많은 은혜를 받았다고 할지라도, 자기 안에서 모든 죄가 제거되어, 온전히 거룩함을 이룰 때까지는, 그에게는 쉼이 없습니다(빌 3:11-14).

바로 여기에서 외식하는 자의 부패한 진면목이 드러나게 됩니다. 그는 거룩함을 원하지만, 누가 잘 말했듯이, 오직 천국에 턱걸이해서 겨우 들어갈 수 있을 정도만 원합니다. 그렇기 때문에, 자기가 천국에 들어가기 위해서 최소한도로 해야 할 것들이 어떤 것들인지에 대해서는 진지하게 묻지만, 일단 그런 것들을 다 한 후에는, 그 밖의 다른 일들은 전혀 신경 쓰지 않습니다. 반면에, 제대로 회심한 사람은 단지 천국에 들어가기 위해서 거룩함에 이르고자 하는 것이 아니라, 거룩함 자체를 사모하여 거룩해지고자 애씁니다. 그는 지옥에 떨어지지 않을 만큼만 거룩해지고자 하는 것이 아니라, 최고의 온전한 거룩함을 이루고자 합니다. 하지만 원하는 것만으로는 충분하지 않습니다. 당신은 지금 어디로 달려가고 있습니까? 당신의 삶의 목표와 방향이 이전과 완전히 달라져 있습니까? 거룩함이 당신이 추구하는 것이고, 경건이 당신의 일입니까? 만약 그렇지 않다면, 당신은 제대로 된 회심을 하지 않은 것입니다.

어떤 사람들은 내가 지금까지 설명한 것이 사람이 구원을 받기 위해서 절대적으로 필요한 회심이라면, 구원 받을 사람이 아무도 없을 것이라고 반문할 것입니다. 그런 사람들은, 생명으로 인도하는 문은 좁고 그 길은 협착해서 찾는 사람이 별로 없고, 한 죄인이 회심하여 예수 그리스도께로 나아가 구원 받기 위해서는 하나님의 능력의 역사가 필요하다는 것을 알아야 합니다.

다시 한 번 권하건대, 당신 자신을 살피십시오. 당신의 양심이 당신에게 무엇이라고 말합니까? 당신을 고발하기 시작합니까? 당신이 행할 때마다 당신을 찌르지 않습니까? 당신의 판단력과 선택과 당신의 행하는 길이 내가 지금까지 설명한 것과 같습니까? 그렇다면, 그것은 감사한 일입니다. 그러나 만약 그렇지 않다면, 당신은 어떻습니까? 당신의 마음이 당신을 정죄하고, 당신이 양심을 거슬러서 여전히 범하고 살아가는 특정한 죄를 당신에게 말해 줍니까? 당신이 계속해서 이런저런 은밀한 악들을 행하며 살아가고자 하고 있고, 이런저런 의무들과 도리들을 저버리며 살아가고자 하고 있다고 말해 주지 않습니까?

당신의 양심이 당신을 골방으로 데려가서, 당신이 그 골방에서 기도하고 성경을 읽는 일을 거의 하지 않는다고 나무라지 않습니까? 당신의 양심이 당신을 가족들 앞으로 데려다가 세워 놓고서, 하나님이 당신에게 가족들을 맡기시면서 어떻게 행하라고 명하셨는지를 보여 주며, 당신이 자녀들의 영혼을 살피는 일을 게을리함으로써, 하나님의 명을 어기고 있다는 것을 일깨워 주지 않습니까? 당신의 양심이 당신을 당신의 직장이나 일터나 사업장으로 데려가서, 당신이 거기에서 자행해 온 죄악들을 보여 주지 않습니까? 당신의 양심이 당신을 술집이나 동호회로 데려가서, 당신이 거기에서 늘 행실이 나쁜 무리들과 어울려서, 귀중한 시간과 재능을 낭비해 온 것을 보여 주며 책망하지 않습니까? 당신의 양심이 당신을 은밀한 골방으로 데려가서, 당신에 대한 유죄의 판결문을 읽어 주지 않습니까?

양심이여, 네가 마땅히 해야 할 일을 다하라. 내가 살아 계신 하나님의 이름으로 네게 명하노니, 네게 주어진 직무를 완수하라. 이 죄인을 꼭 붙들고서 절대로 놓아주지 말고, 도망치지 못하게 모든 퇴로를 다 차단하고서, 단단히 결박하여, 자기가 지금까지 어떤 모습으로 살아 왔는지를 똑똑히 보고 깨닫게 해 주어라. 이 죄인이 여전히 자신의 죄 가운데서 살아가고 있는데도, 너는 그가 듣기 좋아하는 달콤한 말들로 그를 기분 좋게 해주기만 하려는가? 양심이여, 깨어나라! 잠자는 양심이여, 도대체 어쩌려고 그러는가? 너의 입에 책망하는 말이 사라지다니, 그것이 말이 되는 일인가? 이 죄인이 하나님과 영원한 생명을 도외시하고 영원한 사망을 향하여 내달리고 있는데도, 너는 침묵만 지키고 있다니, 그것이 말이 되는 일인가? 이 죄인이 계속해서 죄악을 범하며 살아가고 있는데도, 너는 수수방관하고 있다니, 그것이 말이 되는 일인가? 양심이여, 일어나 네 일을 하라. 양심이여, 네 속에 있는 설교자로 하여금 말하게 하라. 큰 소리로 외치고, 더 큰 소리로 외쳐라. 너의 목소리를 나팔소리처럼 높여라. 하나님께서 이 죄인의 핏값을 네 손에서 찾으시지 않도록 하라.

제3장

회심의 필요성

당신은 "도대체 당신은 무슨 목적으로 이 모든 말들로 나를 뒤흔들어 놓는 것인가"라고 말하고 싶을 것이고, 내가 왜 이렇게 끈질기게 당신을 따라다니면서, "당신은 회개하여야 하고 회심하여야 합니다"라는 똑같은 말을 당신의 귀가 따가울 정도로 계속해서 반복하여 들려주는 것인지가 궁금할 것입니다. 하지만 내가 당신에게 해 줄 수 있는 말은, 룻이 나오미에게 말한 것처럼, "내게 당신을 떠나며 당신을 따르지 말고 돌아가라 강권하지 마옵소서"(룻 1:16)라는 말뿐입니다. 만일 당신이 지금의 모습 그대로 구원 받을 수 있기 때문에, 회심해도 되고 회심하지 않아도 되는 것이라면, 나는 기꺼이 당신을 내버려 둘 것이고, 내가 당신을 졸졸 따라다니며 귀찮게 할 필요도 전혀 없을 것입니다. 그러나 현실은 그렇지가 않아서, 당신이 멸망 길로 내달리는 것이 내 눈에 뻔히 보이는데, 내가 어떻게 그런 당신을 못 본 체하고 그대로 내버려 둘 수가 있겠습니까? 내가 하나님의 사심을 두고 맹세컨

대, 만약 당신이 회심하지 않는다면, 내가 천국에서 당신을 다시 볼 수 있을 가능성은 털끝만큼도 없습니다. 당신이 완전히 돌이켜서 거룩함과 새 생명 가운데서 당신 자신을 하나님께 내어드리지 않는 한, 당신은 구원 받을 가망성이 전혀 없습니다.

예수께서는 "진실로 진실로 네게 이르노니 사람이 거듭나지 아니하면 하나님의 나라를 볼 수 없느니라"(요 3:3)고 말씀하셨습니다. 당신은 복음 사역자들이 당신을 위해서 그토록 간절하게 애쓰는 이유를 아직도 모르겠습니까? 내가 당신으로 하여금 거룩함을 좇는 삶을 살아가게 하기 위하여 애쓰고, 당신에게서 하나님의 형상을 보기를 갈망하는 것을 이상하게 생각하지 마십시오. 인류 역사상 그 길이 아닌 다른 길로 천국에 들어간 사람은 아무도 없었고, 앞으로도 없을 것입니다. 내가 앞에서 설명한 회심은 깊은 신앙심을 지닌 일부 그리스도인들이 도달한 높은 경지를 설명한 것이 아니라, 구원 받은 모든 영혼이 반드시 통과하게 되어 있는 변화를 설명한 것입니다.

로마의 한 귀족이 기근에 시달리고 있던 변방의 어느 도시를 구하기 위해서 배에 양식을 싣고 급히 그 도시로 가야 하는 임무를 맡게 되었는데, 선원들이 기상 상태가 좋지 않다는 이유로 출항하기를 꺼리자, 그 귀족은 선원들에게 "지금 우리에게 꼭 필요한 것은 배를 띄우는 것이기 때문에, 좋지 않은 기상 상황 때문에 배가 좌초되어서 우리가 죽을 수도 있다는 가정은 우리에게 불필요하다"고 말했다는 이야기가 있습니다. 당신은 지금 당신에게 꼭 필요한 것이 무엇이라고 생각하십니까? 다른 무엇보다도 우선 당신은 먹어야 살 수 있으니까, 당신에게는 당장 먹을 양식이 필요하고, 또한 사람이 호흡 없이는 살 수 없으니까, 숨 쉬는 것도 필요할 것입니다. 하지만 당신에게 지금 당장 가장 필요한 것은 회심입니다. 아니, 사실 당신에게 유일하게 필요한 것은 바로 회심입니다. 재산은 당신에게 꼭 필요한 것은 아니기 때문에, 당신이 값비싼 진주를 얻기 위해서 당신의 전 재산을 팔았다면, 당신은 어마어마한 이문이 남는 장사를 한 것입니다. 또한, 목숨도 당신에게 꼭 필요한 것이 아니기 때문에, 당신이 그리스도를 얻기 위하여 당신의 목숨을 버렸다면, 당신은 어마어마한 이문이 남는 장사를 한 것입니다. 또한, 명성도 당신에게 꼭 필요한 것이 아니기 때문에, 당신이 그리스도의 이름으로 인하여 능욕을 당한다고 하여도, 당신은 정말 행복한 사람입니다. 세상에서 이름을 날리고 명성을 얻는 것보다, 그리스도를 위하여 능욕을 당하는 것이 천 배 만 배는 더 행복한 일입니다. 그러나 회심은 당신에게 꼭 필요합니다. 당신의 구원이 거기에 달려 있습니다. 그러므로 당신이 진정으로 관심을 가져야 할 가장 중요한 일은 바로 회심입니다. 이 한 가지에 의해서, 당신의 영원한 운명이 결정납니다.

이제 나는 회심의 필요성을 다섯 가지로 나누어서 좀 더 구체적으로 설명하고자 합니다.

1. 회심 없이는, 당신이라는 존재는 헛되고 허망할 뿐입니다.

당신이 아무짝에도 쓸데없는 존재이고, 이 세상에 아무런 유익도 끼치지 못하는 무익한 존재이며, 온 우주에서 혹 같이 붙어 있는 성가신 존재일 뿐이라면, 그것은 얼마나 서글픈 일이겠습니까? 그런데 당신이 아직 회심하지 않았다면, 당신은 그런 존재입니다. 왜냐하면, 당신은 당신의 존재 목적에 부응할 수 없는 그런 존재이기 때문입니다. 하나님께서 당신을 지으신 목적은 하나님을 기쁘시게 해드리기 위한 것이 아닙니까? 하나님은 자기 자신을 위해서 당신을 지으신 것이 아닙니까? 당신은 사람이고, 이성을 가지고 있습니까? 그렇다면, 당신이 어떻게 존재하게 되었고, 지금 왜 존재하고 있는지를 생각해 보십시오. 하나님이 지으신 당신의 몸을 보면서, 무슨 목적으로 하나님께서 당신의 몸을 그런 식으로 빚으시고 만드셨는지를 스스로에게 물어보십시오. 하늘로부터 태어난 당신의 영혼이 지닌 고귀한 능력들을 생각해 보십시오. 무슨 목적으로 하나님께서 그러한 놀라운 능력들을 당신에게 주셨습니까? 당신으로 하여금 그 놀라운 능력들을 사용해서 당신 자신을 즐겁게 하고, 당신의 오감을 만족시키라고 주신 것입니까? 하나님께서 사람들을 이 세상에 보내신 목적은, 단지 제비들처럼 지푸라기 몇 개와 진흙을 모아서 둥지를 만들어 그 속에서 새끼들을 키우다가 죽게 하기 위한 것이었습니까? 그런 것이 아니라는 것은 하나님을 모르는 이방인들도 다 압니다. 하나님께서는 당신을 정말 두려울 정도로 기묘하게 지으셨습니다(시 139:14). 그런데도 당신은 당신이 지극히 고귀한 목적을 위해 지음 받았다는 사실을 외면하고자 하는 것입니까?

당신의 이성을 아주 잠시만 내려놓고, 내 말을 들어 보십시오. 하나님께서 당신을 이렇게 훌륭하고 멋진 존재로 지으신 데에는 다 분명한 목적이 있으신 것인데, 당신이 헛되게 살다가 허망하게 죽어간다면, 그것은 얼마나 서글프고 안타까운 일이겠습니까? 실제로 당신이 하나님을 위해 살아가지 않는다면, 당신의 존재는 헛되고 허망할 수밖에 없게 됩니다. 당신이 하나님을 위해 살아가지 않는다면, 당신은 차라리 존재하지 않는 편이 더 나을 것입니다. 하나님께서 당신을 지으신 저 고귀한 목적을 따라 살아가고 싶습니까? 그렇다면, 회개하시고 회심하십시오. 만약 그렇게 하지 않는다면, 당신은 아무런 쓸모 없이 살아가다가 아무것도 이루지 못하고 허망하게 죽어 없어질 것입니다. 아니, 당신은 온 우주에 혹처럼 붙어서 폐만 끼치고, 사람들을 괴롭게 하다가 허망하게 죽게 될 것입니다.

회심하지 않는다면, 당신은 정말 눈곱만큼도 쓸모가 없을 것이고, 이 세상에 티끌만큼도 유익을 끼치지 못할 것입니다. 회심하지 않은 사람은 모든 줄이 다 끊어졌거나 조율되지 않은 명품 현악기와 같습니다. 살아계신 하나님의 성령이 당신에게 은혜를 주셔서 거듭나게 하실 때, 줄이 다 끊어지고 조율되지 않은 현악기 같았던 당신은 비로소 수리되고 조율되어서, 성령이 당신에게 계속해서 부어 주시는 은혜와 능력으로 말미암아 아름답고 감미로운 음을 만들어 내게 됩니다. 그렇지 않으면, 당신의 기도는 공허한 울림들일 것이고, 당신의 모든 섬김은 지극히 거룩하신 이의 귀에 그 어떤 아름다운 곡조도 만들어 내지 못할 것입니다. 당신에게 있는 온갖 능력들과 재능들은 회심하지 않은 본래의 상태에서는 철저하게 부패해 있기 때문에, 당신이 회심을 통해서 근본적으로 변화되어 "죽은 행실"에서 깨끗하게 되지 않는다면, 살아계신 하나님을 섬길 수 없습니다(히 9:14). 거룩하게 되지 않은 사람은 하나님의 일을 할 수 없습니다.

(1) 회심하지 않은 사람은 하나님의 일을 하는 법을 알지 못합니다.

그는 "의의 말씀"을 전혀 경험하지 못한 사람일 뿐만 아니라, 하나님의 일을 어떻게 해야 하는지도 전혀 모르는 사람입니다. 경건의 원리들에도 큰 비밀들이 있는 것과 마찬가지로, 경건의 실천에도 큰 비밀들이 있습니다. 그런데 거듭나지 않은 사람은 천국의 비밀들을 알지 못합니다. 알파벳을 배운 적이 없는 사람에게서 글을 읽기를 기대할 수 없고, 악기를 만져 본 적조차 없는 사람에게서 바이올린을 멋지게 켜서 좋은 연주를 들려주기를 기대할 수 없는 것과 마찬가지로, 거듭나지 않아서 모태에서 태어난 그대로 본성적으로 행하는 사람에게서 하나님을 올바르게 섬겨서 기쁘시게 해드리기를 기대할 수 없습니다. 그는 먼저 하나님에게서 가르침을 받아야 합니다(요 6:45). 기도하는 법도 가르침 받아야 하고(눅 11:1), 마땅히 행할 길로 행하여 유익을 얻는 법도 가르침 받아야 하며(사 48:17), 걸음마도 가르침 받아야 합니다(호 11:3). 이렇게 가르침을 받지 않으면, 어떻게 해야 하나님을 올바르게 섬기고 기쁘시게 해드리는 것인지를 그가 알 수 있는 길은 없습니다.

(2) 회심하지 않은 사람은 하나님의 일을 할 수 있는 힘이 없습니다.

그의 마음은 너무나 연약합니다(겔 16:30). 그는 금방 지쳐서 나가떨어져 버립니다. 그에게는 안식일을 지키는 것이 너무나 싫고 지겹습니다(말 1:13). 그는 죄 가운데서 죽어 있기 때문에(엡 2:5), 힘이 없습니다(롬 5:6).

(3) 회심하지 않은 사람은 하나님의 일을 하고자 하는 마음이나 생각이 없습니다.

그는 하나님의 법도들을 알고 싶어 하지 않습니다(욥 21:14). 그런 것들을 알고 있지도 않고, 알려고 하는 관심도 없습니다(시 82:5). 그는 하나님의 법도들을 알지 못할 뿐만 아니라, 알려 주어도 깨닫지 못합니다.

(4) 회심하지 않은 사람에게는 하나님의 일을 하는 데 필요한 도구들이나 재료들이 없습니다.

석공이 연장도 없이 대리석을 자를 수는 없고, 화가가 물감이나 붓도 없이 그림을 그릴 수 없으며, 건축자가 재료도 없이 집을 지을 수 없는 것과 마찬가지로, 성령이 주시는 은혜들 없이 하나님을 섬길 수 없습니다. 왜냐하면, 하나님의 일을 하는 데 필요한 도구들과 재료들은 다름 아닌 성령의 은혜들이기 때문입니다. 당신이 자신의 재물을 가난한 자들에게 나누어 주어 구제하였다고 할지라도, 그 동기가 하나님에 대한 사랑으로부터 나온 것이 아니라면, 당신은 그 구제의 일을 통해서 하나님을 섬긴 것이 아니라, "헛된 영광"을 구한 것이 될 뿐입니다. 마음에 은혜도 없이 입술로만 한 기도는 생명 없는 죽은 시체와 같지 않겠습니까? 당신이 자신의 모든 죄를 고백한다고 할지라도, 그것이 죄에 대하여 진심으로 슬퍼하고 회개하는 마음에서 나온 것이 아니라면, 그 고백이 무슨 의미가 있겠습니까? 당신이 무엇인가를 열심히 간구한다고 할지라도, 그 간구가 하나님이 어떠한 분이신지를 알고 하나님의 약속들을 믿는 가운데 거룩한 소원을 가지고 간구하는 것이 아니라면, 그 간구가 무슨 의미가 있겠습니까? 당신이 열렬히 찬송하고 감사한다고 할지라도, 그것이 하나님을 사랑하는 당신의 마음, 그리고 하나님이 당신에게 베풀어 주신 온갖 은혜들에 대하여 진심으로 감사하는 마음에서 나온 것이 아니라면, 그 찬송과 감사가 무슨 의미가 있겠습니까? 나무들이 말하기를 기대하거나, 죽은 자들이 살아 움직이기를 기대할 수 없는 것과 마찬가지로, 우리는 회심하지 않은 사람에게서 하나님을 기쁘시게 해드리는 거룩한 섬김을 기대할 수 없습니다. 나무가 악한데, 어떻게 거기에서 선한 열매가 나오기를 기대할 수 있겠습니까?

또한, 회심하지 않는다면, 당신은 하나님이 당신을 지으신 지극히 고귀하고 선한 목적을 이루며 살아가기는커녕 도리어 악한 목적을 이루며 살아가게 될 것입니다. 회심하지 않은 사람은 "각종 더럽고 가증한 새들이 모이는" 새장이고(계 18:2), 온갖 썩은 것들과 악취 나는 것들이 가득한 "무덤"이며(마 23:27), 스멀스멀 기어 다니는 구더기들이 가득하고 하나님에게까지 상달되는 지독한 악취를 풍기는 시체입니다(시 14:3). 정말 끔찍하고 소름끼치는 모습이 아닙니까! 그런데도 당신은 여전히 당신에게는 회심도 필요 없고 변화도 필요 없다고 말하겠습니까? 하나님의 성전에서 사용되던 거룩한 금 그릇들이 술에 절어 살아가는 이방인들이 벌컥벌컥 들이마시는 술잔들로 사용되고, 우상에게 바쳐지는 술잔들로 사용되어 더럽혀지는 것(단 5:2-3)을 보았을 때, 사람들은 너무나 기가 막혀서 그 슬픔을 어찌 말로 다 표현할 수 있었겠습니까? 아람 왕 안티오코스(Antiochus)가 예루살렘 성전 앞에 돼지 상을 세워 놓았을 때, 그것을 본 유대인들은 그 가증스러움에 기가 막혀서 어찌 통곡하지 않을 수 있었겠습니까? 하물며, 하나님의 성전을 마구간이나 돼지 우리로 만들어 버리고, 지성소를 바알 신전으로 변질시켜 버렸다면, 그것은 앞에서 내가 든 예들보다 훨씬 더 기가 막히고 가증스럽기 짝이 없는 일이 아니겠습니까?

그런데 거듭나지 않은 사람의 심령 속에서 바로 그런 일이 일어나고 있습니다. 당신이라는 존재를 구성하고 있는 모든 부분들은 다 불의의 도구들과 사탄의 종들이 되어 있고, 당신이라는 존재의 가장 깊은 곳에 있는 심령 속에는 온갖 더럽고 악취 나는 것들이 가득 쌓여 있습니다. 왜냐하면, 거듭나지 않은 사람에게서 어떤 것들이 밖으로 나오고 있는지를 보면, 그 사람 안에 어떤 것들이 들어 있는지를 알 수 있는데, 그 사람의 "마음에서 나오는 것은 악한 생각과 살인과 간음과 음란과 도둑질과 거짓 증언과 비방"이기 때문입니다(마 15:19). 거듭나지 않은 사람에게서 나오는 이 검은 군대는 그 사람의 내면에 어떤 지옥이 자리 잡고 있는지를 잘 보여 줍니다.

하나님에 의해 지음 받은 고귀한 영혼이 이렇게까지 추악하고 가증스러운 존재로 변해 버린 것을 보는 것은 정말 참기 어려운 일이고, 하나님이 자신이 지으신 만유 중에서 최고의 작품이자 가장 자랑스러워하시는 존재이자 이 아래 세상의 주인인 인간이 탕자처럼 돼지나 먹는 쥐엄나무 열매를 먹고 있는 꼴을 보는 것은 정말 가슴이 찢어지는 일입니다! 하나님이 지으신 고귀한 자들이 남루한 옷을 입고 거지꼴을 하고서 돼지나 먹을 음식 찌꺼기들을 먹으며 길거리의 맨 땅에 앉아 있는 모습을 보는 것, 순금에 비견될 수 있는 시온의 귀한 아들들이 토기로 만든 항아리들 같은 취급을 받는 모습을 보는 것, 비단옷을 입은 자들이 거름더미를 끌어안고 있는 모습을 보는 것은 정말 통곡할 수밖에 없는 일입니다(애 4:2, 5). 하지만 그런 것들을 보는 것보다 훨씬 더 끔찍하고 소름끼치는 일은, 이 아래 세상에서 유일하게 하나님의 형상을 지니고서 살아가는 존재이자, 하나님께서 영원한 생명을 주시기 위하여 지으신 유일한 존재인 사람이 모든 고귀함과 아름다움을 다 잃어버린 채로 온갖 더럽고 추악하며 가증스러운 일들에 사용되고 있는 것을 보는 것입니다. 이것은 도저히 용납할 수 없는 치욕적인 모습입니다! 당신이 계속해서 그런 치욕적인 모습으로 살아가는 것보다는 차라리 수천 조각으로 산산이 쪼개져서 죽는 편이 더 나을 것입니다.

2. 회심 없이는, 사람만이 아니라 눈에 보이는 피조세계 전체가 헛됩니다.

하나님께서 하늘과 땅에 있는 모든 눈에 보이는 피조물들을 지으신 것은 사람을 섬기게 하기 위한 것이기 때문에, 오직 사람만이 눈에 보이는 피조세계를 대변할 수 있는 자격이 있습니다. 사람의 몸에서 혀가 몸의 모든 기관들을 대변하는 것과 마찬가지로, 눈에 보이는 피조세계에서 사람은 모든 피조물을 대변합니다. 다른 피조물들은 자신들의 조물주를 찬송할 수 없고, 단지 사람에게 자신들을 대신해서 하나님을 찬송하라고 무언의 신호들과 암시들을 보낼 뿐입니다. 사람은 하나님이 지으신 피조세계의 대제사장이기 때문에, 자신과 같은 피조물인 존재들을 대신하여 하나님께 찬송의 제사를 드리게 되어 있습니다. 주 하나님께서는 자기가 지으신 모든 존재들로부터 찬송의 헌물을 받기를 기대하시기 때문에, 모든 피조물들은 자신들이 하나님께 드릴 헌물들을 자신들의 대제사장인 사람에게 가져와서, 그의 손을 빌려 하나님께 드립니다. 따라서 하나님의 대제사장인 사람이 거짓되고 신실하지 못하며 이기적이어서, 모든 피조물들이 하나님께 드리기 위하여 가져온 헌물들을 중간에서 가로채 버리면, 하나님은 자신이 지으신 모든 피조물들로부터 실제로 영광을 받으실 수 없게 됩니다.

하나님께서 자신의 무한하신 능력과 지혜와 선하심을 쏟아 부으셔서, 이렇게 경이로운 세계를 지어 놓으시고도, 자신의 대제사장으로 세우신 사람이 하나님께 돌아가야 할 모든 영광을 중간에서 다 가로채는 극악무도한 죄를 범함으로써, 자기가 지으신 모든 피조물로부터 전혀 영광을 받으실 수 없게 되셨다는 것은, 정말 생각만 해도, 두렵고 소름끼치는 일입니다! 그러므로 당신이 회심하지 않는다면, 모든 피조물들이 하나님을 섬기고 당신을 섬기기 위하여 행하는 온갖 일들이 다 헛일이 되고 만다는 것을 당신은 꼭 기억하여야 합니다. 피조물들이 당신에게 자양분을 공급하기 위해서 먹을 것을 제공해 주는 것도 헛일이 되고, 태양이 당신에게 빛을 비쳐 주는 것도 헛일이 되며, 피조물들이 당신에게 옷감들을 제공해서 당신으로 하여금 옷을 만들어 입게 해 주는 것도 헛일이 되고, 당신의 말이 당신을 태워 먼 거리를 데려다주기 위하여 수고하는 것도 헛일이 되고 맙니다.

한 마디로 말해서, 당신이 회심하지 않는 한, 피조세계 전체가 당신을 섬기기 위해 끊임없이 수고하고 애쓰는 모든 것이 헛일이 되고 만다는 것입니다. 왜냐하면, 모든 피조물들이 당신을 위하여 힘들고 고된 일들을 마다하지 않고 온 힘을 다해 당신을 섬기는 것은 당신으로 하여금 그들을 대신하여 조물주를 섬겨 달라고 하는 것인데, 하나님의 대제사장인 당신이 당신과 그들의 창조주이신 하나님을 섬겨 제사를 드리지 않는다면, 당신을 섬기는 모든 피조물들의 온갖 수고가 다 수포로 돌아가고 헛일이 되고 말기 때문입니다. 거룩하게 되지 않은 사람들이 모든 피조물들을 그 본래의 존재 목적에 따라 하나님을 섬기는 데 사용하지 않고, 도리어 모든 피조물들을 남용하고 악용하여 자신들의 정욕을 채우는 일에 사용하기 때문에, 모든 피조물들은 "탄식하며 고통을 겪고" 있습니다(롬 8:22).

3. 회심 없이는, 당신의 신앙은 헛됩니다.

회심하지 않는다면, 당신이 신앙이라고 생각해서 행하는 모든 일들은 다 헛수고가 될 것입니다. 왜냐하면, 신앙이라는 것은 하나님을 기쁘시게 해드리거나 사람의 영혼을 구원하는 것이 그 목적인데, 당신이 신앙이라는 이름으로 행하는 일들은 그런 목적을 결코 달성할 수 없게 될 것이기 때문입니다(롬 8:8; 고전 13:2-3). 당신이 아무리 막대한 시간과 비용을 들여서 그런 일들을 한다고 해도, 하나님께서는 당신이 신앙이라는 이름으로 행하는 그런 일들을 기뻐할 수도 없으시고 받으실 수도 없으시기 때문입니다(사 1:14; 말 1:10). 어떤 사람이 하나님께 드린다고 정성껏 바친 희생제사가 단지 짐승들을 도살하는 것에 지나지 않고, 그 사람이 하나님께 드린다고 생각하여 간절하게 드린 기도들이 하나님 앞에서 단지 가증스러운 울부짖음에 지나지 않는다면(사 66:3; 잠 28:9), 그것은 정말 두렵고 끔찍하고 소름끼치는 일이 아니겠습니까? 자기가 무엇인가를 잘못해서 죄를 지었다고 느끼는 사람들 중에는, 자신의 행위를 고치고, 몇 번 기도하고 구제하면, 모든 것이 다시 정상으로 되돌아오고 괜찮아질 것이라고 생각하는 사람들이 많습니다. 그러나 유감스럽게도, 그런 생각은 착각에 지나지 않습니다. 왜냐하면, 당신의 마음이 여전히 거룩하게 되지 않은 상태에 있다면, 그것이 선행이든 기도든 구제든, 당신이 행하는 모든 것들은 하나님 앞에서 받아들여지지 않을 것이기 때문입니다.

옛적에 이스라엘 왕 예후는 하나님이 명하신 일들을 겉으로는 아주 철저하게 행하였지만, 진심으로 하나님께 순종하는 마음으로 행하지 않았기 때문에, 하나님께서는 그가 행한 모든 것을 하나도 받지 않으셨습니다(왕하 10장; 호 1:4). 바울도 회심하기 전에 하나님의 온 율법을 다 철저하게 지켜서 율법으로는 흠이 없는 사람이었지만, 그 때에 그는 회심하지 않은 사람이었기 때문에, 그가 율법을 따라 행한 모든 일들은 단지 헛일일 뿐이었습니다(빌 3:6-7). 사람들은 자기가 하나님을 위해 많은 일들을 행하여서 하나님을 자기에게 빚진 자로 만들었기 때문에, 하나님은 마땅히 자기에게 고마워하셔야 하고, 나중에 반드시 그 빚을 갚아야 한다고 생각하지만, 사실은 그들 자체가 거룩하게 된 사람들이 아니기 때문에, 그들이 하나님을 섬기는 일이라고 생각해서 한 모든 일들은 하나님께 전혀 받아들여질 수 없었습니다.

가련한 영혼이여! 당신의 죄들이 당신을 따라다니며 괴롭힐 때, 당신이 조금 더 기도하고 자신의 행실을 조금 고치면, 하나님이 용서하실 것이라고 생각하지 마십시오. 당신에게 필요한 것은 가장 먼저 당신의 마음을 고치는 것입니다. 당신의 마음이 새로워지지도 않았는데, 당신이 하나님께 다정하게 다가와서 좀 더 기도하면, 하나님이 당신의 죄를 용서하시고, 당신을 안아 주실 것이라고 생각하는 것은, 마치 당신에게 아주 몹쓸 짓을 해서 당신을 극도로 분노하게 만든 사람이 당신과 화해하겠다고 하면서, 당신이 가장 혐오스러워하는 것을 가져와서 선물로 건네주거나, 시궁창에서 뒹굴어서 온통 오물로 뒤범벅이 된 몸으로 당신을 찾아와서 다정하게 포옹하고자 하는 것과 같습니다.

헛수고를 쉬지 않고 계속하는 것은 정말 비참한 일입니다. 시인들이 자신들의 상상력을 총동원해서 생각해 낼 수 있었던 최악의 지옥은 그리스 신화에 나오는 시시포스(Sisyphus)에게 가해진 형벌이었는데, 그것은 시시포스가 온 힘을 다해서 산 밑에서 산꼭대기로 큰 바위를 올려놓으면, 그 즉시 큰 바위가 산 밑으로 굴러 떨어져서, 또다시 산꼭대기로 큰 바위를 올리는 일을 반복하는 것이었습니다. 그리고 하나님께서는 사람이 집을 지어도 거기에 거할 수 없게 하시고, 농사를 지어도 수확할 수 없게 하시며, 자기가 수고하여 얻은 것들을 남들이 다 먹어 치우게 하시겠다고 경고하셨는데(신 28:30, 38-41), 이것이 하나님께서 이 세상에서 사람들에게 내리신 최악의 심판이었습니다. 이렇게 우리가 일상적으로 한 수고들이 다 헛일이 되고, 씨를 뿌려도 수확할 수 없어서 다 헛일이 되며, 집을 지어도 거기에 거할 수 없어서 다 헛일이 되고 만다면, 그것은 얼마나 비참한 일이겠습니까? 하지만 그런 것들보다 훨씬 더 비참한 일은, 우리가 신앙이라는 이름으로 하나님께 기도하고 하나님의 말씀을 듣거나 읽으며 금식한 것이 다 헛일이 되는 것입니다. 왜냐하면, 우리가 세상에서 한 모든 일들이 헛일이 되어도, 그것은 현세에서 헛수고를 한 것으로 그칠 것이지만, 우리가 하나님 앞에서 신앙의 이름으로 행한 모든 일들이 헛일이 된다면, 우리는 현세에서만이 아니라 내세에서도 영원한 파멸을 당하게 될 것이기 때문입니다.

속지 마십시오. 당신이 계속해서 죄악 가운데서 살아간다면, 두 손을 들어 간절하게 기도하거나 많이 기도한다고 할지라도, 하나님께서는 당신으로부터 눈을 돌려 버리시고 듣지 않으실 것입니다(사 1:15). 일을 할 줄도 모르는 사람이 우리를 도와주겠다고 나서서 우리의 일을 망쳐 놓았다면, 그가 아무리 큰 수고를 하였다고 할지라도, 우리는 그에게 별로 감사하는 마음이 들지 않을 것입니다. 마찬가지로, 하나님은 자신이 정해 놓으신 합당한 방식을 따라 예배 받으시기를 원하십니다. 종이 어떤 일을 할 때에 주인이 정해 놓은 방식을 어기고 정반대로 일하였다면, 그 종은 주인에게 칭찬을 듣기는커녕 도리어 매를 맞게 될 것입니다. 사람이 하나님의 일을 제대로 하려면 하나님의 뜻에 따라 일해야 합니다. 그렇게 하지 않으면, 하나님은 그 사람이 한 일을 기뻐하지 않으실 것입니다. 그런데 하나님의 뜻은 사람이 거룩한 마음으로 하나님의 일을 하는 것이기 때문에, 거룩한 마음이 없이는 하나님의 일을 할 수 없습니다.

4. 참된 회심 없이는, 당신이 품고 있는 소망들은 헛됩니다.

성경에서는 외식하는 자들의 소망은 덧없이 무너져 내릴 것이라고 말씀하고(욥 8:13), 하나님께서는 당신이 하나님 외에 의지하는 것들을 배척하셨다고 말씀합니다(렘 2:37).

(1) 회심하지 않은 사람이 위로를 얻기 위해 붙잡은 소망은 헛됩니다.

회심은 당신이 안전하기 위해서만이 아니라 위로를 받기 위해서도 꼭 필요합니다. 회심하지 않는다면, 당신은 평안을 결코 알 수 없게 될 것입니다(사 59:8). 당신에게 하나님을 경외하는 마음이 없다면, 당신은 성령의 위로를 얻을 수 없습니다(행 9:31). 하나님께서는 자기 백성과 성도들에게만 평안을 주십니다(시 85:8). 당신이 계속해서 죄악 가운데서 살아가는데도 마음이 평안하다면, 그것은 하나님이 주신 평안이 아니라 거짓 평안입니다. 따라서 당신은 그 평안이 누구로부터 온 것인지를 짐작할 수 있습니다. 죄는 진짜 질병일 뿐만 아니라(사 1:5), 최악의 중병입니다. 죄는 머리에 난 나병이고(레 13:44), 마음에 난 역병이며(왕상 8:38), 뼈들이 부러져 있는 것입니다(시 51:8). 당신의 죄는 당신을 찌르고, 상처내고, 목을 조르며, 고문합니다(딤전 6:10). 죄악 가운데서 살아가면서도 평안을 기대하는 것은 극심한 병에 시달리는 사람이나 모든 뼈들이 다 탈골되어서 너덜거리는 사람에게서 평안을 기대하는 것과 같습니다.

치명적인 중병으로부터 오는 극심한 고통만이 있고 평안이 없는 사람은 정말 비참하고 불쌍한 사람입니다! 그러한 극심한 고통 중에서도 저 불쌍한 병자는 자기는 괜찮다고 말합니다. 당신의 눈에는 그의 얼굴에 죽음의 그림자가 드리워져 있는 것이 보이고, 그가 얼마 안 있어서 무덤으로 갈 것이 뻔하다는 것이 느껴지는데도, 그는 자리에서 일어나서 일하러 갑니다. 거룩하게 되지 않은 사람은 흔히 자신의 병증을 전혀 보지 못하기 때문에, 자기는 건강하다고 생각하고서, 의사를 부르지 않습니다. 그러나 이것은 단지 그 사람의 질병이 중하고 생명이 위태롭다는 것을 보여 주는 증표일 뿐입니다.

시간이 갈수록, 죄가 점점 더 많이 사람의 심령 속에서 여러 가지 질병들과 장애들을 일으키는 것은 자연스러운 일입니다. 불만을 품은 마음에서는 쉴 새 없이 폭풍우가 일고 세찬 비바람이 치며 광풍이 몰아칩니다. 지나친 걱정과 염려는 사람의 영혼과 심령을 갉아 먹습니다. 분노는 마음의 열병이고, 정욕은 뼈들을 태우는 불길입니다. 교만은 치명적인 부종이고, 탐욕은 충족될 수 없고 가라앉힐 수 없는 갈증이며, 악의와 시기는 마음속의 독입니다. 영적인 나태함은 마음의 괴혈병이고, 육신적인 안일함은 혼수상태에 빠져 식물인간이 된 것입니다. 이렇게 많은 질병들로 시달리는 사람의 심령에 어떻게 참된 위로가 있을 수 있겠습니까? 반면에, 회심의 은혜는 사람의 심령을 치유해서 평안하게 해주고, 영원토록 변함없는 확실한 평안을 맛보게 해줍니다. 성경에서는 "주의 법을 사랑하는 자에게는 큰 평안이 있으니 그들에게 장애물이 없으리이다"(시 119:165)라고 말씀하고, "그 길은 즐거운 길이요 그의 지름길은 다 평강이니라"(잠 3:17)고 말씀합니다. 다윗은 자신의 궁정에서 얻는 온갖 즐거움들과는 비교할 수 없을 정도로 더 많은 즐거움을 하나님의 말씀 속에서 얻었습니다(시 119:103, 127). 사람의 양심은 온전히 정결하게 될 때까지는 진정으로 평안을 누릴 수 없습니다(히 10:22). 죄의 길에 있는데도 유지되는 평안은 저주받은 평안입니다(신 29:19-20). 사람이 이 세상에서 겪는 온갖 괴로움들보다 더 두려워해야 할 두 종류의 평안이 있는데, 그것은 "죄와 함께 함으로써 얻는 평안"과 "죄 가운데 살면서도 유지되는 평안"입니다.

(2) 회심하지 않은 사람이 품고 있는 내세에서의 구원에 대한 소망은 헛됩니다.

회심하지도 않은 사람이 그러한 소망은 품는 것은 하나님에 대해서는 지독한 모욕이고, 그 사람 자신에 대해서는 지극히 해로운 일입니다. 당신의 그러한 소망 속에는 죽음과 절망과 신성모독이 자리 잡고 있습니다.

당신의 그러한 소망 속에는 죽음이 자리 잡고 있습니다. 왜냐하면, 하나님께서는 당신이 내세에서 당신을 구원으로 인도해 줄 것이라고 믿고서 의지하던 것들을 송두리째 뽑아서 멸하실 것이고, 당신으로 하여금 "공포의 왕"에게로 잡혀가게 하실 것이기 때문입니다(욥 18:14). 당신이 회심하지 않은 채로, 내세에서 구원 받기 위해 이 땅에서 쌓아 놓은 것들을 의지하고 천국에 들어가려고 해도, 당신이 당신의 구원을 위해 꼭 필요한 순간에 그것들을 붙잡자마자, 그것들은 사상누각처럼 와르르 무너져 내리게 될 것이고, 당신은 의지할 것이 아무것도 없는 폐허 속에 주저앉아 있게 될 것입니다(욥 8:15).

당신의 그러한 소망 속에는 절망이 자리 잡고 있습니다. 하나님께서 제대로 회심하지 않은 외식하는 자의 영혼을 데려가실 때, 그가 품고 있던 소망은 헛된 것임이 드러나게 될 것입니다(욥 27:8). 이 때에 그가 품었던 소망은 영원히 끝장이 나고 맙니다. 물론, 의인의 소망에도 끝이 있지만, 그 때에 그의 소망은 끝장이 나는 것이 아니라, 완성됩니다. 의인의 소망은 열매를 맺는 것으로 끝나는 반면에, 악인의 소망은 좌절과 절망으로 끝납니다. 죽을 때에 의인의 입에서는 "다 이루었구나"라는 말이 나오는 반면에, 악인의 입에서는 "이제 망했구나"라는 말이 나옵니다. 옛적에 욥은 자신의 처지를 오해해서, "하나님께서 나를 철저하게 멸하시니 이제 나는 죽었구나 지금 내 소망이 어디 있느냐 하나님이 내 소망을 나무 뽑듯이 뽑아 버리시는구나"라고 탄식하였지만(욥 19:10), 악인은 자신이 지금까지 소중히 품어 왔던 소망이 완벽한 절망으로 바뀌는 것을 보고서 초죽음이 되어 그렇게 말하게 될 것입니다.

반면에, 성경은 의인은 죽음을 맞이할 때에도 소망이 있다고 말씀합니다 (잠 14:32). 의인의 몸이 죽어갈 때에도, 그의 소망은 여전히 살아 있습니다. 의인의 몸은 쇠약해갈지라도, 그의 소망은 여전히 그 푸르름을 자랑합니다.

의인의 소망은 살아 있는 소망인 반면에, 악인이 품은 소망은 그를 죽음에 이르게 하는 소망이고, 그를 지옥에 빠뜨리는 소망이며, 그를 영원한 멸망 속으로 던져 넣는 소망입니다.

성경에서는 "악인은 죽을 때에 그 소망이 끊어지나니 불의의 소망이 없어지느니라"(잠 11:7)고 말씀합니다. 악인의 소망은 거미가 자신의 뱃속에서 뽑아낸 실들로 만들어 내었다가 죽을 때에 완전히 다 파괴해 버리는 "거미줄" 같아서(욥 8:14), 악인이 죽을 때, 그가 의지했던 모든 소망은 영원히 사라져 버립니다. 또한, 성경에서는 "악한 자들은 눈이 어두워서 도망할 곳을 찾지 못하리니 그들의 희망은 숨을 거두는 것이니라"(욥 11:20)고 말씀합니다. 악인들은 자신이 품어 온 육신적인 소망을 꽉 붙잡고서, 죽도록 얻어맞아도 그 소망을 결코 놓지 않습니다. 그들은 그 소망을 단단히 붙잡은 채로 절대로 놓지 않습니다. 그러다가 죽음이 와서 그들의 손가락을 치면, 그들은 비로소 어쩔 수 없이 그 소망을 놓게 됩니다.

우리가 그들의 망상을 깨뜨려서 그들을 망상에서 구해내는 것은 불가능하지만, 죽음과 심판은 그렇게 할 것입니다. 죽음의 화살이 그들의 간을 꿰뚫을 때, 그들의 영혼과 그들의 소망이 둘 다 한꺼번에 파멸하게 될 것입니다. 거룩하게 되지 않은 사람은 오직 현세에서만 통용되는 소망을 지니고 있기 때문에, 모든 사람들 중에서 가장 비참한 사람입니다. 왜냐하면, 죽음이 그들을 찾아왔을 때, 그들은 현세에서 끌어내어져서 끝없는 절망의 심연 속으로 던져지게 될 것이기 때문입니다.

당신의 그러한 소망 속에는 신성모독이 자리 잡고 있습니다. 끝까지 회심하려고 하지 않으면서도, 자기는 장차 구원받게 될 것이라는 소망을 품는 것은, 하나님이 거짓말쟁이라는 것을 증명하고자 하는 것과 같습니다. 왜냐하면, 긍휼에 풍성하신 하나님께서는 당신을 불쌍히 여기셔서 구원하고자 하시지만, 그럼에도 불구하고 당신이 계속해서 하나님을 진정으로 알려고 하지 않고 불의 가운데서 살아간다면, 그런 상황에서는 절대로 당신을 구원하지 않으실 것이라고 분명히 말씀하셨기 때문입니다. 한 마디로 말해서, 하나님께서는 당신이 새로운 피조물이 되지 않는다면, 당신이 어떤 존재로 살아가든, 또는 무엇을 행하든, 당신은 구원받을 수 없게 될 것이라고 분명하게 말씀하셨습니다. 하나님께서는 지극히 자비로우시고 긍휼이 많으신 분이시기 때문에, 우리가 회심하지 않아도 우리를 구원하실 것이라고 말하며, 거기에 근거해서 구원에 대한 소망을 품는다면, 그것은 사실상 "우리는 하나님께서 스스로 말씀하신 대로 행하지 않으시기를 소망한다"라고 말하는 것과 같습니다. 하나님이 지니고 계신 여러 다양한 성품들은 서로 온전히 조화되기 때문에, 서로 충돌하고 모순을 일으키지 않습니다. 따라서 하나님께서는 사람들에게 자신의 긍휼을 베푸심으로써 영광을 얻고자 하시지만, 자신의 참되심을 희생시키시면서까지, 긍휼에 풍성하신 자신의 성품을 통해 영광을 받고자 하지는 않으시는데, 이 말은 주제넘고 뻔뻔스러운 죄인이 들으면 영원토록 통곡할 일일 것입니다.

여기에서 당신은 "나는 예수 그리스도께 소망을 두고 있고, 하나님을 전적으로 신뢰하고 있기 때문에, 내가 장차 구원받게 되리라는 것을 전혀 의심하지 않는다"고 반론을 제기할지도 모르겠습니다. 거기에 대해서, 나는 당신의 그러한 소망은 진정으로 그리스도께 소망을 두고 있는 것이 아니고, 소망이라는 미명 아래 그리스도를 대적하는 것이라고 대답해 주고자 합니다. 거듭나지도 않았는데 자기가 장차 하나님의 나라를 보게 될 것이라고 소망하는 것, 그리고 좁고 협착한 길이 아니라 넓은 길에서 영생을 발견하고자 하는 소망을 품는 것은, 그리스도가 거짓 선지자라는 것이 증명되기를 소망하는 것입니다.

다윗은 "나는 주의 말씀을 바라나이다"(시 119:81)라고 고백함으로써, 자신의 소망을 하나님의 말씀에 두고 있음을 분명히 하였습니다. 반면에, 앞에서 말한 당신의 소망은 하나님의 말씀을 정면으로 대적합니다. 당신이 하나님을 어떻게 섬겨야 할지를 알지 못하거나, 세속적인 일들에 몰두하느라고 하나님을 섬기는 일을 소홀히 하며 살아가면서도, 장차 하나님께서 당신을 구원하실 것이라는 소망을 품고 있다면, 당신이 그런 소망을 품게 된 근거가 된 그리스도의 말씀을 내게 보이십시오. 그러면, 나는 구원에 대한 당신의 확신을 절대로 흔들어 놓으려고 하지 않을 것입니다.

하나님께서는 당신의 그러한 소망을 무척 혐오하시고 배척하십니다. 옛적에 미가 선지자는 이스라엘 백성들이 계속해서 죄악을 저지르며 살아가고 있다고 단죄하였는데도, 그들은 여전히 "여호와를 의뢰하여 이르기를 여호와께서 우리 중에 계시지 아니하냐 재앙이 우리에게 임하지 아니하리라"고 말하고 있다고 탄식하고, "이러므로 너희로 말미암아 시온은 갈아엎은 밭이 되고 예루살렘은 무더기가 되고 성전의 산은 수풀의 높은 곳이 되리라"고 그들에 대하여 심판을 선포하였습니다(미 3:11-12). 하나님께서는 사람들이 마치 자신들은 하나님을 의지하는 자들인 것처럼 말하면서, 실제로는 온갖 죄악을 자행하는 꼴을 보지 못하십니다. 그래서 계속해서 죄악들을 저지르며 살아가면서도, 이스라엘의 하나님을 의지해서 힘과 위로를 얻고자 했던 저 주제넘고 뻔뻔스러운 죄인들을 배척하시고, 마치 사람이 자기 옷에 들러붙은 가시들을 떨어내 버리듯이, 그들을 떨쳐내 버리셨습니다.

당신이 지닌 소망이 조금이라도 제대로 된 소망이라면, 그 소망은 당신을 당신의 죄들로부터 깨끗하게 해줄 것입니다(요일 3:3). 반면에, 어떤 소망이 죄악들을 자행하며 살아가는 사람들을 감싸 주고 있다면, 그 소망은 저 주받은 소망입니다. 여기에서 당신은 이렇게 반문할지도 모릅니다: "지금 당신은 우리로 하여금 절망하게 하고자 하는 것입니까?" 당신의 그런 반문에 대해서 내가 분명히 말해 두고자 하는 것은, 당신은 당신의 지금 그대로의 상태, 즉 회심하지 않은 상태로는 결코 천국에 들어갈 수 없다는 것을 똑똑히 알고서 절망해야 하고, 거룩함이 없이는 하나님의 얼굴을 결코 뵈올 수 없다는 것을 똑똑히 알고서 절망해야 한다는 것입니다. 그러나 당신이 지금이라도 철저하게 회개하고 회심한다면, 하나님의 구원의 은혜를 받을 수 있기 때문에, 당신은 그 점에 대해서는 절망할 필요가 없습니다. 또한, 당신이 하나님이 사람들로 하여금 구원의 은혜를 받게 하시기 위하여 정해 놓으신 방식들을 따라 회개하고 회심한다면, 반드시 회개와 회심에 이르게 될 것이기 때문에, 당신은 그 점에 대해서도 절망할 필요가 없습니다.

5. 회심이 없으면, 그리스도께서 고난을 통해 이루어 놓으신 모든 일이 당신에게는 헛되게 됩니다.

하나님이신 그리스도께서 이 땅에 오셔서 많은 고난을 당하시고 십자가 위에서 죽으신 것은 사람들을 구원하시기 위한 것인데, 당신이 회심하지 않는다면, 그리스도께서 이루신 그 모든 일들이 당신에게는 아무런 소용도 없게 될 것입니다. 많은 사람들은 그리스도께서 죄인들을 위하여 죽으셨다는 사실을, 자신들이 품고 있는 소망이 옳다는 것을 증명해 주는 충분한 근거라고 강력하게 주장합니다. 그러나 내가 당신에게 분명히 말해 두지 않을 수 없는 것은, 그리스도께서는 회개하지도 않고 회심하지도 않은 채로 계속해서 죄를 지으며 살아가는 자들까지 구원하시기 위하여 죽으신 것이 아니라는 것입니다.

어떤 훌륭한 목회자는 사람들과 개인적으로 상담할 때에 두 가지 질문을 던지곤 하였다고 합니다: "그리스도께서 당신을 위하여 무엇을 하셨습니까?" "그리스도께서 당신 안에서 역사하셔서 무엇을 이루셨습니까?" 그가 이 두 가지 질문을 던진 이유는, 비록 그리스도께서 사람들을 대속하시는 일을 하셨지만, 성령이 우리 안에서 구체적으로 역사하셔서 우리를 거듭나게 하지 않았다면, 우리는 그리스도의 대속의 은혜를 따라 구원받은 것이 아직 아니기 때문입니다. 나는 주의 말씀을 의지해서 당신에게 분명히 말해 둡니다. 당신이 회개하려고 하지도 않고 회심하려고 하지도 않은 채로 계속해서 이 상태 그대로 머물러 있고자 한다면, 그리스도께서 당신에게 친히 나타나신다고 하여도 당신을 구원하실 수 없으시다는 것입니다.

(1) 회심하고자 하지 않은 채로 계속해서 죄 가운데 살아가는 사람들을 구원하는 일은 그리스도께 맡겨진 일이 아닙니다.

그리스도는 하나님 아버지께서 하나님과 인간 사이를 중보하라고 보내신 종이셨기 때문에, 자기가 하나님으로부터 사명을 받고 이 땅에 온 것임을 보이셨고, 하나님 아버지의 이름으로 행하셨으며, 하나님의 계명과 명령들을 근거로 제시하시며 자기가 한 말씀들이 옳다는 것을 증명하셨습니다 (요 10:18, 36; 6:38, 40). 그리고 하나님께서는 모든 것을 그리스도께 위임하셨고, 자신의 영광을 드러내시는 일과 자기가 택하신 자들을 구원하시는 일을 그리스도께 맡기셨습니다(마 11:27; 요 17:2). 그렇기 때문에, 그리스도께서는 이 세상을 떠나시기 전에, 하나님 아버지께서 자기에게 맡기신 이 두 가지 일을 자기가 어떻게 완수하셨는지를 보고하셨습니다(요 17장). 따라서 만일 그리스도께서 죄 가운데서 살아가면서도 회개하지도 않고 회심하지도 않는 사람들을 구원하신다면, 그것은 하나님 아버지의 영광에 먹칠을 하고 철저하게 욕보이는 일이 될 것이고, 하나님이 그에게 맡기신 저 큰 일을 다 망쳐 놓는 일이 되고 말 것입니다. 왜냐하면, 그렇게 하는 것은 하나님의 모든 계획을 다 무너뜨리는 일이고, 하나님의 모든 성품을 다 짓밟고 뭉개버림으로써, 하나님으로 하여금 더 이상 하나님이 되실 수 없게 만드는 일이기 때문입니다.

만일 그리스도께서 회심하지도 않은 자를 구원하신다면, 그것은 사람들로 하여금 "성령의 거룩하게 하심과 진리를 믿음으로 구원을 받도록" 정하신 하나님의 모든 계획을 뒤집어엎어 버리는 일이 될 것입니다(살후 2:13). 하나님께서 사람들을 택하신 것은 그들을 "거룩하고 흠이 없게" 하시기 위한 것이었고(엡 1:4), 그들이 성령으로 거룩하게 되어 죄 사함과 영원한 생명을 얻게 하시기 위한 것이었습니다(벧전 1:2). 만일 당신에게 하나님께서 영원히 변하지 않으시는 작정하심 가운데서 정하신 법을 폐기처분할 수 있는 힘이 있거나, 하나님 아버지께서 인치신 독생자 예수 그리스도를 타락시켜서 자신이 받은 사명을 정면으로 거스를 수 있게 만들 수 있는 힘이 있다면, 오직 그 때에만, 당신은 회심하지 않고도 천국에 갈 수 있을 것입니다. 당신이 회심하지도 않았는데, 그리스도께서 당신을 구원하실 것을 소망하는 것은, 그리스도께서 하나님이 그에게 주신 사명을 정면으로 거부하기를 소망하는 것입니다. 그리스도께서는 아버지 하나님께서 영원 전에 택하셔서 그에게 주시고서는, 때가 되어 부르셔서 그에게로 이끌어 오신 사람들 외에는 단 한 영혼도 구원하지 않으셨고, 앞으로도 결코 구원하지 않으실 것입니다(요 6:37, 44). 그리스도께서는 아버지 하나님의 뜻에 어긋나는 방식으로는 단 한 사람도 구원하지 않으실 것임을 우리는 분명히 알아야 합니다.

(2) 회심하지 않고 죄 가운데서 살아가는 사람들을 구원하는 것은 하나님의 모든 성품들을 송두리째 부정하는 일이 됩니다.

첫째로, 그것은 하나님의 공의를 부정하는 것입니다. 하나님께서는 모든 사람을 각자의 행위에 따라 갚아 주시기 때문에, 하나님의 심판은 의롭습니다. 그런데 만일 사람들이 회심하지도 않고 구원을 받게 된다면, 그것은 육체를 따라 심고서도 성령으로부터 영생을 거두는 일이 될 것이기 때문에, 우리는 거기에서 하나님의 공의를 찾아볼 수 없게 될 것입니다.

둘째로, 그것은 하나님의 거룩하심을 부정하는 것입니다. 만일 하나님께서 회개한 죄인들을 구원하시는 것이 아니라, 회개하지도 않고 죄 가운데서 살아가는 죄인들까지 구원하신다면, 하나님의 지극히 순전하시고 온전하신 거룩하심은 극도로 훼손되고 말 것입니다. 거룩하게 되지 않은 사람들은 하나님의 거룩하심 앞에서 돼지나 독사보다 못한 존재입니다. 그런데 만일 그런 자들로 하여금 하나님과 함께 거하게 한다면, 그것은 하나님의 무한히 순전하신 본성을 철저하게 부정하고 모독하는 것이 될 것입니다. 게다가, 그런 자들은 하나님의 심판을 견디지 못하고, 하나님의 임재 앞에 머물러 있을 수 없습니다. 다윗조차도 "나는 비천한 것을 내 눈 앞에 두지 아니할 것이요 배교자들의 행위를 내가 미워하오리니 나는 그 어느 것도 붙들지 아니하리이다 … 거짓을 행하는 자는 내 집 안에 거주하지 못하며 거짓말하는 자는 내 목전에 서지 못하리로다"(시 101:3, 7)라고 말하였는데, 당신은 하나님께서 그런 자들을 자신의 집이나 면전에 두실 것이라고 생각하시는 것입니까? 만일 하나님께서, 시궁창에서 나와서 깨끗하게 씻기를 거부하고 여전히 거기에서 뒹굴며 살아가는 그런 자들을 그대로 영광스러운 천국으로 데려가신다면, 세상 사람들은 "하나님은 죄를 극도로 싫어하셔서 상종도 하지 않으시고 아주 멀리 떨어져 계신다고 들었는데, 이제 보니 그것은 틀린 말이었구나"라고 생각하고서, 옛적에 어떤 악인들이 자신들이 밥 먹듯이 죄를 지어도 하나님으로부터 아무런 심판도 없는 것을 보고서는, 하나님도 자신들과 한 편이라고 생각했던 것처럼(시 50:21), 하나님도 자신들과 하나도 다를 것이 없는 분이라고 생각하게 될 것입니다.

셋째로, 그것은 하나님의 진실하심을 부정하는 것입니다. 하나님께서는, 제멋대로 행하면서도 자기에게는 평안이 있을 것이라고 말하는 자를 결코 용서하지 않으실 뿐만 아니라 그런 자들 위에 자신의 "분노와 질투의 불을 부으시며" 율법에 기록된 "모든 저주"를 그런 자들에게 더하실 것이라고,

하늘로부터 분명하게 선언하셨고(신 29:19-20), 오직 자신의 "죄를 자복하고 버리는 자는 불쌍히 여김을 받으리라"고 선언하셨으며(잠 28:13), "손이 깨끗하며 마음이 청결한" 자들이 "여호와의 산에 오를" 것이라고 선언하셨습니다(시 24:3-4). 하나님께서 너무나 분명하게 이렇게 말씀하셨는데, 회심하지도 않은 사람들을 천국으로 데려가신다면, 어떻게 우리가 하나님을 진실하시다고 말할 수 있겠습니까? 그런데도 당신이 그리스도께서 회심하지 않은 사람들을 구원하심으로써, 아버지 하나님으로 하여금 전에 하신 약속들을 다 어기고 거짓말쟁이가 되게 하시기를 끝까지 소망한다면, 당신은 구제가 불가능한 죄인임에 틀림없습니다!

넷째로, 그것은 하나님의 지혜를 부정하는 것입니다. 회심하지 않은 사람들을 구원하는 것은 하나님이 베풀어 주시는 지극히 귀한 은혜와 긍휼이 얼마나 소중한 것인지를 알지도 못하고, 소중하게 여기지도 않기 때문에, 그런 것들이 전혀 어울리지 않는 사람들에게 그 귀한 것들을 던져 주는 것과 같습니다.

그들은 하나님의 구원의 은혜와 긍휼을 소중하게 여기지 않습니다. 거룩하게 되지 않은 죄인은 하나님으로부터 오는 큰 구원에 별 가치를 두지 않습니다. 건강한 사람이 의사를 거들떠보지 않는 것과 마찬가지로, 거룩하게 되지 않은 죄인은 그리스도를 거들떠보지 않습니다. 그는 그리스도께서 부어 주시는 향유를 소중히 여기지 않고, 그리스도께서 베푸시는 치유를 가치 있게 여기지도 않으며, 도리어 그리스도의 보혈을 짓밟아 버립니다. 죄 사함과 영생을 하찮게 여기고 받으려고 하지도 않는 자들에게 그런 것들을 억지로 주는 것이 과연 하나님의 지혜와 양립할 수 있는 것이겠습니까? 하나님께서는 자신의 거룩한 것들을 개들에게 주거나 자신의 진주들을 돼지에게 주면, 그 개들과 돼지들이 그것들을 발로 짓밟아 버리고서 도리어 하나님까지 물어뜯으려고 할 것이기 때문에, 그런 것들을 그들에게 주지 말라고 말씀하셨는데, 당신은 그런 지혜로우신 하나님이 회개하지도 않은 죄인들에게 자신의 거룩한 것들인 죄 사함과 영생을 주실 것이라고 생각하는 것입니까? 만일 하나님이 그렇게 하신다면, 그것은 저 극악무도한 죄인들로 하여금 하나님의 은혜와 긍휼을 마음대로 짓밟도록 허락하시는 것이나 다름없을 것입니다. 하나님 자신의 영광이 더욱 드러나게 하시고, 사람들을 지극히 복되게 하시는 방식으로, 죄 사함과 영생을 베풀어 주시는 것이 하나님의 지혜입니다. 그런데 하나님이 베풀어 주는 하늘의 좋은 것들보다도 죄악들을 더 좋아하고 죄악들 속에서 더 큰 기쁨을 느끼는 사람들에게, 하나님께서 자신이 마련한 지극히 귀하고 값비싼 보화를 주신다면, 그것을 통해서 하나님은 영광을 받으시는 것이 아니라, 도리어 능욕을 당하게 되실 것입니다. 만일 하나님께서 은혜를 받을 자격도 없고 받으려고 하지도 않는 자들에게 은혜를 던져 주신다면, 그들은 그 은혜를 발로 짓밟아 버릴 것이기 때문에, 하나님께서는 그들에게 베푸신 은혜로 말미암아 찬송과 영광을 얻으시기는커녕 능욕을 당하게 되실 것입니다.

또한, 하나님의 긍휼과 은혜는 회심하지 않는 자들에게는 결코 맞지 않습니다. 모든 것들이 서로 아귀가 맞아서 잘 어울릴 때, 거기에서 하나님의 지혜가 드러납니다. 수단은 목적과 맞아야 하고, 목표는 능력과 맞아야 하며, 선물의 질은 선물을 받는 사람의 품격에 맞아야 합니다. 만일 그리스도께서 거듭나지 않은 죄인을 천국으로 데려가신다면, 그것은 박사들이 모여서 열띤 토론을 벌이고 있는 회의장에 소를 데려가는 것과 같아서, 그 죄인은 천국에서 전혀 행복하지 않을 것입니다. 소는 수준 높은 토론이 벌어지고 있는 회의장이 아니라, 들판에서 다른 소들과 함께 풀을 뜯을 때에 행복해할 것은 너무나 당연한 일입니다. 마찬가지로, 거룩하게 되지 않은 사람이 천국에서 무엇을 할 수 있겠습니까? 천국에서는 자기에게 맞는 것을 단하나도 찾을 수가 없어서, 그는 거기에서 결코 만족할 수 없을 것입니다. 천국은 그에게 맞는 곳이 아닙니다. 천국은 그의 체질에 전혀 맞지 않아서, 그는 물 밖으로 나온 물고기 같을 것입니다. 또한, 천국에 있는 무리들도 그에게 맞지 않을 것입니다. 어둠과 빛이 어떻게 함께 어우러지겠습니까? 부패하고 타락한 자들과 흠 없이 온전한 자들이 어떻게 함께 어우러지겠습니까? 죄악에 물든 사악한 자들과 영원한 생명과 영광을 얻어 살아가는 자들이 어떻게 함께 어우러지겠습니까? 또한, 천국에서 하는 일들도 그에게 맞지 않을 것입니다. 하늘에서 울려 퍼지는 찬송들은 그의 입에 어색하고 그의 귀에 낯설 것입니다. 당나귀가 음악에 매력을 느끼겠습니까? 당나귀를 오르간 옆으로 데려다 놓는다고 해서, 성가대와 화음을 이루며 노래하겠습니까? 만일 당나귀에게 그렇게 할 수 있는 능력이 있다고 할지라도, 그렇게 하려고 하지도 않을 것이고, 그런 것에 즐거움을 느끼지도 못할 것입니다. 죽을 때가 다가와서 숨을 헐떡거리고 있는 환자 앞에 진수성찬을 차려놓고 잘 드시라고 말한다면, 그것은 그 환자를 조롱하는 것이고 화나게 하는 것이 될 것입니다. 그렇지 않아도, 회심하지 않은 사람들은 이 땅에서 살아가는 동안에도 설교가 길다고 생각하고, 안식일이 다가오면, 속으로 '아, 정말 지겹구나'라고 말하던 사람들인데, 그런 사람들을 억지로 천국에 데려다 놓으면, 천국에서 펼쳐지는 영원한 안식일 앞에서 숨도 못 쉴 만큼 질식할 것 같을 것입니다.

다섯째로, 그것은 하나님의 성품 중의 하나인 영원히 변치 않으심, 또는 하나님의 전지전능하심을 부정하는 것입니다. "마음이 청결한 자"만이 "하나님을 볼 것"이라는 것은 하늘에서 정한 법이고, 하늘 궁정에서 내려진 영입니다(마 5:8). 그러므로 만일 그리스도께서 회심하지 않은 사람을 천국으로 데려가고자 하신다면, 하나님 아버지께서 모르시게 하시거나, 하나님의 뜻을 거슬러서 하시거나, 하나님으로 하여금 이미 작정하신 뜻을 바꾸게 하셔야 하는데, 이것은 하나님의 전지전능하심을 부정하는 것이고, 하나님의 영원히 변치 않으시는 성품을 부정하는 것이 될 것입니다.

　죄인이여, 내가 이렇게 구구절절이 말하는데도, 당신은 아직도 여전히 회개하지도 않고 회심하지도 않은 상태에서 구원을 받겠다는 헛된 소망을 고집하고자 하는 것입니까? 욥기를 보면, 빌닷은 자기 마음대로 되지 않는다고 울분을 터뜨리며 자기 자신을 찢는 사람을 향하여, "너 때문에 땅이 버림을 받겠느냐 바위가 그 자리에서 옮겨지겠느냐"(욥 18:4)라고 말하며, 그 사람이 순순히 이치를 따르지 않고 도리어 계속해서 자기 고집을 부리고 있는 것을 책망합니다. 이제는 내가 당신에게 그렇게 말해야 하지 않겠습니까? 하나님께서 당신의 고집을 만족시키시기 위해서, 하늘에서 정하신 법들을 다 휴지조각처럼 구겨서 휴지통에 집어던지셔야 하겠습니까? 하나님께서 당신의 고집을 들어주시기 위해서, 영원한 기초들과 토대들을 다 무너뜨리셔야 하겠습니까? 그리스도께서 당신의 고집을 만족시키시기 위해서, 모든 것을 다 아시는 하나님 아버지의 눈을 가리거나, 하나님의 영원하시고 전능하신 권능의 팔을 짧게 하셔야 하겠습니까? 하나님께서 당신의 고집을 들어주시기 위해서, 자신의 공의를 무너뜨리시거나, 자신의 영광스러운 거룩하심에 먹칠을 하셔야 하겠습니까? 그런 일들이 실제로 일어나는 것은 불가능합니다. 그런데도 당신이 그런 일들이 일어날 것이라고 여전히 믿고 소망한다면, 그것은 어처구니없는 일일 뿐만 아니라, 신성모독을 범하는 것입니다. 당신이 그리스도께서 회심하지도 않은 당신을 구원하실 것이라고 생각한다면, 그것은 우리의 구주를 죄인으로 만들고자 하는 것이고, 인류 역사상에 존재하였던 모든 악인들이나 지옥의 모든 귀신들이 지금까지 행하였거나 앞으로 행할 모든 악을 합친 것보다 더 큰 악을 무한히 존귀하신 분께 자행하는 것입니다. 그런데도 당신은 그러한 신성모독적인 소망을 버리지 않을 것입니까?

(3) 회심하지 않고 죄 가운데서 살아가는 사람들을 구원하는 것은 그리스도의 말씀을 부정하는 일이 됩니다.

우리는 "누가 하늘로 올라가서 그리스도를 모셔 오겠느냐"라고 말하거나, "누가 저 땅 속 깊은 곳 무저갱으로 내려가서 그리스도를 모셔 오겠느냐"라고 말할 필요가 없습니다. 왜냐하면, "말씀이 우리 가까이에 있기" 때문입니다(롬 10:6-8). 당신은 그리스도께서 하신 말씀에 비추어 이 논쟁을 결론내야 한다는 데 동의하십니까? 그렇다면, 그리스도께서 친히 하신 말씀들을 들어 보십시오: "너희가 돌이켜 어린 아이들과 같이 되지 아니하면 결단코 천국에 들어가지 못하리라"(마 18:3). "내가 네게 거듭나야 하겠다 하는 말을 놀랍게 여기지 말라"(요 3:7). "베드로가 이르되 내 발을 절대로 씻지 못하시리이다 예수께서 대답하시되 내가 너를 씻어 주지 아니하면 네가 나와 상관이 없느니라"(요 13:8). "너희도 만일 회개하지 아니하면 다 이와 같이 망하리라"(눅 13:3). 그리스도께서는 한 번 말씀하시는 것으로 충분하셨을 것인데도, 여러 번 반복해서 간곡하게 그렇게 말씀하셨습니다: "진실로 진실로 네게 이르노니 사람이 거듭나지 아니하면 하나님의 나라를 볼 수 없느니라"(요 3:3). 그리스도께서는 사람이 거듭남을 통해서, 모태에서 태어날 때부터 지니고 있던 육성(carnality)과 죄성(sinfulness)을 벗어 버리지 않으면, 그 사람은 마치 짐승이 왕의 집무실에 어울리지 않는 것과 마찬가지로, 천국에 어울리지 않기 때문에, 천국에 들어오려면 반드시 거듭나야 한다고 단언하셨을 뿐만 아니라, 그것을 사람의 첫 번째 출생에 빗대어서 증명하셨습니다. 그런데도, 당신은 그리스도의 말씀에 정면으로 어긋나는 당신 자신의 주제넘고 근거 없는 확신을 고집하고자 합니까? 그리스도께서 회심하지 않은 당신을 구원하시는 것은 그리스도의 나라의 법과 그 공의의 법도를 정면으로 위배하는 것임을 명심하십시오.

(4) 회심하지 않고 죄 가운데서 살아가는 사람들을 구원하는 것은 그리스도의 맹세를 부정하는 일이 됩니다.

그리스도께서는 불신앙 가운데 있는 자들이나, 자신의 법도를 알지 못하거나 불순종하는 자들은 누구든지 자신의 안식에 들어오지 못하리라고, 자신의 손을 들어 맹세하셨습니다(히 3:18). 죄인이여, 당신은 그리스도께서 진심으로 그렇게 맹세하신 것이라는 사실을 아직 믿지 못하겠습니까? 그리스도께서는 자신의 은혜의 언약을 맹세로 확증하시고 피로 인치셨습니다. 그런데 당신이 회심하지도 않고 거룩하게 되지도 않은 채로 살다가 죽었는데, 만일 그리스도께서 당신을 구원하신다면, 그것은 그리스도께서 은혜의 언약을 통해서 열어 놓으신 길 외에도 천국에 들어갈 수 있는 길이 따로 생긴 것이기 때문에, 그리스도의 맹세는 다 헛맹세가 될 수밖에 없습니다. 그리스도께서 자신의 존귀하심이 허락하시는 범위 내에서 최대한도로 낮아지셔서, 맹세로써 인간과 최종적인 계약을 맺으신 것이 바로 은혜 언약입니다. 따라서 회심하지 않은 사람들이 구원을 받을 수 있기 위해서는, 은혜 언약 외에 다른 언약이 다시 새롭게 맺어져야 하고, 그리스도께서 지극히 엄숙한 맹세로써 영원히 확증하신 복음의 체계 전체가 완전히 새롭게 수정되어야 합니다. 하지만 그런 일이 일어나기를 소망하는 사람들은 정신나간 사람들일 것이 틀림없지 않겠습니까?

(5) 회심하지 않고 죄 가운데서 살아가는 사람들을 구원하는 것은 그리스도의 존귀하심을 부정하는 일이 됩니다.

하나님께서는 인간을 지극히 사랑하셔서 어떻게든 우리 죄인들을 구원하려고 하시지만, 죄는 몹시 미워하십니다. 그렇기 때문에, 예수의 이름을 부르는 사람은 죄악에서 떠나야 하고, 모든 경건하지 않은 것을 거부하여야 합니다. 그리스도로 말미암아 영원한 생명을 얻기를 소망하는 사람들은, 그리스도께서 순전하신 것처럼, 그들 자신을 순전하고 정결하게 하지 않으면 안 됩니다. 만일 그들이 그렇게 하지 않는다면, 사람들은 그리스도를 죄를 비호하는 분이라고 생각하게 될 것입니다(딤후 2:19; 딛 2:12; 요일 3:3). 주 예수께서는 자기는 죄를 사하시는 분이시지만, 죄를 비호하시는 분은 아니시라는 것을 온 세상이 다 알게 되기를 원하십니다. 옛적에 다윗은 "악을 행하는 너희는 다 나를 떠나라"(시 6:8)고 말하고, "거짓을 행하는 자는 내 집 안에 거주하지 못하며 거짓말하는 자는 내 목전에 서지 못하리로다"(시 101:7)고 말하고서는, 그런 자들이 들어오지 못하게 문을 걸어 잠갔습니다. 그런데 하물며 온전히 거룩하신 그리스도께서 그런 자들에게 어떻게 하실 것인지는 우리가 충분히 짐작하고도 남음이 있지 않습니까? 개들을 그리스도의 상 앞에 앉히거나, 돼지로 하여금 그리스도의 자녀들과 함께 기거하며 살아가게 하거나, 아브라함의 품을 독사들이 우글거리는 둥지로 만든다면, 그것은 그리스도의 존귀하심을 욕되게 하는 것이 아니겠습니까?

(6) 회심하지 않고 죄 가운데서 살아가는 사람들을 구원하는 것은 그리스도의 직임들을 부정하는 일이 됩니다.

하나님께서는 그리스도를 지극히 높이셔서 "왕"과 "구주"로 삼으셨습니다(행 5:31). 그런데 만일 그리스도께서 회심하지 않고 죄 가운데서 살아가는 사람들을 구원해 주신다면, 그것은 왕과 구주로서의 자신의 직임들을 내팽개치시는 것이나 다름없습니다. 악을 행하는 자들에게 두려움의 대상이 되고, 선을 행하는 자들에게는 칭송의 대상이 되는 것이 왕의 직임입니다. 성경에서는 권세자들에 대하여, 그들은 "하나님의 사역자가 되어 악을 행하는 자에게 진노하심을 따라 보응하는 자들"이라고 말씀합니다(롬 13:4). 그런데 만일 그리스도께서 회심하지 않고 계속해서 불경건하게 살아가는 자들을 비호하셔서, 그리스도의 다스리심을 받기를 거부하던 그들을 천국으로 데려가셔서, 자기와 함께 다스리게 하신다면, 그것은 "왕"으로서의 자신의 직임을 내팽개쳐 버리는 일이 될 것입니다. 그래서 그리스도께서는 그런 자들을 비호하시는 것이 아니라, 자신의 원수들로 여기셔서 자신의 발 아래 복종하게 하시는 방식으로 다스리십니다. 그런데 만일 그리스도께서 그런 자들을 자신의 품에 품으신다면, 그것은 하나님께서 그에게 왕권을 주신 목적을 저버리는 일이 될 것입니다. 왜냐하면, 하나님이 택하신 자들의 마음을 다스려 순복하게 하시고, 그들의 육신적인 욕심들을 멸하시는 것이 왕으로서의 그리스도께 맡겨진 일이기 때문입니다(시 45:5; 110:3). 공개적으로 반기를 들고 적대하는 반역자들의 무리를 자신의 궁정으로 불러들여서 환대하는 그런 왕이 어디 있겠습니까? 만일 그렇게 한다면, 그것은 왕이 자신의 생명과 나라와 통치권을 포함해서 자신의 모든 것을 다 반역자들의 무리에게 넘겨 주는 일이 되지 않겠습니까? 왕이신 그리스도께서는 존귀와 영광, 충성과 복종을 받으시는 것이 마땅합니다. 그런데 본성적으로 그리스도를 적대하는 자들이 구원을 받게 된다면, 그것은 그리스도의 위엄을 훼손하는 것이고, 그의 권위를 무너뜨리는 것이며, 그의 통치를 멸시와 조롱의 대상이 되게 하는 것이고, 그리스도께서 친히 피흘려 사신 구원의 은혜를 시궁창에 처박아 버리는 것과 같습니다.

　만일 그리스도께서 그렇게 하신다면, 그리스도는 왕이 되실 수도 없고 구주가 되실 수도 없게 될 것입니다. 왜냐하면, 그리스도께서 사람들에게 주시는 구원은 죄와 관련된 영적인 구원이고, 그가 "예수"라고 불리는 이유도 자기 백성을 그들의 죄로부터 구원하시는 자이시기 때문입니다(마 1:21). 따라서 만일 그리스도께서 회심하지 않고 죄 가운데서 그대로 살아가는 자들을 구원해 주신다면, 그는 "주"이실 수도 없게 될 것이고, "예수"라 불리는 것도 합당하지 않게 될 것입니다. 만일 그리스도께서 그런 식으로 사람들을 죄의 형벌로부터는 구원해 주시면서, 죄의 권세로부터는 구원해 주시지 않는다면, 그것은 구주로서의 자신의 직임을 반쪽만 행하는 것이기 때문에, 그는 불완전한 구주로 남게 되고, 완전한 구주가 되실 수는 없게 될 것입니다. 구원자로서의 그리스도의 직임은 "야곱에게서 경건하지 않은 것을 돌이키시는" 것입니다(롬 11:26). 그리스도께서는 사람들에게 은혜를 주셔서 그들의 죄악으로부터 돌이키시고(행 3:26), 죄를 끝장내시기 위하여 보내심을 받으셨습니다(단 9:24). 따라서 만일 그리스도께서 회심하지 않는 자들을 구원하신다면, 그것은 그 자신의 계획을 망치는 일이 될 것이고, 그의 직임들을 완전히 유기하는 일이 될 것입니다.

그러므로 일어나십시오! 잠자는 자여, 당신은 지금 대체 어쩌려고 그렇게 잠만 자고 있는 것입니까? 태평하게 잠자고 있는 죄인이여, 당신의 죄악 가운데서 멸망을 당하기 싫으면, 지금 당장 깨어나십시오! 옛적에 엘리사 시대에 성문 앞에 앉아 있던 네 명의 나병환자들이 말했듯이, "우리가 어찌하여 여기 앉아서 죽기를 기다리랴"(왕하 7:3-4)라고 말하십시오. 당신이 지금 지옥 밖에 있다는 것은 아주 확실하지만, 회개하고 회심하지 않는다면, 머지않아 신속하게 지옥 안에 있게 될 것이라는 것도 마찬가지로 아주 확실합니다. 당신이 지옥에 떨어지지 않을 유일한 방법은 회개하고 회심하는 것입니다. 게으른 자여, 이런저런 핑계들을 떨쳐내고서 지금 당장 일어나십시오. 도대체 언제까지 두 손을 모으고 졸며 잠을 자고 있으렵니까? 당신은 지금 위험천만하기 짝이 없는 망망대해에 누워 있는 것이거나, 광활한 바다 위에 떠 있는 배의 돛대 위에서 잠들어 있는 것을 알지 못합니까(잠 23:34)?

당신은 돌이키지 않으면, 머지않아 지옥 불에 던져지게 될 것입니다. 돌이키는 것, 즉 회개하고 회심하는 것 외에는 다른 길이 없습니다. 당신이 지옥 불에 던져지게 되어도 상관없다고 생각하고서, 전능하신 하나님과 맞붙어 싸우는 것을 즐기고자 하는 것이 아니라면, 지금 그 상태대로 있어서는 안 되고, 당신은 반드시 바뀌어야 합니다. 당신이 정말 살고 싶다면, 지금 당장 일어나서 거기에서 나오십시오. 옛적에 하나님께서 소돔 성을 멸하실 때, 천사들이 롯을 재촉해서, "일어나 여기 있는 네 아내와 두 딸을 이끌어 내라 이 성의 죄악 중에 함께 멸망할까 하노라"고 말하였는데도, 롯이 계속해서 주저하고 머뭇거리자, 천사들은 롯을 향하신 하나님의 자비하심을 생각해서, "롯의 손과 그 아내의 손과 두 딸의 손을 잡아 인도하여" 안전하게 성 밖으로 이끌어 낸 후, "도망하여 생명을 보존하라 돌아보거나 들에 머물지 말고 산으로 도망하여 멸망함을 면하라"고 경고하였는데, 내 눈에는 지금 주 예수께서 당신에게 옛적의 그 천사들 같이 행하셔서, 소돔 성에서 나오기를 주저하고 머뭇거리는 당신을 그의 자비로우신 손으로 붙잡아 강권하여 이 끄시는 것이 보입니다.

당신이 계속해서 죄악된 삶을 살겠다고 고집을 부린다면, 저 무시무시하고 끔찍한 멸망이 머지않아 당신에게 임하게 될 것은 불을 보듯 뻔한 일입니다! 당신은 제대로 경고를 받지 못해서 그랬다고 변명할 수도 없습니다. 하지만 나는 당신에게 이렇게 분명하게 경고를 했다고 해서, 내 할 일을 다 했다고 여기고, 이제 당신이 어떻게 되든, 그것은 전적으로 당신의 책임이라고 생각하고서, 팔짱을 낀 채로 바라보기만 할 수는 없습니다. 나는 내 영혼이 구원받은 것으로는 만족할 수 없습니다. 당신이 거기에서 꿈쩍도 하지 않고 있는데, 어떻게 내가 당신을 떠날 수 있겠습니까? 내가 떠난다면, 당신이 거기에서 일어나서 나를 따라오겠습니까? 나는 지금까지 내내 허공에 대고 말해 온 것입니까? 귀머거리 독사에게 주문을 걸고 있었거나, 풍랑이 일고 거센 파도가 치는 바다를 말로 설득해서 잔잔하게 해 보려고 했던 것입니까? 아니면, 나는 지금 사람들을 향해서 말하고 있는 것이 아니라, 나무나 돌들을 향해서 말하고 있는 것입니까? 살아 있는 사람들을 향해서 말하고 있는 것이 아니라, 죽은 자들의 무덤과 비석을 향해서 말하고 있는 것입니까?

당신이 사람이고 목석이 아니라면, 잠시 멈춰 서서, 당신이 어디로 가고 있는 것인지를 곰곰이 생각해 보십시오. 당신에게 사람의 이성이 있고 분별력이 있다면, 두 눈을 다 멀쩡하게 뜬 채로 지옥의 불구덩이를 향하여 달려가지 마시고, 가던 길을 잠시 멈춰 서서, 회개하는 것을 진지하게 고려해 보십시오. 짐승들도 사지로 들어가려고 하지 않는 법인데, 왜 짐승도 아니고 사람인 당신이 지옥의 불구덩이를 향하여 달려가고 있는 것입니까? 이성을 지닌 사람인 당신이 왜 영원한 죽음과 지옥을 아무렇지도 않게 여기고, 전능자의 원수 갚으심을 하찮게 여기는 것입니까? 짐승은 앞일을 내다볼 수 없기 때문에, 장래에 닥칠 일들을 대비하지 않고 아무 염려 없이 태평하게 살아가는 반면에, 사람은 이성과 분별력이 있어서, 앞일에 대하여 경고를 받으면, 그 일이 자기에게 닥치지 않도록 적절하게 대비한다는 것이, 짐승과 사람의 차이가 아닙니까? 그런데도 당신은 영원히 고통 받게 될 곳으로 달려가는 것을 왜 즉시 멈추지 않는 것입니까? 당신이 정말 사람이라면, 이 일을 이성을 따라 분별하고 행하십시오.

당신을 지으신 창조주이신 주 하나님과 대적하여 싸우거나, "이스라엘의 지존자"를 거짓말쟁이로 취급하여(사 45:9; 욥 9:4; 삼상 15:29), 그의 말씀을 거역하고 당신 자신의 생각을 고집하는 것이 이성을 따라 행하는 것입니까? 분별력과 판단력을 갖춘 인간이 자신의 존재 목적과 정반대로 살아감으로써 영원히 멸망당하게 되는 것이 이성을 따라 생각하고 행하는 것입니까? 하나님이 지으신 온 세계 중에서, 유일하게 하나님의 뜻을 알 수 있고 하나님께 영광을 돌릴 수 있는 존재인 인간이, 자기를 지으신 하나님을 모른 체하고, 하나님을 섬기지도 않으며, 도리어 하나님을 대적하여 창조주의 얼굴에 독을 뿜어대는 것이, 이성을 따라 생각하고 행하는 것입니까?

하늘이여, 내 말을 들어 보고, 땅이여, 내 말에 귀 기울이며, 지각이 없는 피조물들도 내 말을 한 번 판단해 보라! 하나님께서 사람들을 먹이시고 입히시고 기르셨는데, 그렇게 하나님의 손길 아래에서 자라난 사람들이 하나님을 거역하고 반역하는 가운데 살아가는 것이 이성을 따라 생각하고 행하는 것이 맞는가? 사람들이여, 내 말을 한 번 판단해 보라. 가시나무와 엉겅퀴가 활활 타고 있는 불과 맞서 싸우거나, 질그릇이 자기를 만든 토기장이와 맞서 싸우는 것이 과연 이성에 맞는 일입니까? 당신은 당연히 "그런 것들은 이성에 맞지 않는다"고 말할 것입니다. 만일 그렇게 말하지 않는다면, 당신은 분명히 이성의 눈이 완전히 멀어 버린 사람입니다. 그리고 그렇게 행하는 것이 이성에 맞는 것이 아니라면, 당신이 계속해서 그렇게 행할 이유는 전혀 없고, 오직 즉시 돌이켜서 회개해야 할 이유만이 존재합니다.

이제 내가 할 말은 할 만큼 다 했으니, 무슨 말을 더 할 수 있겠습니까? 이런 식으로 더 계속해서 말하다가는, 나의 기력이 다해서, 나는 쓰러지고 말 것입니다. 그러므로 이제는 당신이 내 말에 귀를 기울이고서, 새로운 길을 가기로 결심할 차례입니다. 당신은 정결해지고 싶지 않습니까? 지금이 아니면, 언제 그렇게 하겠습니까? 그러니 이제 조용히 앉아서, 내가 앞에서 한 말들을 곰곰이 곱씹어 보고, 돌이키는 것이 당신에게 최선인지 아닌지를 잘 생각해 보십시오. 자, 당신과 내가 함께 마주 앉아서 한 번 제대로 따져 봅시다. 당신이 지금처럼 당신에게는 아무 문제도 없다는 과대망상에 사로잡혀서 회심하지 않고 그대로 있는 것이 좋을지, 아니면 하나님께서 자신이 말씀하신 것들을 그대로 지켜 행하실지 행하지 않으실지를 한 번 시험해 보는 것이 좋을지를 한 번 따져 봅시다.

불쌍한 죄인이여! 당신은 다른 수많은 악인들과 함께 멸망 길로 계속해서 달려가고자 하는 것입니까? 옛적에 하나님께서 예레미야 선지자를 통해서 이스라엘 백성에 대하여, "내가 내 딸 백성을 어떻게 처치할꼬"(렘 9:7)라고 탄식하셨는데, 지금 내 심정이 바로 그런 것입니다. 내가 지금까지 안 써본 방법이 없을 정도로 온갖 방법을 다 동원해서 당신을 설득하였는데도, 당신은 여전히 망설임 없이 기어코 멸망 길로 달려가고자 하는 것입니까?

"주 하나님, 도우소서. 내가 그들을 이런 식으로 내버려 둘 수밖에 없는 것입니까? 그들은 내 말을 듣지 않으려고 할지라도, 주께서는 내 말을 들으실 줄을 내가 아오니, 그들로 하여금 주 앞에서 살아가게 해 주십시오. 주여, 그들을 구원하소서. 그들을 내버려 두시면, 그들은 멸망할 수밖에 없습니다. 그들이 침상에서 깊이 잠들어 있는 동안에 그들의 집에 불이 난 것을 보아도 내 마음이 아플 것인데, 그들이 영원한 멸망에 처해져서 무저갱으로 떨어지는 것을 본다면, 내 마음이 어떻겠습니까? 주여, 그들을 불쌍히 여기셔서 지옥의 불구덩이에서 구원하소서. 주의 권능을 베푸소서. 그리하시면, 그 일이 이루어지리이다."

제4장

회심하지 않은 자임을 보여 주는 증표들

　객관적으로 초연하게 일반적인 말들만을 계속해서 써내려 간다면, 사람들에게 회심의 열매를 거두기를 기대하기 힘듭니다. 확실한 열매를 거두기 위해서는 맞붙어서 육박전으로 싸울 필요가 있습니다. 나단 선지자가 양들을 무수히 많이 가진 어떤 부자가 가난한 사람이 유일하게 소유하고 기르고 있던 암양 새끼 한 마리를 빼앗아다가 잡아먹은 것에 빗대어서, 다윗 왕이 우리아에게서 그의 아내 밧세바를 빼앗은 죄를 암시하였을 때, 다윗 왕은 나단 선지자가 그 비유를 통해서 자신의 죄를 지적하고 있는 것임을 깨닫지 못하였습니다. 그래서 나단 선지자는 비유 같은 것은 다 내던져 버리고서, 단도직입적으로 "당신이 그 사람이라"고 말해 줄 수밖에 없었고, 그 때에야 다윗은 자신의 죄를 분명하게 깨닫게 되었습니다(삼하 12:7). 구원받기 위해서는 거듭나야 한다는 것을 부정하는 사람은 별로 없지만, 그런 사람들 중 대다수는 자신들이 지금 당장에 거듭나야 하는 것은 아니라는 기만적인 생각

속에서 스스로를 속이며 살아갑니다. 그들은 자기가 단지 다른 사람들을 속이고서 어떤 악한 목적들을 이루기 위하여 그리스도인으로 가장하여 신앙생활을 하고 있는 것도 아니고, 자기가 거듭나지 않았다는 것을 정직하게 인정하고서 단지 그 시기를 잠시 미루고 있는 것이라고 생각하기 때문에, 그들 속에 아주 교묘한 외식이 있다는 것을 전혀 의식하지 못합니다. 그런데 이 외식은 그들의 영혼을 감쪽같이 속이고 있는 것이어서, 사실은 극히 위험한 것인데도, 그들은 그러한 사실을 까맣게 모릅니다. 그러나 사람의 마음은 타고난 천재적인 사기꾼이고, 자기기만에 의한 망상은 사람의 마음속에 너무나 뿌리깊이 자리 잡고 있는 고치기 힘든 치명적인 난치병이기 때문에, 사람을 그러한 망상에서 깨어나게 하는 것은 반드시 필요한 일이기는 하지만, 그 일을 해내기는 정말 어렵습니다. 하지만 회심하지 않는 사람들은 반드시 그 망상에서 깨어나야 합니다. 그렇지 않으면, 그들은 영원히 멸망할 것입니다! 그렇다면, 어떻게 해야 사람이 망상에서 벗어나고 자기기만에서 깨어날 수 있을까요?

"모든 것을 살펴 찾아내시는 빛이시여, 도우소서. 자기를 기만하는 자의 썩어 문드러진 뿌리를 주의 분별하시는 눈으로 찾아내어 드러내소서. 주 하나님, 옛적에 선지자에게 그러하셨듯이, 나를 회심하지 않은 자들의 망상의 방들로 인도하셔서, 그 죄인들이 자신의 심령에 쌓아 놓은 벽들을 무너뜨리고, 어둠 속에 매복해 있는 저 감추어진 가증스러운 것들을 드러내게 하소서. 주께서 전에 베드로에게 그러하셨듯이, 주의 천사를 내 앞에 보내셔서, 그들의 심령의 온갖 잡다한 병동들을 열어 주게 하시고, 굳게 닫혀 있는 철문들조차도 저절로 열리게 하소서. 주여, 요나단이 꿀을 맛보자마자 그의 눈이 밝아졌듯이, 자기기만에 빠져 있는 심령들이 나의 이 글을 읽어내려갈 때, 그들의 마음 눈이 밝아져서, 자신의 죄악들을 그들의 눈으로 보고 그들의 귀로 듣게 하시며, 그들의 양심으로 하여금 자신들의 죄악을 깨닫게 하셔서, 주께서 그들을 고치실 수 있게 하소서."

내가 이 장에서 다룰 주제 속으로 본격적으로 들어가기 전에 먼저 말해 두고자 하는 것은, 사람은 자신의 마음과 영적 상태에 문제가 많은데도, 얼마든지 아무런 문제도 없다는 확신을 가질 수 있다는 것입니다. 진리 되시는 주님께서는 요한계시록에서 라오디게아 교회의 경우를 들어서, 사람이 자기가 비참하고 불쌍하며 빈곤하고 눈멀어 있으며 벌거벗었는데도, 여전히 그러한 사실을 전혀 알지 못할 수 있다는 것을 보여 주셨습니다: "네가 말하기를 나는 부자라 부요하여 부족한 것이 없다 하나 네 곤고한 것과 가련한 것과 가난한 것과 눈 먼 것과 벌거벗은 것을 알지 못하는도다"(계 3:17). 또한, 성경에서는 "스스로 깨끗한 자로 여기면서도 자기의 더러운 것을 씻지 아니하는 무리가 있느니라"(잠 30:12)고 말씀합니다. 바울은 다메섹 도상에서 부활하신 주님을 만나기 전에는, 자기가 회심하지 않은 상태에 있었음에도 불구하고, 자신의 신앙과 삶에 아무 문제가 없다고 생각한 것은 물론이고, 거기에서 한 걸음 더 나아가서, 자기는 대단한 신앙을 지니고 있고, 하나님을 열렬히 섬기는 거룩한 삶을 살고 있다는 것을 한 치의 의심도 없이 확신하였습니다(롬 7:9). 그러므로 자신의 신앙과 삶에 아무 문제가 없다는 강한 확신이 있기 때문에, 그것이 충분한 증거가 된다고 믿는 사람들은 비참할 정도로 스스로 속고 있는 것입니다. 자기가 회심하였다는 것에 대한 강한 확신 외에는 별다른 증거를 가지고 있지 않은 사람들은 아직 회심을 모르는 사람들임이 분명합니다.

이 점에 대해서 좀 더 자세하게 살펴봅시다. 성경에서는 적그리스도의 추종자들 중에서 어떤 자들에게는 좀 더 드러나게 그들의 이마에 그 증표가 있고, 어떤 자들에게는 좀 더 은밀하게 그들의 손에 그 증표가 있을 것이라고 말씀하는데, 이것은 회심하지 않은 자들과 관련해서도 마찬가지입니다. 성경에서는 여러 가지 두렵고 무시무시한 증표들을 지닌 자들에 대하여 사망을 선고하고 있는데, 나는 당신이 그러한 증표들을 아주 주의 깊게 주목하기를 부탁드립니다: "너희도 정녕 이것을 알거니와 음행하는 자나 더러운 자나 탐하는 자 곧 우상 숭배자는 다 그리스도와 하나님의 나라에서 기업을 얻지 못하리니 누구든지 헛된 말로 너희를 속이지 못하게 하라 이로 말미암아 하나님의 진노가 불순종의 아들들에게 임하나니"(엡 5:5-6). "두려워하는 자들과 믿지 아니하는 자들과 흉악한 자들과 살인자들과 음행하는 자들과 점술가들과 우상 숭배자들과 거짓말하는 모든 자들은 불과 유황으로 타는 못에 던져지리니 이것이 둘째 사망이라"(계 21:8). "불의한 자가 하나님의 나라를 유업으로 받지 못할 줄을 알지 못하느냐 미혹을 받지 말라 음행하는 자나 우상 숭배하는 자나 간음하는 자나 탐색하는 자나 남색하는 자나 도적이나 탐욕을 부리는 자나 술 취하는 자나 모욕하는 자나 속여 빼앗는 자들은 하나님의 나라를 유업으로 받지 못하리라"(고전 6:9-10). 성경이 사망선고를 한 이런 자들에 당신이 속해 있다면, 당신에게는 화가 있을 것입니다. 사실, 이런 사람들은 자신들은 거룩해지지 않은 자들이기 때문에, 그런 상태에서 자신들이 구원받을 가능성은 없다는 것을, 마치 하나님께서 하늘로부터 직접 그들에게 말씀해 주신 것처럼 확실하게 알고 있을지도 모릅니다.

1. 드러난 죄인들.

이 부류에 속한 사람들이 회심하지 않은 자들이라는 것은 추호의 의심도 없는데, 그들은 회심하지 않은 자임을 보여 주는 증표들을 이마에 지니고 있습니다.

(1) 음행하는 자들.

이 사람들은 우리가 앞에서 인용한 모든 말씀 속에 다 등장하기 때문에, 다른 사람들은 몰라도, 적어도 그들만은 언제나 염소들로 분류됩니다.

(2) 탐욕스러운 자들.

이 사람들은 늘 우상 숭배자들이라는 낙인을 달고 다니는 자들입니다. 어떤 사람의 이마에 이 이름이 적혀 있을 때, 그 사람 앞에서는 천국 문이 닫힙니다.

(3) 술 취하는 자들.

이성을 잃을 정도로 술을 마시는 자들도 여기에 해당되지만, 독한 술을 마셔도 이성을 잃지 않을 정도로 술에 강해서 늘 술을 달고 살아가는 자들이 특히 여기에 해당합니다. 하나님께서는 이러한 자들에게 화와 저주가 있을 것이라고 입이 닳도록 말씀하시면서, 그런 자들이 하나님의 나라를 유업으로 받지 못할 것이라고 분명하게 선언하십니다(사 5:11-12, 22: 갈 5:21).

(4) 거짓말하는 자들.

거짓말을 하실 수 없으신 하나님께서는 하나님의 나라에는 거짓말하는 자들이 있을 곳이 없고, 하나님의 성산에 올라올 수 없다고 딱 잘라 말씀하시고, 그런 자들은 "거짓의 아비"인 마귀의 자녀들이기 때문에, 지옥의 "불못"에 던져지는 것이 마귀와 그들의 분깃이 될 것이라고 분명하게 말씀하십니다(계 21:8, 27: 요 8:44; 잠 6:17).

(5) 맹세하는 자들.

이 사람들은 신속하고 깊게 회개하지 않는다면, 결국 신속히 멸망하게 될 것이고, 아주 확실하고 피할 수 없는 정죄를 당하게 될 것입니다(약 5:12: 슥 5:1-3).

(6) 악담하고 험담하는 자들.

이 사람들은 자신의 이웃을 그의 면전에서 온갖 악담을 쏟아내어 모욕을 주고 비방하며, 뒤에서는 여기저기 돌아다니면서 그 이웃이 보지 않는 곳에서 그를 헐뜯어 상처를 주는 자들입니다(시 15:1, 3: 고전 5:11).

(7) 도적질하는 자들, 착취하는 자들, 압제하는 자들.

이 사람들은 기회가 있을 때마다 가난한 자들을 등쳐먹거나, 형제들에게 사기를 쳐서 이득을 취하는 자들입니다. 이런 자들은 그들이 자행한 이 모든 악행에 대하여 하나님께서 그들에게 반드시 원수를 갚으실 것임을 알아야 합니다(살전 4:6). 사기치고 횡령하고 낭비하는 종들이여, 하나님께서 당신을 정죄하시는 말씀을 들으십시오! 밥 먹듯이 사람들을 속여 장사하는 상인들이여, 하나님께서 당신에게 선고하시는 판결을 들으십시오! 하나님께서는 반드시 당신 앞에서 천국 문을 닫아걸어 버리실 것이고, 당신이 쌓아 놓은 불의의 재물이 진노를 불러오는 재물이 되게 하실 것이며, 당신이 불의하게 긁어모은 금은보화가 불덩어리들이 되어서 당신의 살에 박혀 당신에게 극심한 고통을 안겨 주게 하실 것입니다(약 5:2-3).

(8) 하나님을 섬기지 않고 속되게 살아가는 자들.

이런 자들은 하나님의 말씀을 들으려고 하지도 않고, 하나님의 이름을 부르지도 않으며, 하나님 앞에서 기도하지도 않고, 그들 자신이나 자신의 가족들의 영혼에 무관심하여, 이 세상에서 하나님 없이 살아가는 자들입니다(요 8:47: 욥 15:4: 시 14:4: 79:6: 엡 2:12: 4:18).

(9) 허탄한 무리들과 어울리기를 좋아하는 자들.

하나님께서는 그런 자들을 반드시 멸하셔서, 자신의 안식의 동산에 결코 들어오지 못하게 하실 것이라고 분명하게 말씀하셨습니다(잠 9:6; 13:20).

(10) 신앙을 조롱하는 자들.

이런 자들은 거룩하게 살아가는 것을 비웃고, 부지런히 하나님을 섬기고 하나님의 말씀을 전하는 종들과 그들의 거룩한 신앙고백을 조롱하여, 그리스도인임을 고백한 사람들이 약점을 보이거나 실패하는 것을 보면 통쾌해하는 자들입니다. "하나님의 사신들을 비웃고 그의 말씀을 멸시하며 그의 선지자를 욕하는" 자들이여, 당신이 장차 받게 될 무시무시한 심판을 생각하십시오(대하 36:16). "심판은 거만한 자를 위하여 예비된 것이요 채찍은 어리석은 자의 등을 위하여 예비된 것이니라"(잠 19:29).

죄인이여, 당신이 이 열 가지 부류들 중에서 어느 한 가지에라도 해당되지는 않는지를 찬찬히 살펴보십시오. 만약 당신이 어느 한 가지에라도 해당된다면, 그것은 당신은 "악독이 가득하며 불의에 매인 바 된" 사람이라는 것을 보여 주는 증거가 됩니다(행 8:23). 왜냐하면, 이 열 가지 부류에 속한 모든 사람들의 이마에는 "표"가 있고, 그 표는 그들이 사망의 자식들이라는 것을 증명해 주는 표이기 때문입니다. 나는 주께서 우리 인간들을 불쌍히 여겨 주시기만을 기도할 뿐입니다. 우리 인간들 중에서 이 열 가지 부류에 속한 사람들을 다 제외하고 나면, 남아 있는 사람은 별로 되지 않을 것입니다.

하나님께서 하늘로부터 당신을 쳐서, 지금 당신이 장차 영원한 저주를 받아 지옥에 떨어지게 될 그런 상태로 살아가고 있다는 것을 분명하게 말씀하시는데도, 당신은 여전히 "나는 괜찮고, 나의 영적 상태에는 아무런 문제도 없다"는 확신을 유지하기 위해서 발버둥을 치고 있지 않습니까! 하나님께서 옛적에 이스라엘 백성을 향하여, "네가 어찌 말하기를 나는 더럽혀지지 아니하였다 바알들의 뒤를 따르지 아니하였다 하겠느냐 골짜기 속에 있는 네 길을 보라 네 행한 바를 알 것이니라"(렘 2:23)고 따지셨듯이, 나도 당신에게 따지고자 합니다. 당신이 습관처럼 써먹어온 속임수들, 당신이 은밀하게 저질러온 죄들, 당신의 몸에 밴 거짓말하는 버릇을 당신의 양심이 당신에게 고발하고 있지 않습니까? 당신이 하나님을 예배하는 것을 소홀히 하고 세상 재미에 빠져서 살아가고 있는 것, 당신의 탐욕스러운 행태들, 당신이 악의나 앙심을 품고 남들을 시기하며 살아온 것을 당신의 친구들과 가족들과 이웃들이 증언하고 있지 않습니까? 그들이 길거리를 걸어가는 당신에게 손가락질하며, 이렇게 말하지 않습니까? "저기 도박에 빠져서 재산을 탕진한 자가 가는구나. 저기 나쁜 놈들과 어울려서 하루가 멀다 하고 술만 퍼마시는 술고래가 가는구나. 저기 매일같이 다른 사람들의 악담만 하고 다니는 자가 가는구나. 저기 하나님을 비웃고 하나님을 믿는 자들을 비웃는 자가 가는구나. 저기 허랑방탕하게 살아가는 자가 가는구나." 사랑하는 자여, 하나님께서는 장차 당신을 심판하실 때에 사용하실 기준을 성경에 이미 명명백백하게 기록해 놓으셨는데, 우리가 앞에서 살펴본 열 가지는 하나님의 자녀임을 증명해 주는 표들이 아니기 때문에, 거기에 속한 사람들은, 회심의 은혜를 통해서 새로워지지 않는 한, 영원한 저주를 받아 지옥에 떨어지는 것을 피할 수 없습니다.

지금 즉시 "돌이켜 회개하고" 당신의 모든 죄악에서 떠나십시오(겔 18:30), 그렇지 않으면, 당신은 당신의 죄악 때문에 멸망하고 말 것입니다. 마음이 굳어져서 고집을 부리고 있는 죄인이여, 당신이 회심하지도 않고 이렇게 미동도 하지 않고 있는데, 내가 이대로 당신 곁을 떠나야 하겠습니까? 하루가 멀다 하고 술집에 가 앉아서 술을 마시고 있는 당신을 보면서도, 내가 이대로 당신 곁을 떠나야 하겠습니까? 마음속에 앙심을 품고서 입만 열었다 하면 독을 뿜어대는 당신을 보면서도, 내가 이대로 당신 곁을 떠나야 하겠습니까? 나는 당신에게 하나님의 말씀으로 분명하게 경고하였기 때문에, 당신의 피에 대해서 이제 내게는 아무런 책임도 없다는 것을 당신은 알아야 합니다. 당신이 듣든지 아니 듣든지, 나는 성경의 말씀들을 당신에게 남겨 두고 갈 것입니다. 이 말씀들은 당신에게 벼락이 되어 당신을 일깨우게 되든지, 당신의 양심을 지지는 인두가 되어 당신을 더욱 완악하게 만들게 될 것입니다. "그의 원수들의 머리 곧 죄를 짓고 다니는 자의 정수리는 하나님이 쳐서 깨뜨리시리로다"(시 68:21). "자주 책망을 받으면서도 목이 곧은 사람은 갑자기 패망을 당하고 피하지 못하리라"(잠 29:1). "내가 불렀으나 너희가 듣기 싫어하였고 내가 손을 폈으나 돌아보는 자가 없었고 도리어 나의 모든 교훈을 멸시하며 나의 책망을 받지 아니하였은즉 너희가 재앙을 만날 때에 내가 웃을 것이며 너희에게 두려움이 임할 때에 내가 비웃으리라"(잠 1:24-26).

2. 은밀한 죄인들.

내가 앞에서 드러난 죄인들에 대하여 쓴 것들을 다 읽고 나서, 자기는 그런 흉악한 죄악들을 저지르며 살아오지 않았기 때문에 아무런 문제가 없고, 따라서 그런 자들이 받게 될 저주를 받지 않아도 될 것이기 때문에 복된 자라고 생각하며 쾌재를 부르는 사람들이 많을 것입니다. 그러나 내가 다시 한 번 분명히 말해 두고 싶은 것은, 내가 앞에서 말한 부류들인 "드러난 죄인들"과는 전혀 다른 부류에 속한 회심하지 않은 죄인들의 무리, 즉 "은밀한 죄인들"이 있다는 것입니다. 드러난 죄인들은 이마에 표를 지니고 살아가는 반면에, 은밀한 죄인들은 다른 사람들이 볼 수 없는 은밀한 곳인 손에 표를 지니고 살아갑니다. 그들은 그들 자신을 속이고, 다른 사람들을 속이며 살아가기 때문에, 그들의 마음은 언제나 올바르지 못하고 정직하지 못한데도, 사람들 사이에서 선한 그리스도인으로 통합니다. 이런 사람들 중에서 다수는 죽어서 심판을 받고 모든 것이 백일하에 드러나게 될 때까지는, 실제로는 그들이 그리스도인들이 아니라는 사실이 드러나지 않습니다. 이렇게 그들 자신을 속이고, 그래서 스스로도 속아 넘어간 사람들은, 자기가 천국에 들어가리라는 것을 의심하지 않기 때문에, 아주 자신 있게 천국 문 앞으로 달려가지만, 바로 그 천국 문 앞에서 퇴짜를 맞고 발길을 돌리게 됩니다(마 7:22). 나는 무수한 사람들이 자신의 은밀한 죄로 말미암아 멸망하게 될 것이라는 나의 말을 당신이 명심하고 가슴에 깊이 새겨 두기를 간곡히 부탁드립니다. 이런 은밀한 죄는 단지 다른 사람들에게만 감추어져 있을 뿐만 아니라, 당사자들이 자신의 마음을 제대로 살피지 않기 때문에, 그들 자신에게도 감추어져 있습니다. 사람은 드러난 죄들로부터는 자유로울지라도, 드러나지 않고 은밀하게 감추어져 있던 죄들로 인해서 멸망하게 될 수 있습니다. 수많은 사람들을 영원한 멸망으로 인도하는 은밀한 죄들로, 우리는 열두 가지를 들 수 있습니다.

당신은 내가 지금부터 말하는 열두 가지 죄가 당신에게 있는지를 주의 깊게 살피고, 그런 것들이 발견된다면, 바로 그런 것들이 당신이 은혜 안에서 살고 있지 않고 회심하지 않은 상태에 있음을 분명하게 보여 주는 불길한 증표들이라는 것을 깨달아야 합니다. 당신이 영원한 생명을 얻고자 한다면, 이 열두 가지 죄 중에 어느 하나라도 당신에게 해당되는 것이 있는지를 거룩한 열심을 품고서 주의 깊게 읽어나가기를 바랍니다.

(1) 의도적인 무지.

이 죄는 의도적으로 알려고 하지 않는 죄를 말합니다. "내 백성이 지식이 없으므로 망하는도다 네가 지식을 버렸으니 나도 너를 버려 내 제사장이 되지 못하게 할 것이요 네가 네 하나님의 율법을 잊었으니 나도 네 자녀들을 잊어버리리라"(호 4:6). 자기는 선한 마음을 지니고 있기 때문에, 반드시 천국에 들어가게 될 것이라고 철석같이 믿지만, 이 의도적인 무지의 죄로 인해서 소리 소문도 없이 영원한 멸망 속으로 들어가고, 지옥에 던져지는 가련한 사람들이 아주 많습니다. 이 의도적인 무지의 죄는 자기에게 멸망의 손길이 미치리라고는 꿈에도 생각하지 않고 있던 수많은 사람들을 소리 없이 죽이는 살인자입니다. 당신이 자신의 무지에 대해서 그 어떠한 변명과 핑계를 댈지라도, 성경은 무지가 사람들의 영혼을 파멸로 이끄는 악이라고 단호하게 말씀합니다(사 27:11; 살후 1:8; 고후 4:3).

종교개혁 시대에 개신교도들이 헛간에 갇혀 있고, 사형을 집행하는 망나니가 아직도 따뜻한 온기를 지닌 피를 손에 묻힌 채로 헛간으로 들어와서는, 사람들의 눈을 가린 채로 한 사람씩 단두대로 끌고 나가서, 흥건하게 피로 젖어 있는 단상에서 목을 베는 무시무시하고 끔찍한 장면을 당신이 보았다면, 당신의 마음이 어떠했겠습니까? 그러나 지금 무지로 말미암아 무수한 사람들이 눈이 가려진 채로 은밀하게 단두대로 끌려 나가서 참수를 당한다고 생각하면, 당신의 마음은 더욱더 피눈물을 흘리지 않겠습니까? 당신이 바로 그런 일을 당하지 않도록 조심하십시오. "내가 알지 못해서 그랬다"는 변명이나 하소연은 통하지 않습니다. 무지 자체가 죄라는 것을 인정하고서, 당신이 무지의 죄에서 벗어나지 않는다면, 무지가 당신을 가만두지 않을 것임을 알아야 합니다. 장차 자기를 영원한 멸망에 빠뜨릴 살인자를 자신의 품에 품고 비호해 주는 사람이 어디 있겠습니까?

(2) 그리스도에게 가까이 나아가기를 은근히 꺼려함.

주님께서는 "무릇 내게 오는 자가 자기 부모와 처자와 형제와 자매와 더

욱이 자기 목숨까지 미워하지 아니하면 능히 내 제자가 되지" 못할 것이라고 말씀하셨는데(눅 14:26), 이것은 어려운 말씀입니다. 어떤 사람들은 하나님의 일이라는 것들을 열심히 많이 하지만, 그들을 구원할 신앙을 갖고 있지는 못합니다. 그들은 그리스도께 전적으로 헌신하려고 하지도 않고, 그리스도의 말씀에 전적으로 순종하려고 하지도 않습니다. 그들에게는 반드시 자신들이 은밀하게 즐기는 죄들이 있습니다. 그들은 그들 자신에게 해가 되는 일은 하지 않으려고 하고, 여러 가지 은밀한 예외들을 두고서 이 세상에서의 삶과 자유와 재물이 주는 안락함과 기쁨들을 즐깁니다. 많은 사람들이 그리스도를 이런 식으로 믿고, 자기를 부인하라거나 십자가를 지라는 주님의 말씀에 아랑곳하지 않습니다. 사람들이 지닌 신앙의 근본에 자리 잡고 있는 이러한 은밀한 죄는 그들에게 영원한 파멸을 가져다줍니다(눅 14:28-33).

(3) 형식적인 신앙생활.

많은 사람들이 신앙의 외적인 면들에만 안주해서, 하나님이 명하신 것들을 외적으로만 행하는 데 만족합니다. 바리새인들의 경우가 잘 보여 주듯이, 형식적인 신앙생활은 겉보기에는 영락없이 진짜 신앙인 것처럼 보이기 때문에, 사람들은 스스로 이것에 아주 잘 속아 넘어갑니다. 따라서 겉으로 분명히 드러나게 속되게 살아가는 사람들은 자기가 잘못 살아가고 있다는 것을 알기 때문에 회개할 기회가 있지만, 이렇게 형식적으로 신앙생활을 하는 사람들은 자기가 참된 신앙을 지니고 있다고 굳게 믿기 때문에 회개할 기회를 얻기 힘들어서, 그들의 멸망은 더욱 확실합니다. 그들은 예배에 꼬박꼬박 참석해서 하나님의 말씀을 듣고, 때를 따라 금식하며, 매일 기도하고, 자주 가난한 자들을 구제하기 때문에, 자신의 신앙이 잘못되었다는 생각을 할 수 없게 됩니다. 하지만 그들은 자기가 하나님의 일이라고 여기고서 행한 일들을 의지해서, 거기에 근거하여 자기가 지금 천국으로 가는 길을 착실하게 가고 있고, 그 길의 끝에서 마침내 천국에 들어가게 될 것이라고 확신하며 기분 좋아 하는 것일 뿐이고, 그들의 마음속에 자리 잡고 있는 참된 신앙에 의거해서 진심으로 그런 일들을 한 것이 아니기 때문에, 결국에는 지옥 불에 떨어지게 됩니다. 당신이 형식적인 신앙생활을 하고 있다면, 그것은 당신에게 당신이 지금 천국으로 가고 있다는 확신을 줌으로써 당신을 속이고, 그 결과 당신을 더욱 완악한 자로 만들어서, 당신으로 하여금 진정으로 회심할 수 없게 만들 것이기 때문에, 형식적인 신앙생활은 정말 끔찍하고 무시무시한 것입니다.

(4) 잘못된 동기들에 지배되어서 신앙생활을 하는 것.

이것은 바리새인들을 영원한 멸망에 빠뜨린 바로 그 죄입니다. 이 은밀한 죄로 인하여 멸망당하는 자들이 너무나 많습니다. 그들은 자신의 그러한 착각과 오해를 알아차리기도 전에 지옥에 떨어집니다. 그들은 자신이 하나님을 믿는 가운데 선한 일들을 행하고 있기 때문에, 자기는 아무런 문제가 없이 신앙생활을 잘하고 있다고 생각하지만, 자기가 내내 육신적인 동기들에 의해서 행하고 있다는 것을 알지 못합니다. 물론, 진정으로 거룩하게 된 사람들에게도 많은 육신적인 동기들과 목적들이 자주 끼어든다는 것은 두말할 필요도 없이 사실이지만, 그들은 그런 것들을 미워하고 부끄러워할 뿐만 아니라, 그런 것들에 습관적으로, 또는 완전히 지배되어 살아가지도 않습니다. 반면에, 어떤 사람들은 통상적으로 어떤 육신적인 목적과 동기에 의해서 신앙생활을 해나갑니다. 그 육신적인 목적이나 동기는, 자신의 양심을 만족시키기 위한 것일 수도 있고, 사람들로부터 경건하다는 평판을 듣기 위한 것일 수도 있으며, 사람들에게 과시하기 위한 것일 수도 있고, 자신의 재능이나 달란트를 자랑하기 위한 것일 수도 있으며, 속되고 불경건한 사람이라는 비난을 피하기 위한 것일 수도 있습니다. 이런 사람들의 신앙은 제대로 된 것이 아닙니다. 그리스도인들이여, 자기기만을 피하고자 한다면, 당신의 행위만이 아니라 동기도 잘 살펴십시오.

(5) 자신의 의를 의지하는 것.

이것은 사람의 영혼을 파멸시키는 재앙을 가져다주는 은밀한 죄입니다. 사람이 자신의 의를 의지하게 되면, 반드시 그리스도의 의를 거부하게 되어 있습니다. 사랑하는 자여, 당신은 정신을 바짝 차리고서 모든 것을 조심하여야 합니다. 왜냐하면, 당신이 저지르는 모든 죄들만이 아니라, 당신이 신앙이라고 생각하고서 행하는 모든 일들도 얼마든지 당신을 멸망으로 이끌 수 있기 때문입니다. 당신은 그런 생각을 한 번도 해보지 않았을지도 모르지만, 이 말은 사실입니다. 사람이 자기가 저지른 흉악한 죄들로 인해서만이 아니라, 겉으로 보기에 의로워 보이고 선해 보이며 은혜로 보이는 행위들로 인해서도 멸망할 수 있다는 것은 확실합니다. 구체적으로 말하자면, 어떤 사람이 의로워 보이고 선해 보이는 일들을 행하면서, 자기가 행한 그런 일들이 하나님 앞에서 자기를 의롭게 만들어 주고, 하나님의 공의를 만족시켜드리며, 하나님의 진노를 가라앉히고, 자기로 하여금 하나님의 은혜와 죄 사함을 얻게 해주는 것들이라고 여긴다면, 그는 자기가 행한 그런 일들로 인해서 멸망하게 될 것입니다. 왜냐하면, 그것은 그리스도께서 우리를 위하여 행하신 모든 구원 사역을 다 쓸데없는 것으로 만들어 버리고서는, 그리스도를 우리의 구주라는 자리에서 끌어내린 후에, 우리 자신이 행한 일들을 그 자리에 앉혀서 우리의 구주로 삼는 것이기 때문입니다. 하나님과 그리스도를 믿는다고 자처하는 그리스도인들이여, 이 죄를 범하지 않도록 조심하십시오. 당신이 하나님의 일을 정말 많이 행하였고 지금도 열심히 하고 있다고 할지라도, 자기가 한 일들을 자신의 의로 삼는 이 한 가지 죄를 범한다면, 당신이 지금까지 행하였고 지금도 행하고 있는 모든 신앙의 일들이 다 헛수고가 되고 말 것입니다. 그러므로 당신은 당신이 마땅히 해야 할 온갖 일들을 온 힘을 다해서 행해야 하지만, 그런 후에는 반드시 그 모든 일들로 인한 공로를 당신 자신이 아니라 그리스도께 돌리고, 당신 자신의 의는 더럽기 짝이 없는 너덜너덜해진 넝마로 여겨야 합니다(빌 3:9; 사 64:6).

(6) 참되고 열렬하게 신앙생활을 하는 것에 대하여 은근히 적대감을 품는 것.

도덕적인 사람들 중에는, 예배나 기도나 십일조 등과 같은 형식적인 신앙생활들에는 철저한 반면에, 참된 신앙을 지니고서 열심을 품고 열렬하게 능력 있는 삶을 살아가는 것에 대해서는 상당한 적대감과 거부감을 드러내는 사람들이 많습니다. 그들은 열렬하고 활발하게 신앙생활을 해 나가는 사람들을 보면, 제멋대로 행한다고 생각하고, 신앙생활을 그런 식으로 요란하게 해서는 안 된다고 못마땅해합니다. 그들은 열렬한 신앙을 유별나고 무분별하며 무절제한 광신으로 여겨서 단죄하기 때문에, 열심을 가지고 말씀을 전하는 설교자나 뜨거운 그리스도인은 그들에게 광신자들에 지나지 않습니다. 그들은 거룩함 자체를 사랑하는 사람들이 아닙니다. 왜냐하면, 만일 그들이 거룩함 자체를 사랑하는 사람들이라면, 최고의 거룩함을 추구하기 위하여 큰 열심을 내고, 모든 일에서 열심으로 거룩함을 추구할 것이기 때문입니다. 그러므로 그들이 그들 자신과 자신들의 신앙을 아무리 좋게 생각한다고 할지라도, 그들의 마음은 부패되어 있음에 틀림없습니다.

(7) 일정 수준의 신앙에 안주하는 것.

이런 사람들은 스스로 생각하기에 자기가 구원받을 만한 정도의 신앙은 지니고 있다고 느껴지면, 그 이상의 신앙을 추구하려고 하지 않습니다. 그러나 그들의 이러한 태도 자체가 그들이 구원에 이를 만한 은혜를 받고 있지 않다는 것을 보여 주는 것입니다. 왜냐하면, 참된 은혜를 받은 사람들은 온전한 신앙을 열망하여 끊임없이 앞으로 나아가고자 하게 되어 있기 때문입니다(빌 3:13; 잠 4:18).

(8) 세상을 더 사랑하는 것.

이것은 마음이 거룩하게 되지 않았음을 보여 주는 확실한 증거입니다. "이 세상이나 세상에 있는 것들을 사랑하지 말라 누구든지 세상을 사랑하면 아버지의 사랑이 그 안에 있지 아니하니"(요일 2:15). 그런데도 앞에서는 진실인 것처럼 신앙 고백을 하면서도, 뒤로는 세상을 더 사랑하는 삶을 아무렇지도 않게 살아가는 사람들이 너무나 많습니다. 이 속임수의 힘은 아주 강력해서, 다른 사람들은 다 어떤 사람이 세상적이고 탐욕스러운 삶을 살아가고 있다는 것을 뻔히 다 아는데도, 오직 당사자만이 그 사실을 모르는 경우가 비일비재합니다. 이런 사람들은 수많은 변명들과 핑계들을 만들어내어서, 자기가 세상을 더 사랑할 수밖에 없다는 것을 정당화하고 합리화하고 있기 때문에, 그러한 것들에 가려서 눈이 멀어, 그것이 얼마나 무섭고 위험한 죄인지를 알지 못하고, 자기기만 속에서 멸망해 갑니다. 그리스도인들로 자처하는 사람들 중에는, 그리스도보다는 세상을 더 마음에 두고 사랑해서, "땅의 일을 생각하고," 육신을 따라 살아감으로써, 결국 영원한 멸망에 처해지게 될 사람들이 너무나 많습니다(롬 8:5; 빌 3:19). 하지만 그런 사람들에게 그리스도를 세상보다 더 사랑하느냐고 물어보십시오. 그러면, 그들은 자기는 그리스도를 세상보다 더 사랑하고, 다른 모든 것들보다 더 소중히 여긴다고 망설임 없이 자신 있게 대답할 것입니다. 왜냐하면, 그들은 그들 자신의 마음이 어떻게 움직이는지를 세심하게 살펴본 적이 없어서, 그들 자신이 땅의 일을 생각하고 세상에 마음을 두고 있다는 사실을 보지 못하기 때문입니다. 만일 그들이 자신의 마음을 좀 더 세심하고 꼼꼼하게 살펴보기만 한다면, 그들은 자신이 세상에서 가장 큰 만족을 얻고, 세상에서 자기가 좋아하는 것들을 얻고 편안하게 살아가는 것이 자신의 최대의 관심사이고 가장 힘쓰는 일이라는 것을 금방 알게 될 것입니다. 이런 것들은 회심하지 않은 죄인에게서 나타나는 확실한 증표들입니다. 그리스도인으로 자처하는 사람들은 이러한 은밀한 죄 때문에 장차 영원한 멸망에 떨어지게 되지 않도록 조심하고 또 조심해야 합니다. 사람이 지독하게 악한 삶을 살았기 때문에 그리스도에게서 끊어지게 되는 것과 마찬가지로, 겉보기에 별로 죄 같지 않은 세상의 안락함들을 지나치게 사랑하는 삶을 살았기 때문에 그리스도에게서 끊어지는 일도 자주 일어납니다.

(9) 자기를 무시하고 모욕하는 사람들에게 앙심을 품고 시기하는 것.

겉으로는 경건해 보이는데, 자기가 당한 모욕을 잊지 않고 앙심을 품으며, 악을 악으로 갚고, 복수하고 싶어 하며, 자기에게 해악을 끼친 사람들이 잘못되기를 바라는 사람들이 얼마나 많은지 모릅니다. 그리스도인으로 자처하면서도 그렇게 하는 것은 복음의 교훈이나 그리스도의 모범이나 하나님의 성품을 정면으로 거스르는 것입니다. 이 은밀하게 감추어진 악이 마음속에서 계속해서 부글부글 끓고 있는데도, 자신의 그러한 악을 미워하거나 저항하거나 죽이지 않고, 도리어 그 악에 의해서 늘 지배당하는 가운데 살아간다면, 그 사람은 그 속에 악독이 가득한 사람이고, 사망의 상태에서 살아가고 있는 사람이 틀림없습니다(마 18:32-35; 요일 3:14-15).

(10) 교만이 펄펄 살아 있는 것.

하나님으로부터 오는 칭찬보다 사람들의 칭찬을 더 좋아해서, 사람들로부터 존경과 박수갈채와 인정을 받는 데 마음을 두는 자들은 참된 회심을 전혀 알지 못하는 가운데 여전히 죄 가운데서 살아가는 자들임에 틀림없습니다(요 12:43; 갈 1:10). 자신의 마음속에 있는 교만을 알아차리지도 못하고 탄식하지도 않으며 괴로워하지도 않는다면, 그것은 영적으로 죄 가운데서 죽어서 싸늘한 시체가 되어 있음을 보여 주는 증거입니다. 교만의 죄는 많은 사람들의 마음속에 아주 은밀하게 살아 있으면서 그들을 지배하지만, 사람들은 자기 속에 교만이 펄펄 살아 움직이고 있다는 사실을 까맣게 모르고 살아갑니다(요 9:40).

(11) 쾌락에 빠져서 살아가는 것.

이것은 불길한 증표입니다. 육신의 욕심들을 단호하게 거절하고 억제하는 것이 아니라, 도리어 육신이 원하고 기뻐하는 것들이라면 다 들어주고, 육신으로 하여금 방종하게 제멋대로 행하도록 내버려 두며, 자신의 배를 만족시키고 자신의 오감을 즐겁게 해주는 것에서 큰 기쁨을 느끼는 사람은, 겉으로 아무리 신앙이 깊고 경건해 보인다고 할지라도, 그 신앙과 경건은 다 거짓된 것입니다. 육신을 기쁘게 해 주는 삶을 사는 사람은 절대로 하나님을 기쁘시게 해드릴 수 없습니다. "그리스도 예수의 사람들은 육체와 함께 그 정욕과 탐심을 십자가에 못 박은" 사람들이기 때문에, 육신을 자신의 원수로 여겨서 늘 철저하게 통제하는 삶을 살아갑니다(갈 5:24; 고전 9:25-27).

(12) 육신적인 안일함에 빠져 있는 것.

이런 사람들은 자신의 영적인 상태가 이미 좋고 아무런 문제가 없다고 믿는 주제넘은 확신 속에서 살아갑니다. 많은 사람들이 "나는 평안하고 안전하다"고 굳게 믿고 있을 때, 멸망이 불시에 그들에게 임합니다. 열 처녀 비유에 나오는 미련한 처녀들도 그런 식의 잘못된 확신을 가지고 있었기 때문에, 시장에 나가서 기름을 사서 준비해 놓아야 하는데도, 그렇게 하지 않고 잠을 자거나 빈둥거리며 시간을 보냈던 것입니다. 그런데 자신들이 기다리던 신랑이 그들이 철석같이 확신하고 있던 것과는 반대로 불시에 도착하였기 때문에, 그들은 기름을 준비할 시간이 없게 되었고, 부랴부랴 시장에 가서 기름을 사서 돌아왔을 때에는, 천국 문은 이미 닫혀 있었습니다. 이 미련한 처녀들 같은 사람들이 그 후로는 다시는 생겨나지 않았다면, 얼마나 좋았겠습니까! 하지만 애석하고 안타깝게도, 그런 사람들은 어느 곳에나 있고 거의 어느 집에나 있습니다. 사람들은 아주 작은 근거라도 붙잡을 수만 있다면, 어떻게 해서든지 자신의 영적인 상태는 괜찮고 아무 문제가 없다고 생각하고 싶어 하고, 그런 식으로 자신의 실상을 제대로 보지 않으려고 안간힘을 쓰다가, 결국에는 자신의 죄 가운데서 멸망하고 맙니다. 당신은 평안합니까? 그렇다면, 당신의 평안이 어떤 근거 위에서 유지되고 있는지, 즉 당신이 어떤 근거에 의지해서 평안하게 살아가고 있는 것인지를 내게 말해 보십시오. 당신이 지금 누리고 있는 평안이 정말 성경에서 말씀하고 있는 평안입니까? 당신이 제대로 된 신자임을 보여 주는 확실한 증표들을 내게 보여 주실 수 있습니까? 당신이 인류 역사상 등장하였던 외식하는 자들, 곧 겉으로는 하나님을 믿는 척하였지만 실제로는 하나님의 원수로 행하였던 자들보다 더 나은 것이 무엇인지를 내게 보여 주실 수 있습니까? 그렇지 않다면, 당신은 당신이 지금 누리고 있는 평안을, 당신이 지금까지 겪었던 그 어떤 괴로움이나 고통보다도 더 두려워해야 할 것입니다. 당신의 평안이 하나님이 주신 평안이 아니라, 육신적인 평안이라면, 그 평안은 당신의 영혼을 죽이는 가장 치명적인 원수여서, 당신에게 웃음을 보내고 입맞춤을 하며 듣기 좋은 말들을 끝없이 해대다가, 결국에는 당신의 급소에 치명타를 가해서 당신을 영원한 멸망 속으로 던져 버릴 것이기 때문입니다.

이때쯤이면, 이 글을 읽고 있는 독자들은 주님의 제자들처럼, "그렇다면 누가 구원을 얻겠습니까"라고 소리치고 싶을 것임을 나는 압니다(마 19:25; 막

10:26; 눅 18:26). 여러분 중에서 내가 먼저 말한 열 가지 부류에 속한 드러난 죄인들에 해당되는 사람들은 오른편에 서고, 내가 다음으로 말한 열두 가지 부류에 속한 자기기만적인 외식하는 자들에 해당되는 사람들은 왼편에 서십시오. 이렇게 해서, 여러분 중에서 오른편이나 왼편에 서지 않고 가운데에 그대로 남아 있는 사람들만이 구원을 얻게 될 것입니다. 장차 오른편과 왼편에 선 사람들은 염소로 분류될 것이고, 가운데에 그대로 남아 있는 사람들만이 양으로 분류될 것인데, 양들의 수는 극히 적을 것입니다. 여러분이 아무리 모래알 같이 많다고 할지라도, 여러분 중에서 여기에 언급된 스물두 가지 부류에 해당되는 사람들은, 제대로 회심하여 변화되지 않는 한, 천국에서 서로 만날 가능성은 전무합니다.

양심이여, 이제 너의 일을 하라! 내가 지금까지 한 말들을 듣거나 읽는 사람에게 큰 소리로 외쳐서, 내가 한 말들이 그 사람의 마음에 박혀서, 그 사람이 그 말대로 하지 않으면 안 되게 만들어라. 양심이여, 이 열두 가지 표시 중에서 단 한 가지라도 그 사람에게서 발견된다면, 그는 철저히 부정한 자라고 단호하게 선포하라. 양심이여, 너의 입으로 거짓을 말하지 말라. 하나님께서 평안을 말씀하시지 않은 사람에게 평안을 선포하지 말라. 자기애(自己愛)나 육신의 욕심으로부터 뇌물을 받고, 적당히 눈감아 주지 말라. 하늘의 법정에서 내려와서, 거기에서 보고 들은 대로 증언하라. 어떤 위험을 무릅쓰고라도, 이 글을 읽는 사람의 영적 상태를 있는 그대로 제시하라. 양심이여, 이와 같은 때에 어떻게 철저히 침묵하여 수수방관할 수 있겠는가? 양심이여, 제발 그 사람에게 진실을 말해 주기를, 내가 살아 계신 하나님의 이름으로 네게 부탁한다. 그 사람이 회심한 사람인가, 또는 회심하지 않은 사람인가? 그 사람이 조금이라도 악을 허용하고 있는가, 또는 그렇지 않은가? 그 사람이 다른 그 무엇보다도 하나님을 진정으로 사랑하고 기쁘시게 해드리며 소중히 여기고 기뻐하는가, 또는 그렇지 않은가? 양심이여, 지금 와서 분명하게 대답하라.

양심이여, 이 영혼이 언제까지 이렇게 엉거주춤한 상태로 살아가게 내버려 두려 하는가? 그에게 너의 판결을 똑똑히 선고하라. 그 사람은 새 사람이 되었는가, 또는 그렇지 않은가? 네 눈에 그 사람이 새 사람이 된 것이 분명히 보이는가? 그는 철저하고 강력한 변화를 체험하였는가, 또는 그렇지 않은가? 그러한 거듭남의 철저한 변화가 그의 영혼 속에서 일어났다면, 언제 어디에서 어떤 수단을 통해 일어났는가? 양심이여, 말하라. 그에게 그러한 변화가 일어난 때와 장소를 알 수 없다면, 그러한 변화가 일어났음을 증명해 줄 성경적인 증거를 보여 줄 수 있는가? 과연 그는 자기가 전에 의지하였던 거짓된 토대와 거짓된 소망들과 거짓된 평안으로부터 벗어났는가? 그가 자신의 죄를 깊이 깨달았고, 자기가 멸망 받게 될 처지에 있다는 것도 깊이 깨달았으며, 자신의 죄들을 떨쳐 버렸고, 자기 자신을 의지하던 것에서 벗어나서, 이제 자기 자신을 예수 그리스도께 온전히 내어드린 것이 확실한가? 아니면, 그는 지금도 여전히 하나님을 알지 못하는 무지에 지배당한 채로, 또는 세상이 주는 쾌락들의 시궁창에 빠진 채로 살아가고 있지는 않은가? 그는 지금도 여전히 불의를 저질러 이득을 챙기며 살아가고 있지는 않은가? 그는 지금도 여전히 기도에는 문외한이고 하나님의 말씀에는 별 관심도 없이, 오로지 세상이 좋아서 세상을 졸졸 따라다니고 있지는 않은가? 그는 지금도 여전히 종종 거짓말을 하고, 그의 마음에는 앙심이 가득하며, 그의 육체는 정욕으로 불타고 있고, 자신의 탐욕을 따라 행하고 있지는 않은가? 양심이여, 내가 지금까지 말한 것들을 아주 구체적으로 시시콜콜히 그에게 분명하게 들려주라. 그렇게 해서, 내가 앞에서 말한 스물두 가지 죄들 중에서 어느 하나에도 해당되지 않는 사람들은 그냥 넘어가라. 하지만 그 중 어느 한 가지라도 해당되는 사람은 따로 세워두라. 그 사람은 성도들 가운데서 자신의 분깃을 얻을 수 없는 사람이다. 그는 회심하여 새로운 피조물이 되지 않는 한, 결단코 하나님의 나라에 들어갈 수 없다.

　사랑하는 자여, 당신은 당신 자신을 배신해서는 안 됩니다. 당신 자신의 마음을 속이지 말고, 당신 자신에 대하여 의도적으로 눈을 감음으로써, 당신의 손으로 멸망을 자초하지 마십시오. 당신의 심령 속에 법정을 열어서, 하나님의 말씀과 양심을 재판관으로 세우고, 하나님의 말씀이 당신의 영적 상태에 대하여 선고하는 판결을 경청하십시오. 하나님께서는 "율법과 증거의 말씀을 따를지니"(사 8:20)라고 말씀하십니다. 당신의 영적인 상태가 다 올바르게 드러날 때까지, 법정을 닫지 말고 심리를 계속하십시오. 여기에서 조금이라도 실수한다면, 당신은 멸망하고 맙니다! 만물 중에서 가장 부패한 것이 사람의 마음이기 때문에, 원래부터 기만적인 마음, 교묘하고 영악한 성정, 속임수에 능한 죄가 공모하여, 이 법정에 거짓증인들로 나서서, 가련한 영혼이 솔깃해하며 듣기 좋아하는 온갖 말들을 청산유수처럼 늘어놓기 때문에, 당신의 영적인 상태에 대하여 매우 주의 깊고 철저하며 공정하게 심리하지 않는다면, 당신은 이 법정의 심리과정에서 실수하여 잘못 판단하기가 너무나 쉽습니다.

　그러므로 당신의 상태를 샅샅이 살펴야 합니다. 등불을 켜들고서, 당신의 심령의 밑바닥까지 하나하나 다 들춰 보십시오. 성소의 표준에 맞는 저울에 당신 자신을 달아 보시고, 시금석을 사용해서 당신이라는 금화가 과연 진짜인지 가짜인지를 확인하십시오. 사탄은 속임수의 달인이어서, 진짜와 너무나 똑같은 가짜를 만들어 낼 수 있고, 완벽하게 분장하고 위장할 수 있기 때문에, 그가 모방할 수 없는 것은 존재하지 않습니다. 따라서 당신은 하나님께서 당신에게 은혜를 주셔서, 사탄이 가짜로써 당신을 감쪽같이 속일 수 없게 해 주시기만을 바랄 수 있을 뿐입니다. 눈을 부릅뜨고 당신 자신을 살피십시오. 당신 자신의 마음조차도 믿지 마시고, 하나님 앞으로 나아가서, 당신을 살피시고 시험하시고 검증하셔서, 당신의 진짜 생각이 무엇인지를 있는 그대로 다 드러내어 주시기를 기도하십시오. 온갖 방법을 다 사용해 보았는데도, 당신의 상태가 제대로 다 드러나지 않아서, 당신이 여전히 자기 자신에 대하여 뭐가 뭔지 모르겠는 상태가 계속된다면, 경건하고 신실한 목회자나 그리스도인 친구와 상의해 보십시오. 이것은 당신이 영생을 얻게 될 것인지, 아니면 영벌을 받게 될 것인지가 달려 있는 문제라는 것을 명심하시고, 이 문제와 관련해서 추호의 의심이나 의구심도 남아 있지 않게 될 때까지 결코 쉬지 마십시오.

"마음을 살피시고 감찰하시는 하나님, 이 영혼을 살피시고 감찰하시며, 그가 자신의 심령을 살필 때에 그를 도우소서."

제5장

회심하지 않은 자의 참상

모든 회심하지 않은 자들의 상태는 이루 말할 수 없이 끔찍하고 소름끼치는 것이어서, 나는 사람들에게 그들이 아직 거듭나지 않았다는 사실을 깨닫게 해 주기만 해도, 내가 할 일의 절반 이상을 이룬 것이라고 생각할 때가 종종 있습니다.

그러나 씁쓸한 일이기는 하지만, 나의 경험으로는, 거룩하게 되지 않은 사람들은 그 심령이 지독한 나태함과 깊은 잠에 빠져 있어서, 자기가 아직 회심하지 않은 상태에 있다는 것을 깨달아도, 여전히 아무렇지도 않다는 듯이 태연하게 지냅니다. 육체적인 쾌락이 좋고, 세상일을 하기에 바쁘고, 살아가면서 걱정하고 염려하여야 할 일들이 너무나 많고, 육신의 욕심들과 정들을 충족시켜야 하기 때문에, 양심의 소리는 그런 온갖 분주함과 소란 속에 묻혀버려서, 사람들은 그저 자기가 회개하고 삶이 변화되어야 한다는 것만을 희미하게 인식하고, 그렇게 되기를 막연하게 바라며 살아갈 뿐입니다.

그래서 나는 사람들에게 그들이 회심하지 않았다는 사실만을 깨닫게 해 주는 것으로는 충분하지 않고, 회심하지 않은 자들이 얼마나 무시무시하고 비참한 상태에 있는 것인지에 대해서도 깨닫게 해 주는 것이 절실하다고 느끼고, 그렇게 하려고 애를 쓰고 있습니다.

그러나 나는 그런 시도를 시작하기도 전에 좌절감을 느끼게 됩니다. 복음서에 나오는 부자와 거지 나사로의 비유에 등장하는 "부자"처럼(눅 16:24), 직접 지옥 불에 들어가서 그 참상과 고통을 겪어 본 사람이 아니라면, 누가 장차 지옥에 떨어질 자들이 겪게 될 참상을 충분히 말해 줄 수 있겠습니까? 이 세상에서 하나님 없이 살아가는 자들의 참상을 제대로 그려낼 수 있는 준비된 작가가 어디 있습니까? 죄악된 상태에서 벗어나서 하나님 안에서 저 끝없이 펼쳐져 있는 지극한 복의 바다를 온전히 맛본 사람이 아니면, 그런 일을 제대로 해낼 수 없습니다. 옛적에 모세는 "누가 주의 노여움의 능력을 알며 누가 주의 진노의 두려움을 알리이까"(시 90:11)라고 고백하였습니다. 내가 모르는 것을 남들에게 말해 줄 수는 없지 않겠습니까? 영적인 생명과 영적인 지각을 조금이라도 지닌 사람의 마음을 움직이는 것은 그래도 좀 해 볼 만한 일입니다.

하지만 영적으로 죽어 있는 사람들을 깨우치는 일은 너무나 어려운 일이어서, 정말 어떻게 해야 좋을지 막막하기만 할 따름입니다. 사람이 온갖 죄와 허물로 인하여 죽어 있다는 것은 인간이 처한 참상 중에서 결코 작은 일이 아닙니다.

마귀가 우리 구주를 시험할 때에 세상 나라들과 그 영광을 눈앞에 펼쳐 보여 주었듯이, 내가 회심하지 않은 자들의 눈앞에 낙원이나 천국을 펼쳐서 보여 주어야 할까요? 아니면, 내가 모든 것을 삼켜 버릴 것 같은 깊고 깊은 지옥의 심연이 지니고 있는 저 무시무시하고 두려운 얼굴을 드러내 보여 주거나, 지옥의 문을 열고서 영원히 꺼지지 않고 무섭게 타오르는 저 불구덩이를 보여 주어야 할까요? 하지만 설령 내가 그런 것들을 보여 줄 수 있다고 할지라도, 안타깝게도 그들에게는 그런 것들을 볼 눈이 없습니다! 내가 거룩함이 얼마나 아름답고, 복음이 얼마나 영광스러운지를 그들 앞에서 제대로 생생하게 그려 보여 주어야 할까요? 아니면, 내가 죄가 얼마나 메스꺼울 정도로 추악하기 짝이 없는 악마인지를 그들 앞에 제대로 보여 주어야 할까요? 하지만 설령 내가 그런 것들을 보여 줄 수 있다고 할지라도, 그들은 마치 색깔들을 구별하지 못하는 맹인들처럼, 거룩함의 아름다움과 복음의 영광이 죄의 추악함과 가증스러움과 어떻게 다른지를 분별하지 못합니다. 그들의 마음은 죄로 인하여 눈이 멀어 있고, 그 결과 무지가 그들을 지배하고 있기 때문에, 그들은 하나님의 생명으로부터 떠나 있습니다(엡 4:18). 또한, 그들은 영적으로 죽어 있기 때문에, 영적으로 살아 있을 때에만 분별하는 것이 가능한 하나님의 일들을 알지도 못하고 알 수도 없습니다(고전 2:14). 회심과 구원의 은혜를 받지 않고서는, 그들의 영적인 눈은 열릴 수 없습니다(행 26:18). 그들은 어둠의 자식들이고, 어둠 가운데서 행합니다. 그렇기 때문에, 그들이 빛이라고 생각하는 것은 사실은 어둠입니다.

　내가 하나님께서 그들에 대하여 내리신 영원한 판결문을 그들에게 읽어 주고, 하나님의 무시무시한 심판의 나팔소리를 그들의 귀에 들려준다면, 그 판결문과 심판의 나팔소리가 그들의 귓전을 때려서, 옛적의 벨사살 왕처럼 안색이 변하고 경련을 일으키며 무릎 관절이 풀어져서 사시나무 떨듯이 떨게 될까요? 하지만 설령 내가 그렇게 한다고 해도, 안타깝게도 그들은 내가 들려주는 말들을 들을 수 있는 귀가 없기 때문에, 내 말들을 알아듣지 못합니다. 아니면, 내가 노래를 아주 잘 부르는 타고난 가인(歌人)들을 초대해서, 그들 앞에서 모세와 어린 양의 노래를 부르게 할까요? 하지만 내가 그렇게 한다고 해도, 그들은 미동도 하지 않을 것입니다. 내가 복음의 즐거운 소리와 사랑스러운 노래와 기쁜 소식으로 그들의 마음을 사로잡거나, 지극히 크고 귀한 하나님의 약속들과 아주 따뜻하고 온유하며 감미로운 초대장으로 그들을 구슬려 볼까요? 하지만 내가 그런 말들을 들려준다고 해도, 그들에게는 그런 말들을 들을 수 있는 귀가 없기 때문에, 그런 말들은 그들에게 구원을 가져다줄 수 없습니다.

그렇다면, 내가 그들 앞에서 어떻게 해야 합니까? 불과 유황으로 타오르고 있는 지옥의 불 못을 그들에게 보여 주어야 할까요? 아니면, 우주 전체를 향기로 진동시킬 "지극히 비싼 향유"가 담긴 옥합을 열어서, 그리스도와 그의 옷에서 풍겨 나오는 향기로 그들의 마음을 사로잡아야 할까요? 하지만 안타깝게도 회심하지 않은 죄인들은 영적으로 죽어 있기 때문에, 향기를 맡을 수가 없습니다. 그들은 말 못하는 우상들과 같아서, 입이 있어도 말하지 못하고, 눈이 있어도 보지 못하며, 귀가 있어도 듣지 못하고, 코가 있어도 향기를 맡지 못하며, 손이 있어도 움직일 수 없고, 발이 있어도 걸을 수 없으며, 목구멍이 있어도 작은 소리조차 내지 못합니다(시 115:5-7). 이렇게 그들에게는 영적인 생명이 없기 때문에, 그들은 영적으로 활동하거나 움직이는 것이 불가능합니다.

그렇다면, 내가 그들에게 감각이나 지각이 단 한 가지라도 남아 있는지를 시험해 보기 위해서, 하나님의 말씀의 검을 빼들고서 그들을 찔러 보면 어떨까요? 하지만 내가 하나님의 화살통에서 화살을 꺼내 들고서 그들의 심장을 정통으로 맞춘다고 하여도, 그들은 그것을 느끼지 못합니다. 그들은 이미 "감각 없는 자"가 되어 버린 자들인데(엡 4:19), 어떻게 자기가 영적인 화살에 맞았는지를 느낄 수 있겠습니까? 그들은 그런 식으로 감각이 없어 전혀 느끼지를 못하기 때문에, "하나님의 진노"가 그들 위에 머물러 있고(요 3:36), 그들의 무수한 죄들이 산처럼 그들을 무겁게 내리눌러도, 마치 그들에게는 아무런 문제도 없고 이상도 없다는 듯이 가볍고 경쾌하게 부지런히 세상을 휘젓고 다닙니다. 하지만 그들은 살아 있는 육신에 죽은 영혼을 싣고 다니는 자들입니다. 그들의 육신은 "죽고 또 죽어" 썩어 문드러진 영혼이 안치되어 있는 걸어 다니는 관일 뿐입니다(유 1:12).

그렇다면, 내가 상대해야 하는 이 비참하기 짝이 없는 사람들에게, 나는 어떤 식으로 다가가야 할까요? 누가 돌 같이 딱딱하게 굳어 버린 그들의 마음을 연한 살처럼 부드러워지게 하고, 생명 없는 시체인 그들로 하여금 느끼고 움직일 수 있게 할 수 있을까요? 그런 일은 오직 하나님만이 하실 수 있으십니다. 왜냐하면, 하나님은 돌들로도 아브라함의 자손들을 만드시고, 죽은 자들을 살리시며, 산들을 녹이시고, 바위를 치셔서 물이 나오게 하시며, 사람들이 바라고 믿는 것보다 훨씬 더 큰 일들을 이루시는 것을 좋아하시고, 마른 뼈들을 살리셔서 자신의 교회를 채우시는 분이시기 때문입니다. 그러므로 나는 지극히 높으신 하나님을 향해 나의 무릎을 꿇습니다. 우리 구주께서 나사로의 무덤 앞에서 기도하시고, 수넴 여인이 자신의 죽은 아들을 안고서 하나님의 사람에게 달려갔듯이, 당신의 영혼을 위해 애곡하는 목회자는 기도라는 팔로 당신을 안아서, 당신을 유일하게 도우실 수 있으신 분인 하나님께로 달려갈 수밖에 없습니다.

"온갖 능력을 다 갖고 계신 여호와여, 주께서 역사하시면, 아무도 막을 수 없고, 사망과 지옥의 열쇠도 주께 있사오니, 여기 무덤 속에 누워 있는 죽은 영혼들을 불쌍히 여기셔서, 무덤의 돌들을 그 입구에서 굴리시고, 전에 죽어서 이미 부패하기 시작하였던 나사로에게 말씀하셨듯이, 이 죽은 영혼들에게도 '나오라'고 말씀하옵소서. 인간이 감히 가까이 할 수 없는 빛이신 하나님, 이 어둠에 빛을 비추소서. 내가 죽은 자들에게 말씀을 선포할 때, 위로부터 오는 새벽빛을 이 죽은 자들의 어두운 세계에 비추소서. 하나님께서는 사망이 임하여 감겨 버린 눈들을 뜨게 하실 수 있으시기 때문이나이다. 하나님께서는 귀를 지으신 분이시니, 죽은 자들의 귀를 다시 열어 듣게 하실 수 있으십니다. 그들의 귀에 대고, '에바다'(막 7:34, "열리라"는 뜻)라고 말씀하옵소서. 그들의 귀가 열리리이다. 주께 속한 경이롭고 놀라운 것들을 볼 수 있는 눈도 주시고, 주께서 차려 주시는 진수성찬의 참된 맛을 느낄 수 있는 미각도 주시며, 주의 향기를 맡을 수 있는 후각도 주시고, 주의 특별하신 은총과 주의 진노의 무게와 사함 받지 못한 죄의 거대한 무게를 분별할 수 있는 지각도 주옵소서. 주의 종에게 마른 뼈들에게 대언하라고 명하시고, 그가 대언할 때, 옛적에 에스겔 선지자가 대언할 때처럼, 골짜기의 마른 뼈들이 살아나서 어마어마하게 큰 살아 있는 군대가 되게 하옵소서."

하지만 내가 이렇게 기도했다고 해서, 내가 할 일이 다 끝난 것은 아니기 때문에, 나는 지금부터 회심하지 않은 자들의 참상을 말해 나갈 것입니다. 물론, 그 참상을 온전히 이해할 수 있는 심령은 아무도 없고, 온전히 설명해 줄 수 있는 혀도 있을 수 없지만, 나는 힘 닿는 데까지 그렇게 하고자 합니다. 그러므로 당신은 회심하지 않는 한, 이 참상이 바로 당신의 모습이라는 것을 명심하여야 합니다.

1. 무한하신 하나님께서 회심하지 않은 당신을 대적하여 싸우고 계십니다.

당신이 하나님 없이 살아간다는 것은 그 자체가 당신의 참상 중에서 큰 부분을 차지합니다. 옛적에 사사 시대에 에브라임 산지에 살던 미가는 자기 집에 모셔 두었던 신들과 자기가 고용한 제사장을 단 지파의 자손들이 다 가지고 떠나 버리자, 그들을 뒤쫓아 가서, "내가 만든 신들과 제사장을 빼앗아 갔으니 이제 내게 오히려 남은 것이 무엇이냐"(삿 18:24)고 항의하였습니다. 그런데 하물며 당신이 하나님 없이 살아가고, 천지를 지으신 하나님을 당신의 하나님이라고 부를 수도 없다면, 그것은 정말 서럽게 통곡해야 할 일이 아니겠습니까! 또한, 사울 왕이 궁지에 몰릴 대로 몰리자, 엔돌에 있던 신접한 여인을 찾아가서, "블레셋 사람들은 나를 향하여 군대를 일으켰고 하나님은 나를 떠났다"(삼상 28:15)고 하소연하던 모습은 얼마나 처량하기 짝이 없는 광경입니까! 죄인이여, 당신은 최후의 심판의 날에 어쩌려고 그럽니까? 그 때에 대체 어디로 가서 도와 달라고 할 것입니까? 당신이 이 땅에서 자랑하던 것들은 어떻게 할 것입니까? 블레셋 사람들이 군대를 일으켜 당신을 공격해 오거나, 세상이 당신에게 영원히 작별하고자 하거나, 당신이 당신의 친구들과 집과 땅에게 영원한 작별인사를 해야 할 때, 당신은 어쩌려고 그럽니까? 그 때에 당신은 그제야 하나님께로 갈 수도 없는 노릇이 될 것인데, 도대체 어떻게 하려고 그럽니까? 그 때에 가서, 당신이 하나님의 이름을 부르며, 도와주시라고 부르짖을 것입니까? 하지만 안타깝게도 당신이 그렇게 한다고 해도 이미 때는 늦습니다. 하나님께서는 당신을 모른다고 하실 것입니다. 당신을 아는 체도 하지 않으시고, "내가 너희를 도무지 알지 못하니 불법을 행하는 자들아 내게서 떠나가라"(마 7:23)고 명하시고서는, 당신을 쫓아내실 것입니다.

이 세상에서 살아갈 때에 의지할 수 있는 하나님이 계시고, 죽어서도 갈 수 있는 하나님이 계신다는 것이 무엇인지를 아는 사람들은 하나님 없이 살아간다는 것이 얼마나 끔찍한 일인지를 어느 정도는 압니다. 그래서 어떤 거룩한 사람은 이렇게 외쳤습니다: "내게는 오직 하나님만 계시면 됩니다. 나는 오직 하나님과 하나님의 뜻을 알기만을 바라고, 내가 어떻게 해야 하나님을 기쁘시게 해드릴 수 있는지를 알기만을 바라며, 어떻게 해야 내가 하나님과 교제하게 될 수 있는지를 알기만을 바랄 뿐입니다. 만일 그럴 수 없다면, 나는 차라리 내게 지각이라는 것이 없어서, 아예 아무것도 알지 못한 채로 살아가고 싶습니다."

하지만 회심하지 않은 당신은 단지 하나님 없이 살아가고 있는 것일 뿐만 아니라, 하나님을 적으로 돌리고서 살아가고 있는 것입니다. 왜냐하면, 하나님께서는 회심하지 않은 사람들을 대적하시는 분이시기 때문입니다. 만일 하나님께서 당신을 자신의 자녀로 인정해 주지 않으시고, 가련한 죄인인 당신을 도와주지 않으실지라도, 그저 초연히 바라만 보고 계시고 대적하지만 않으신다면, 당신의 처지가 그토록 지독하게 비참하지는 않을 것입니다. 만일 하나님께서 가련한 당신을 원수들의 손에 넘겨주셔서 그들의 뜻대로 당신을 마음껏 괴롭게 하시거나, 악한 영들에게 당신을 넘겨주셔서 갖가지 술수를 총동원하여 있는 힘껏 최대한도로 당신을 찢고 고문하게 하시기만 하실 뿐이라면, 당신이 그렇게까지 극도로 두려워할 필요는 없을 것입니다.

그러나 현실은 그렇지가 않아서, 하나님께서는 당신을 원수들의 손에 넘겨주신 채로 초연히 보고 계시는 것이 아니라, 죄인인 당신을 적극적으로 대적하십니다. 그래서 성경에서는 "살아 계신 하나님의 손에 빠져 들어가는 것이 무서울진저"(히 10:31)라고 말씀합니다. 하나님을 친구로 삼을 때에는, 그것보다 더 좋은 일은 없는 반면에, 하나님을 원수로 삼을 때에는, 그것보다 더 끔찍한 일은 없습니다. 살아 계신 하나님의 손에 빠져 들어가는 것은, 곰이나 사자의 발톱에 찢기거나, 복수의 여신들이나 악한 영들의 수중에 걸려드는 것보다도, 훨씬 더 끔찍하고 무서운 일이어서, 전자와 후자의 무서움은 하늘과 땅이나, 전능과 무능만큼이나 차이가 납니다. 하나님께서 친히 당신을 괴롭히시고 고문하실 것이고, 당신의 멸망이 하나님의 목전으로부터 임할 것입니다(살후 1:9).

하나님께서 당신을 대적하신다면, 누가 당신 편이 되어 줄 수 있겠습니까? 그래서 성경에서는 "사람이 사람에게 범죄하면 하나님이 심판하시려니와 만일 사람이 여호와께 범죄하면 누가 그를 위하여 간구하겠느냐"(삼상 2:25)고 말씀하고, 시편 기자도 "주께서는 경외 받을 이시니 주께서 한 번 노하실 때에 누가 주의 목전에 서리이까"(시 76:7)라고 고백합니다. 누가 또는 무엇이 당신을 하나님의 손에서 건져낼 수 있겠습니까? 돈이 그렇게 해 줄 수 있을까요? 성경은 "재물은 진노하시는 날에 무익하다"(잠 11:4)고 말씀합니다. 대단한 권력을 쥐고 있는 왕이나 용감무쌍한 전사들이 당신을 구해 줄 수 있을까요? 그럴 수 없습니다. 성경에서는 "땅의 임금들과 왕족들과 장군들과 부자들과 강한 자들과 모든 종과 자유인이 굴과 산들의 바위 틈에 숨어 산들과 바위에게 말하되 우리 위에 떨어져 보좌에 앉으신 이의 얼굴에서와 그 어린 양의 진노에서 우리를 가리라 그들의 진노의 큰 날이 이르렀으니 누가 능히 서리요 하더라"(계 6:15-17)고 말합니다.

죄인이여, 하나님이 친히 당신의 원수가 되셔서 당신을 대적하신다는 사실이 당신의 심장에 그대로 꽂히는 비수가 되었을 것이라고 나는 생각합니다. 이제 당신에게는 숨거나 피할 곳도 없지 않습니까? 당신이 무기를 내려놓고서 잘못했으니 용서해 주시라고 빌어서, 그리스도를 당신의 친구로 삼고 하나님과 화해하지 않는다면, 이제 당신에게는 아무런 소망이 없습니다. 만일 당신이 그렇게 화해를 청하지 않는다면, 당신은 황량하기 짝이 없는 광야로 쫓겨나서 지독한 슬픔과 고통과 절망 속에서 몸부림치며 서서히 말라죽게 될 것입니다.

그러나 당신이 잘못을 뉘우치고 화해를 청한다면, 사정은 백팔십도 달라질 것입니다. 그리스도 안에는 당신을 위한 긍휼이 준비되어 있고, 하나님께서는 지금은 당신을 대적하고 계시지만, 사실은 당신에게 긍휼을 베푸실 수 있으시기를 간절히 바라고 계시기 때문입니다. 그런데도 당신이 당신의 죄를 버리려고 하지도 않고, 제대로 된 회심을 통해서 하나님께로 완전히 돌이키려고 하지도 않는다면, 하나님의 진노는 계속해서 당신 위에 머물러 있게 될 것이고, 하나님께서는 옛적에 에스겔 선지자를 통해서 말씀하셨듯이, 당신에게 분명하게 선전포고를 하실 것입니다: "나 주 여호와가 말하노라 나 곧 내가 너를 치며 이방인의 목전에서 너에게 벌을 내리되 네 모든 가증한 일로 말미암아 내가 전무후무하게 네게 내릴지라"(겔 5:8-9).

(1) 하나님의 얼굴이 당신을 대적합니다.

"여호와의 얼굴은 악을 행하는 자를 향하사 그들의 자취를 땅에서 끊으려 하시는도다"(시 34:16). 하나님의 얼굴이 당신을 대적하실 때, 당신에게는 화가 있을 수밖에 없습니다. 하나님께서 대적하시는 얼굴로 애굽의 군대를 바라보셨을 때, 얼마나 무시무시하고 끔찍한 결과가 벌어졌습니까! 성경에서는 "내가 그 사람을 대적하여 그들을 놀라움과 표징과 속담 거리가 되게 하여 내 백성 가운데에서 끊으리니 내가 여호와인 줄을 너희가 알리라"(겔 14:8)고 말씀합니다.

(2) 하나님의 마음이 당신을 대적합니다.

하나님은 모든 행악자들을 미워하십니다. 당신이 하나님의 미움을 받는 대상이라고 생각하면, 당신의 마음은 두렵고 떨리지 않습니까? "모세와 사무엘이 내 앞에 섰다 할지라도 내 마음은 이 백성을 향할 수 없나니 그들을 내 앞에서 쫓아 내보내라"(렘 15:1). "내 마음에 그들을 싫어하였고 그들의 마음에도 나를 미워하였음이라"(슥 11:8).

(3) 하나님의 모든 성품이 당신을 대적합니다.

하나님의 공의는 당신을 베기 위하여 칼집에서 뽑힌 화염검과 같습니다. "내가 내 번쩍이는 칼을 갈며 내 손이 정의를 붙들고 내 대적들에게 복수하며 나를 미워하는 자들에게 보응할 것이라"(신 32:41). 하나님의 공의는 아주 엄격해서, 죄인들은 아무 일 없었다는 듯이 넘어갈 수 없고 결코 무사할 수 없습니다. 당신이 성경을 근거로 제시하며, 그리스도와 그의 대속의 공로가 당신에게 적용되어야 한다는 것을 증명할 수 없다면, 하나님께서는 당신을 죄 없는 자로 여기셔서 무죄로 방면하지 않으실 것이고, 반드시 당신이 저지른 모든 죄에 대한 대가를 남김없이 다 치르게 하실 것입니다. 만약 당신이 한 번 빛을 받았다가 타락한 사람이어서, 마지막 날에 하나님의 공의 앞에 설 수밖에 없게 된다면, 당신의 죄를 측량하기 위해 준비된 저울과 당신을 처형하기 위해 준비된 칼을 보게 될 때, 당신은 하늘이 무너지고 땅이 꺼지는 것 같은 두려움을 느끼게 될 것입니다. 그런데도 사탄은 당신의 눈을 가려서 그러한 광경을 볼 수 없게 하고서는, 하나님은 긍휼에 풍성하신 분이시기 때문에 염려할 필요가 전혀 없다고 당신을 안심시켜서, 당신으로 하여금 계속해서 죄 가운데서 잠을 자게 만듭니다. 하나님의 공의는 한 치의 오차도 없이 엄격하기 때문에, 머리카락 한 오라기도 남김 없이 낱낱이 다 충족되지 않으면 안 됩니다. 하나님의 공의는 "진리를 따르지 아니하고 불의를 따르는 자에게 진노와 분노"를 선언하고, "악을 행하는 각 사람의 영"에게 "환난과 곤고"를 선언합니다(롬 2:8-9). 하나님의 공의는 "누구든지 율법책에 기록된 대로 모든 일을 항상 행하지 아니하는 자"에게 "저주"를 선언합니다(갈 3:10).

　죄 사함을 받지 못해서 죄의식을 지니고 있는 죄인에게, 하나님의 공의는 파산한 채무자 앞에 서 있는 채권자나, 강도 앞에 앉아 있는 판사와 배심원들이나, 살인자 앞에 걸려 있는 교수대의 올가미보다 더 무시무시하고 두렵습니다. 하나님의 공의가 그 죄인에게 영원한 사망을 선고하기 위하여 법정에 좌정해 있을 때, 그것은 그 비참한 죄인에게 얼마나 공포스러운 모습이겠습니까! 그 판결을 한 번 들어 보시겠습니까? "그 손발을 묶어 바깥 어두운 데에 내던지라 거기서 슬피 울며 이를 갈게 되리라"(마 22:13). "저주를 받은 자들아 나를 떠나 마귀와 그 사자들을 위하여 예비된 영원한 불에 들어가라"(마 25:41). 이것이 하나님의 공의가 그러한 죄인들에게 내리는 무시무시한 판결입니다. 죄인이여, 당신은 반드시 이렇게 엄격하고 서슬이 시퍼런 공의를 따라 심판을 받게 되어 있습니다. 당신이 회개하고 회심하지 않는다면, 내가 하나님의 살아 계심을 걸고 단언하건대, 당신에게는 반드시 이러한 사형선고가 내려지게 될 것입니다.

(4) 하나님의 거룩하심이 당신을 대적합니다.

하나님께서는 단지 당신에게 화를 내시는 데서 그치시는 것이 결코 아닙니다. 사실, 하나님은 자기 자녀들에게도 종종 화를 내십니다. 따라서 하나님이 당신에게 가끔씩 화를 내시는 것이라면, 그것은 큰 문제가 되지 않겠지만, 실제로는 당신에 대하여 철저한 분노를 계속해서 가지고 계신다는 것이 큰 문제입니다. 하나님의 본성은 죄와는 티끌만큼도 맞는 것이 없는 절대적인 상극관계에 있기 때문에, 하나님께서는 그리스도 밖에 있는 죄인을 절대로 기뻐하실 수 없습니다.

하나님의 은총 밖에 있는 것, 아니 하나님의 은총 밖에 있어서 하나님의 미움을 받을 수밖에 없는 처지에 있다는 것은 정말 무엇이라고 표현할 길이 없을 정도로 비참하고 참담한 일입니다. 당신이 변화되고 새로워지지 않는 한, 하나님께서는 당신을 대적하시고 미워하실 수밖에 없으신데, 하나님이 회심하지 않은 죄인인 당신을 그런 식으로 대하지 않으시기를 기대하는 것은, 하나님이 자신의 본성을 내려놓으시고 하나님이시기를 포기하시기를 기대하는 것이 낫습니다. 죄인이여, 만일 당신이 하나님의 거룩하심이 발하는 영광의 빛이 태양처럼 지극히 밝고 순결하며 아름답다는 것을 진정으로 알게 된다면, 당신은 감히 그런 기대를 할 엄두조차 낼 수 없을 것입니다. "보라 그의 눈에는 달이라도 빛을 발하지 못하고 별도 빛나지 못하거든 하물며 구더기 같은 사람, 벌레 같은 인생이랴"(욥 25:5-6). "여호와는 모든 나라보다 높으시며 그의 영광은 하늘보다 높으시도다 여호와 우리 하나님과 같은 이가 누구리요 높은 곳에 앉으셨으나 스스로 낮추사 천지를 살피시고"(시 113:4-6). 하나님의 눈은 모든 것을 다 살피시고 찾아내시는 눈이신데, 당신이 그리스도를 당신의 편으로 만들어서 당신을 위해 변호해 주시도록 하지 않는다면, 그 눈이 당신 속에서 과연 무엇을 찾아내시겠습니까? 벧세메스 사람들이 하나님의 법궤를 들여다보는 신성모독을 범하였다가 하나님으로부터 큰 살육을 당한 후에, "이 거룩하신 하나님 여호와 앞에 누가 능히 서리요"(삼상 6:20)라고 슬피 울며 부르짖었듯이, 당신도 그럴 것이라고 나는 생각합니다.

(5) 하나님의 능력이 당신을 대적합니다.

당신이 회심하지 않을 때, 하나님의 능력은 마치 발사대에 올려진 강력한 대포 같이 당신을 겨누게 될 것입니다. 복음에 순종하지 않는 사람들이 극도의 혼란에 빠져서 멸망해 갈 때, 거기에서 하나님의 능력이 어떤 것인지, 그 진면목이 밝게 드러나게 됩니다. 하나님께서는 그런 자들을 심판하시고 멸망시키심으로써, 자기가 어떠한 능력을 지니고 계시는지와 자기가 회심하고자 하지 않는 사람들에게 어떻게 하실 수 있으신지를 아주 똑똑히 알게 해 주십니다(롬 9:22). 이렇게 하나님은 자신의 능력을 사람들로 하여금 알게 하시기 위한 목적으로, 그런 자들을 세우셨다고 말씀하십니다(롬 9:17). 그런데도 당신이 계속해서 당신을 지으신 조물주와 맞서 싸우고자 한다면, 그것이 말이 된다고 생각합니까?

죄인이여, 하나님의 진노의 능력이 당신을 대적합니다. 하나님의 진노와 하나님의 능력이 함께 당신을 대적하여서, 무시무시하고 두려운 역사를 만들어 냅니다. 하나님의 능력이 당신을 대적하시는 것보다는, 차라리 온 세상이 무장하여 당신을 대적하는 편이 더 낫습니다. 하나님의 수중에서 벗어날 길도 없고, 하나님의 감옥에서 탈옥할 수 있는 길도 없습니다. "그의 큰 능력의 우렛소리를 누가 능히 헤아리랴"(욥 26:14). 장차 하나님의 능력을 직접 경험하고 나서야 비로소 그 무서움을 깨닫게 될 사람은 정말 불행한 사람입니다. "그는 마음이 지혜로우시고 힘이 강하시니 그를 거슬러 스스로 완악하게 행하고도 형통할 자가 누구이랴 그가 진노하심으로 산을 무너뜨리시며 옮기실지라도 산이 깨닫지 못하며 그가 땅을 그 자리에서 움직이시니 그 기둥들이 흔들리도다 그가 해를 명령하여 뜨지 못하게 하시며 별들을 가두시도다 그가 홀로 하늘을 펴시며 바다 물결을 밟으시며… 하나님이 빼앗으시면 누가 막을 수 있으며 무엇을 하시나이까 하고 누가 물을 수 있으랴 하나님이 진노를 돌이키지 아니하시나니 라합을 돕는 자들이 그 밑에 굴복하겠거든… 힘으로 말하면 그가 강하시고 심판으로 말하면 누가 그를 소환하겠느냐"(욥 9:4-8, 12-13, 19). 당신은 자기가 이렇게 강력한 능력을 지니신 하나님과 맞서 싸울 수 있는 상대라고 생각하는 것입니까? "하나님을 잊어버린 너희여 이제 이를 생각하라 그렇지 아니하면 내가 너희를 찢으리니 건질 자 없으리라"(시 50:22). 하나님의 자비와 긍휼을 순순히 받아들이십시오. 티끌 같고 나무 밑둥 같은 당신이 어떻게 전능자를 상대로 싸울 수 있겠습니까? 엉겅퀴와 가시나무 같은 당신이 전능자를 대적하여 싸운다면, 그는 당신을 송두리째 뽑아서 불에 던져 태워 버리실 것입니다. 그러므로 전능자와 맞설 생각을 버리고 화해를 청하여 화목하게 되어서, 도리어 전능자의 능력에 의지하고 기대십시오(사 27:4-5). "자기를 지으신 자와 더불어 다툴진대 화 있을진저"(사 45:9).

(6) 하나님의 지혜가 당신을 멸망시키기 위하여 작동됩니다.

하나님께서는 이미 화살을 비롯해서 당신을 멸망시킬 도구들을 다 준비해 놓으셨고(시 7:11-13), 당신을 멸망시킬 모든 계획들도 다 짜 놓으셨습니다(렘 18:11). 그리고 드디어 악한 날에 당신이 하나님께서 미리 설치해 두신 덫에 걸려들 때, 하나님께서는 당신의 그런 모습을 보시며 웃으십니다. "주께서 그를 비웃으시리니 그의 날이 다가옴을 보심이로다"(시 37:13). 하나님께서는 당신이 한순간에 완전히 폭삭 무너지는지를 지켜보실 것이고, 당신이 멸망의 구렁텅이에 떨어져서 다시는 거기에서 나올 수 없다는 것을 직감하고, 너무나 놀라고 마음이 괴로워서, 두 손을 비비꼬며 머리카락을 쥐어뜯고 살을 물어뜯으며 이를 가는 것을 지켜보실 것입니다.

(7) 하나님의 진리가 당신을 불구대천의 원수로 여기고 대적합니다.

하나님은 신실하시고 참되시기 때문에, 당신이 계속해서 죄 가운데서 살아간다면, 당신은 멸망할 수밖에 없습니다. 하나님은 허언을 하지 않으시고 자기가 하신 말씀을 반드시 지키시는 분이시기 때문에, 당신은 회개하지 않으면 죽을 수밖에 없습니다. "우리는 미쁨이 없을지라도 주는 항상 미쁘시니 자기를 부인하실 수 없으시리라"(딤후 2:13). 하나님께서는 자신의 약속의 말씀들만이 아니라 자신의 경고의 말씀들에도 신실하시기 때문에, 우리가 믿지 않는다면, 우리를 멸망시키심으로써, 자신의 신실하심을 보여 주실 것입니다. 하나님께서는 당신이 씻김을 받지 않으면 자기와 아무 상관이 없고, 당신이 육신을 따라 살면 반드시 죽게 될 것이며, 당신이 회심하지 않으면 결코 천국에 들어갈 수 없다고 아주 분명하게 말씀하셨습니다(요 13:8; 롬 8:13; 마 18:3). 사랑하는 자여, 하나님은 자기가 한 약속과 맹세를 반드시 지키시는 절대적으로 신실하신 분이라는 사실은, 믿는 자들에게는 강력한 위로와 힘이 되는 반면에, 믿지 않는 자들에게는 너무나 당혹스럽고 대경실색할 일이 됩니다.

죄인이여, 당신은 하나님께서 당신을 쳐서 성경에 기록해 놓으신 온갖 경고의 말씀들을 어떻게 생각하고 있는지를 내게 말해 줄 수 있습니까? 그 모든 말씀들이 다 실제로 이루어질 것이라고 믿고 있습니까, 아니면 그런 말씀들이 이루어질 리가 없다고 믿고 있습니까? 당신이 후자라면, 당신은 정말 불쌍하고 가련하기 짝이 없는 불신자입니다. 그러나 당신이 전자라면, 하나님의 참되심과 신실하심이 당신을 대적하여 멸망시키려 하고 계시는데도, 아무렇지도 않게 태평하게 지내고 있는 당신은 금강석 같이 단단한 마음을 지니고 있는 사람입니다. 당신이 회심하지 않는 한, 성경에 기록된 하나님의 모든 말씀은 계속해서 당신을 쳐서 증언하고 있습니다. 두꺼운 성경을 한 페이지씩 넘길 때마다, 거기에는 여지없이 당신을 정죄하는 말씀들이 꽉꽉 들어차 있고, 당신에게 성경은 탄식과 애곡과 저주의 말씀들이 안팎으로 빼곡하게 적혀 있던 에스겔의 두루마리 같을 것입니다. 그리고 당신이 회개하지 않는다면, 이 모든 말씀들이 반드시 당신에게 이루어질 것입니다. "진실로 너희에게 이르노니 천지가 없어지기 전에는 율법의 일점 일획도 결코 없어지지 아니하고 다 이루리라"(마 5:18).

이제 이 모든 것들을 다 합쳐서 한 번 종합적으로 생각해 보십시오. 회심하지 않은 사람의 처지가 통탄스러울 정도로 비참하지 않습니까? 죄인이여, 바울을 죽이겠다고 저주하며 맹세한 사람들은 자신들의 맹세에 의해서 스스로 묶였듯이(행 23장), 무한하신 하나님의 모든 성품들은 회심하지 않은 당신을 벌하시겠다는 맹세에 의해서 묶여 있다는 것을 당신은 알아야 합니다. 이제 어떻게 하시겠습니까? 그래도 어디론가 도망치겠습니까? 당신이 어디로 도망치든, 전지전능하신 하나님이 당신을 찾아내시는 것은 식은 죽 먹는 것보다 쉬운 일이기 때문에, 당신이 도망칠 곳은 없습니다. 하나님께서는 참되시고 신실하셔서 거짓말을 할 줄 모르시고 맹세하신 것은 반드시 지키시는 분이시기 때문에, 당신은 믿고 회개하지 않으면 멸망할 수밖에 없습니다. 전능하신 하나님께는 당신이 영원히 고통당하도록 하실 능력이 있으시기 때문에, 당신의 영혼과 육신은 머지않아 영원토록 철저하게 고통당하게 될 것입니다. 당신이 신속히 회심해서 그런 일이 생기지 않도록 막지 않는다면, 당신은 반드시 그렇게 되고 말 것입니다.

2. 하나님이 지으신 모든 피조물이 당신을 대적합니다.

바울은 "피조물이 다 이제까지 함께 탄식하며 함께 고통을 겪고 있는 것을 우리가 아느니라"고 말합니다(롬 8:22). 그러면, 피조물들은 무엇 때문에 그렇게 탄식하고 신음하는 것입니까? 그것은 거룩하게 되지 않은 사람들이 자신들의 욕심을 채우기 위해서 피조물들을 지독하게 남용하고 악용하기 때문입니다. 그러면, 피조물들은 무엇을 갈망하느라고 그렇게 탄식하는 것입니까? 그것은 앞에서 말한 그러한 남용과 악으로부터 벗어나서 자유롭게 되기를 갈망하는 것입니다(롬 8:21). 왜냐하면, 피조물이 사람들의 남용이나 악용에 굴복해서 이렇게 속박당하고 있는 것은 결코 그들 자신의 뜻이 아닙니다(롬 8:20). 만일 이성도 없고 생명도 없는 피조물들이 이치를 따져서 말할 수 있는 능력이 있다면, 그들은 불경건한 자들이 자신들을 남용하고 악용하는 것은, 위대하신 창조주 하나님께서 그들을 지으신 목적과 그들의 본성에 어긋나는 것이기 때문에, 결코 용납될 수 없고 참을 수 없는 속박이라고 아우성을 칠 것입니다.

한 유명한 목사님은 이런 말을 했습니다: "만일 술주정뱅이가 마시는 술이 사람처럼 이성을 가지고 있다면, 자기가 얼마나 치욕스럽게 남용되고 악용되고 있는지를 깨닫고서, 술통에서도 그를 원망하며 탄식할 것이고, 술잔에서도 그를 원망하며 탄식할 것이며, 그의 목구멍에서도 그를 원망하며 탄식할 것이고, 그의 뱃속에서도 그를 원망하며 탄식할 것입니다. 할 수만 있다면, 그 술은 그의 면전에서 대놓고 자기를 못살게 구는 일을 이제 그만두라고 직격탄을 날리며 항의할 것입니다. 하나님께서 발람이 탄 나귀의 입을 열어 주신 것처럼 자신의 피조물들의 입을 열어 주신다면, 교만한 자가 자신의 등에 걸친 옷도 그를 원망하여 탄식할 것입니다. 만일 피조물들에게 이성이 있어서, 사람들이 회심하기 전에는 자신들을 무자비하게 남용하고 악용한다는 것을 알고 있다면, 모든 피조물이 다 사람들을 원망하며 탄식할 것입니다. 땅은 회심하지 않은 사람들을 떠받치고 있는 자신을 탄식할 것이고, 공기는 그들이 호흡할 수 있게 해 주고 있는 자신을 탄식할 것이며, 집들은 그들이 기거할 곳을 마련해 주고 있는 자신을 탄식할 것이고, 침상들은 그들을 편안하게 해 주고 있는 자신을 탄식할 것이며, 음식은 그들에게 자양분을 공급해 주고 있는 자신을 탄식할 것이고, 옷은 그들을 가려주고 있는 자신을 탄식할 것입니다. 이렇게 모든 피조물들은 하나님을 대적하여 죄 가운데서 살아가는 사람들에게 도움과 힘을 주고 있는 자신들의 신세를 한탄할 것입니다."

회심하지 않은 영혼은 자기가 온 피조세계에 짐이 되고 폐를 끼치고 있다는 사실을 깨닫고 두려워하여야 합니다. "내가 삼 년을 와서 이 무화과나무에서 열매를 구하되 얻지 못하니 찍어버리라 어찌 땅만 버리게 하겠느냐"(눅 13:7). 만일 생명 없는 피조물들에게 입이 있어서 말할 수만 있다면, 당신이 매일 먹는 음식들은 틀림없이 이렇게 말할 것입니다: "주여, 나를 희생하면서까지 꼭 이 악당 같은 자에게 나의 자양분을 공급해 주어야 하는 것입니까? 그것은 주를 욕되게 하는 일이 아니겠습니까? 주께서 허락해 주시기만 하신다면, 내가 이 자의 뱃속으로 들어가서 이 자를 튼튼하게 해 줄 자양분으로 산화하느니, 차라리 이 자의 목구멍을 막아 질식사시켜 버리는 것이 낫지 않겠습니까?"

그리고 공기는 이렇게 말할 것입니다: "주여, 내가 이 자에게 계속해서 숨 쉴 수 있게 해 주어야 하겠습니까? 이 자는 나를 들이마셔서 얻은 활력을 이용해서, 하나님을 욕하고, 하나님의 백성을 비웃으며, 교만과 분노와 추악한 말을 쏟아내고, 하나님을 모독하는 온갖 말들과 욕설들을 퍼부으며 살아가고 있지 않습니까? 주께서 말씀하기만 하신다면, 내가 당장 그의 숨통을 끊어 놓겠습니다."

그리고 사람들을 태우고 다니는 하찮은 말이나 나귀도 이렇게 말할 것입니다: "주여, 이 자가 온 사방을 돌아다니면서 악행을 저지르고 있는데, 내가 그런 자를 내 등에 태워서 신속하고 편안하게 곳곳에 데려다주는 것이 합당한 일입니까? 주께서 허락하기만 하신다면, 내가 당장에 이 자의 온 몸의 뼈를 다 부러뜨려서, 그의 날들을 끝장내겠습니다."

한 명의 악인은 죽을 때까지 땅을 탄식하게 만들고 지옥을 탄식하게 만듭니다. 땅은 본의 아니게 이 악인을 도와주는 것이 너무나 괴로워서 탄식하고, 지옥은 그런 악인을 빨리 자기에게 보내 주지 않는다고 탄식합니다. 그래서 악인이 죽으면, 땅도 만족하고 지옥도 만족하게 됩니다. 만군의 여호와께서 당신을 대적하시는 한, 여호와의 모든 군대도 당신을 대적하고, 모든 피조물들도 당신을 대적합니다. 당신이 회심함으로써, 하나님과 당신 간의 싸움이 끝나고, 하나님께서 당신을 위해서 온 피조물과 화평의 언약을 맺으실 때, 비로소 모든 피조물들이 당신을 대적하는 것은 사라지게 됩니다(욥 5:22-24; 호 2:18-20).

3. 사탄이 당신을 완전히 지배합니다.

당신은 "우는 사자 같이 두루 다니며 삼킬 자를 찾는" 마귀의 수중에 떨어져서, 꼼짝없이 마귀의 종 노릇 하는 삶을 살아가게 됩니다. 당신이 회심하여 정신을 차리게 된다면, 마귀의 올무에서 벗어날 수 있지만, 계속해서 죄 가운데서 살아간다면, 당신은 마귀에게 사로잡혀서 마귀가 하자는 대로 할 수밖에 없게 됩니다(딤후 2:26). 마귀는 "불순종의 아들들 가운데서 역사하는 영"입니다(엡 2:2). 불순종의 아들들은 마귀가 시키는 대로 행하는 꼭두각시들이기 때문에, 마귀가 원하는 것들을 합니다. 마귀는 "이 어둠의 세상,"

즉 어둠 속에서 살아가는 무지한 죄인들을 주관하고 지배하는 자입니다(엡 6:12). 당신은 마귀를 자신들의 신으로 섬기는 인디언들을 불쌍하다고 말하지만, 당신도 그들과 똑같이 마귀를 섬기고 있다는 것을 알지 못합니다. 거룩하게 되지 않은 모든 사람들의 공통적인 참상은 마귀가 그들의 신이라는 것입니다. 그들은 마귀인 줄을 알면서 의도적으로 마귀를 경배하고 섬기는 것이 아닙니다. 도리어, 그들은 마귀라면 펄쩍 뛰며, 자기가 마귀를 섬기는 일은 절대로 일어날 수 없다고 말합니다. 하지만 그들이 그런 식으로 말하고 그런 마음을 가지고 있음에도 불구하고, 그들은 내내 마귀를 섬기고 마귀의 지배를 받으며 살아갑니다. "너희 자신을 종으로 내주어 누구에게 순종하든지 그 순종함을 받는 자의 종이 되는 줄을 너희가 알지 못하느냐"(롬 6:16). 지금 하나님의 자녀로 자처하는 사람들 중에서, 사실은 마귀를 섬기는 종들이었다는 것이 장차 드러나게 될 사람들이 너무나 많을 것입니다!

마귀가 죄악된 즐거움이나 불법적인 이득을 얻을 기회를 제시하기가 무섭게, 당신은 아무런 망설임도 없이 그 기회를 재빨리 낚아채어 그 즐거움이나 이득을 당신 것으로 만들어 버립니다. 거짓말을 하라고 속삭이거나, 복수해야 한다고 부추기면, 당신은 두말없이 거짓말을 하고 복수를 시작합니다. 성경을 읽거나 기도하지 말라고 명령하면, 당신은 그 명령을 금방 청종합니다. 그러므로 당신은 마귀의 종이 분명합니다. 마귀는 가림막 뒤에 숨어서 어둠 속에서 당신을 조종하기 때문에, 당신은 그 사실을 눈치 채지 못하지만, 실은 늘 마귀에게 끌려 다닙니다. 물론, 거짓말쟁이는 사탄을 섬기려고 거짓말을 하는 것이 아니라, 자신의 이득을 위해서 거짓말을 하는 것이지만, 안 보이는 곳에서 그 거짓말쟁이의 생각과 입에 계속해서 거짓말들을 넣어 주는 장본인은 바로 사탄입니다. 가룻 유다가 돈을 받고 주님을 팔고, 갈대아 사람들과 스바 사람들이 욥의 재산을 탈취해 간 것은 마귀를 즐겁게 해 주기 위해서가 아니라 그들 자신의 탐욕을 채우기 위한 것이었다는 것은 의심의 여지가 없습니다. 하지만 성경은 그들의 배후에서 그들의 악행을 부추긴 것이 마귀였다고 분명하게 말씀합니다(요 13:27; 욥 1:12, 15, 17). 사람들은 마귀의 종이 되어서 마귀가 좋아하고 시키는 온갖 힘들고 고된 일들을 하고 있으면서도, 그 사실을 알지 못합니다. 도리어, 그들은 자기가 아무리 힘들고 고되더라도, 자신이 하고 싶은 일들을 마음껏 할 수 있어서 너무나 행복하다고 말하기까지 합니다.

그런데도 당신은 아직도 잘 깨닫지 못하겠고, 어둠에서 빛으로 돌이킬 마음이 생기지 않습니까? 그렇다면, 당신은 사탄에게 묶여서 종 노릇 하며 살아가고 있는 것입니다. 당신은 당신의 어떤 행위가 죄라는 것을 뻔히 알면서도 의도적으로 그렇게 행하며 살아가고 있습니까? 그렇다면, 당신은 마귀에게 속하여 마귀의 권세 아래 있는 것임을 알아야 합니다. 당신은 다른 사람들과 다투고 분쟁하거나 시기하거나 다른 사람들에 대하여 악의나 앙심을 품고 살아가고 있습니까? 그렇다면, 당신의 "아비"는 사탄이 분명합니다. 당신이 마귀의 종이자 자식이 되어서 살아가고 있다는 것은 정말 끔찍한 일입니다! 사탄이 자신의 종들에게 온갖 쾌락들을 제공해 준다고 해도, 그것은 단지 그들을 저 끝 모를 멸망의 구렁텅이에 빠뜨리기 위한 것입니다. "뱀"은 옛적에 하와에게 그랬던 것처럼 "먹음직도 하고 보암직도 하고 지혜롭게 할 만큼 탐스럽기도 한" 열매를 자신의 입에 물고 당신에게 다가오지만, 당신은 그 열매 속에 치명적인 독이 들어 있는 것을 보지 못합니다. 지금 당신을 유혹하고 시험하는 바로 그 자가 반드시 언젠가는 당신을 괴롭히고 고문하는 자가 될 것입니다. 당신이 얼마나 악한 주인을 섬기고 있고, 얼마나 무자비한 폭군의 비위를 맞추고 살아가고 있는 것인지를 내가 당신에게 보여줄 수 있다면 얼마나 좋겠습니까! 당신의 주인인 그 폭군은 현세에서는 당신을 확실하게 영원한 멸망과 저주에 빠뜨리는 것을 즐거움으로 삼고, 내세에서는 지옥의 용광로를 더욱더 뜨겁게 하여, 거기에서 당신이 영원무궁토록 불태워지는 고통을 보는 것을 즐거움으로 삼는 자입니다.

4. 당신의 온갖 죄로 인한 죄책이 당신을 산처럼 짓누르고 있습니다.

가련한 영혼이여, 당신은 이것을 느끼지 못하겠지만, 이것이야말로 당신의 참상을 최종적으로 인치는 바로 그것입니다. 당신이 회심하지 않는 한, 당신의 모든 죄는 단 한 가지도 지워지지 않고, 고스란히 기록되어서 당신을 대적합니다. 거듭남과 죄사함은 결코 서로 분리되지 않습니다. 거룩하게 되지 않은 사람은 의롭게 되지 못한 사람이기도 하고 죄사함을 받지 못한 사람이기도 합니다. 빚을 져서 갚지 못하면 옥졸에게 끌려가서 감옥에 갇히게 되고 다 갚을 때까지는 나오지 못하기 때문에, 빚을 진다는 것은 두려운 일이지만, 그 중에서도 가장 두려운 일은 하나님께 빚을 지는 것입니다. 왜냐하면, 하나님이 보내신 옥졸들에게 끌려가는 것만큼 두려운 일이 없고, 하나님의 감옥에 갇히는 것만큼 끔찍한 일이 없기 때문입니다. 빚을 받아서 자신의 죄책의 무게를 알게 된 죄인을 한 번 보십시오. 그의 표정과 탄식에서는, 그가 얼마나 지독하게 겁을 먹고 질려 있는지가 그대로 드러납니다. 평안했던 그의 삶은 온통 가시방석으로 변하고, 윤기가 넘쳐흐르던 그의 얼굴은 까칠하고 메마르게 변하며, 그의 눈에서는 잠이 달아나 버립니다. 그는 자기 자신과 모든 주변 사람들에게 두려움의 대상이 되기 때문에, 자기와는 달리 지각이 없어서 참상을 느끼지도 못하는 길거리의 돌들을 부러워하고, 자기가 사람이 아니라 개로 태어났었더라면 좋았을 것이라고 한탄하게 됩니다. 왜냐하면, 사람이 죽으면, 그것은 끝 모를 참상의 시작일 뿐이지만, 개는 죽으면, 그것으로 모든 것이 끝나기 때문입니다.

당신은 죄사함을 받지 못한 것을 아무렇지도 않게 생각하겠지만, 당신의 사함 받지 못한 죄로 인한 죄책이 당신에게 얼마나 무거운 짐인지를 언젠가는 알게 될 것입니다. 그래서 우리 주님께서는 죄를 연자 맷돌에 비유하셔서, "이 돌 위에 떨어지는 자는 깨지겠고 이 돌이 사람 위에 떨어지면 그를 가루로 만들어 흩으리라"(마 21:44)고 말씀하셨습니다. 하나님이신 우리의 찬송 받으실 구주께서 이 땅에 오셔서 고초를 겪으시고 죽으신 것은 다 우리의 죄들로 말미암은 죄책 때문이었습니다. 죄책이 "푸른 나무"이신 우리 주님께 그런 짓을 자행하였다면, 마른 나무들인 우리에게는 장차 무슨 짓을 자행하겠습니까?

지금 기회가 주어져 있을 때에 미루지 말고 당신의 상태를 생각해 보십시오. "너희가 너희 죄 가운데서 죽으리라"(요 8:24)고 하신 우리 주님의 경고의 말씀을 들을 때, 당신은 두렵고 떨리지 않습니까? 당신이 당신의 죄 가운데서 죽는 것보다 감옥이나 도랑이나 지하 감옥에서 죽는 편이 훨씬 낫습니다. 죽음이 당신의 모든 낙들과 위로들을 다 거두어갈 때, 당신의 모든 죄도 다 거두어가 주기만 한다면야, 당신에게는 죽음도 견딜 만한 일이 될 것입니다. 그러나 당신에게 죽음이 찾아와서, 당신의 친구들이 떠나가고, 세상의 온갖 즐거움들이 당신과 작별의 악수를 하겠지만, 당신이 이 세상에 태어나 저지른 죄악들은 결코 당신을 떠나지 않을 것입니다. 죄수가 죽으면 그가 빚진 모든 것들도 다 사라지게 되지만, 죄인인 당신이 죽는다고 할지라도, 당신의 죄들은 결코 사라지지 않고, 당신을 끝까지 따라와서, 심판대 앞에 선 당신을 고발할 것이고, 지옥까지 따라와서 당신을 끝없이 괴롭히고 고문할 것입니다. 당신이 지은 죄들로 인한 죄책은 이렇게 끈질기게 당신을 따라다니며 괴롭히게 될 것입니다! 그러므로 지금 기회가 주어져 있을 때에 당신이 지은 죄의 빚들을 찬찬히 살펴보십시오. 하나님의 각각의 계명들은 언제라도 당신을 체포할 준비를 다 마쳐 놓은 상태이고, 당신이 진 막대한 빚을 갚을 수 없다는 것이 확정되는 순간, 당신의 멱살을 붙잡아서 당신을 끌고 갈 것입니다. 하나님의 계명들 하나하나가 옥졸이 되어서, 당신을 심판대 앞에 세우고 지옥에 던져 넣기 위해서 한꺼번에 당신에게 달려들 때, 당신은 어떻게 할 것입니까? 그러니 지금 당장 양심의 눈을 부릅뜨고서, 당신이 어떤 모습인지를 똑똑히 보고, 당신 자신에 대하여 절망하여, 그리스도께로 달려가서, 당신 앞에 놓인 저 유일한 소망을 굳게 붙잡고, 그 곳을 당신의 피난처로 삼으십시오.

5. 당신은 당신 속에서 광분하는 욕망들과 욕심들의 노예가 되어 비참하게 살아가고 있습니다.

당신은 회심하지 않는 한 죄의 종으로 살아갈 수밖에 없습니다. 당신이 하나님의 언약 안으로 들어올 때까지, 죄는 당신을 지배하고, 당신은 죄의 폭정 아래에서 꼼짝못하고 죄의 노예로 살아야 합니다. 세상에 많은 폭군들이 있어 왔지만, 죄만큼 극악무도한 폭군은 없었습니다. 죄는 자신의 종들에게 이루 말할 수 없이 사악하고 소름끼치는 일들을 아무렇지도 않게 시킵니다.

한 무리의 가엾은 사람들이 그들 자신을 불태워 죽일 땔감들과 기름통을 지고 힘들게 땀을 뻘뻘 흘리면서 화형장으로 걸어가는 모습을 본다면, 당신은 얼마나 가슴이 찢어질 것 같이 아프겠습니까? 이것은 죄가 자신의 종들에게 시키는 소름끼치는 일들이 어떤 것들인지를 보여 주는 한 예입니다. 죄의 종들이 자신들이 불의하게 얻은 이득들을 기뻐하고, 쾌락에 빠져서 노래하는 것은, 그들을 지옥의 불구덩이에서 영원무궁토록 태우게 될 땔감들을 쌓는 것이고, 그 불이 더욱더 맹렬하게 타오르게 할 기름을 비축하는 것입니다. 어떤 주인이 온갖 끔찍하고 소름끼치는 힘든 일들을 자신의 종들에게

시켜 놓고서는, 그 일들이 다 끝났을 때에 "사망"이라는 삯을 줄 것임을 당신이 안다면, 당신은 그런 주인을 섬기고자 하겠습니까?

거라사 광인이 군대 귀신에게 사로잡혀 살아가는 것을 당신이 보았다면, 그것은 정말 끔찍한 일이 아니겠습니까? 그가 무덤 사이에 앉아서 자신의 몸을 자해하는 모습을 실제로 보았다면, 당신의 마음이 얼마나 저리고 아팠겠습니까? 그런데 바로 당신이 그 군대 귀신 들린 사람입니다! 당신이 지금 하고 있는 모든 일이 다 그 군대 귀신 들린 사람이 하던 바로 그 일입니다. 왜냐하면, 지금 당신의 일거수일투족이 당신의 양심을 자해하고 있기 때문입니다. 당신이 그런 식으로 양심을 다 죽여 놓아서, 양심은 지금 잠들어 있습니다. 그러나 당신이 죽어서 심판대 앞에 서는 날, 당신의 모든 지각이 다 살아나게 될 것이고, 당신은 당신이 자해함으로써 생긴 모든 상처로 인한 고통을 다 느끼게 될 것입니다.

죄를 깨달은 죄인은 죄의 종이 되어 살아간다는 것이 얼마나 비참한 일인지를 보여 주는 생생한 예입니다. 다시 깨어난 양심은 그를 호되게 질책하면서, 그가 지금까지 자행해온 온갖 죄들로 인한 결말이 어떤 것일지를 그에게 말해 줍니다. 하지만 그는 자신의 욕망들과 욕심들의 노예가 되어 있기 때문에, 자기가 이대로 살아간다면, 반드시 영원한 멸망을 당하여 지옥에 떨어질 것임을 알면서도, 죄악된 삶을 그만두지 못합니다. 그는 온갖 맹세와 약속으로 자기 속에 있는 욕망들과 욕심들을 밧줄로 묶어 놓지만, 시험이 찾아오면, 그 욕망들과 욕심들은 또 다시 준동하여 밧줄을 끊고, 그를 영원한 멸망을 향하여 돌진하게 만듭니다.

6. 맹렬히 타오르고 있는 영원한 응보의 지옥의 불구덩이가 당신을 기다리고 있습니다.

지옥과 멸망이 이미 당신을 삼키려고 입을 크게 벌리고 있습니다. 성경에서는 "스올이 욕심을 크게 내어 한량 없이 그 입을 벌리고" 있다고 말씀합니다(사 5:14). 이렇게 지옥과 멸망은 낭떠러지에 서 있는 당신을 보면서, 탐욕스러운 눈으로 군침을 삼키며 당신이 어서 그 낭떠러지에서 떨어지기만을 고대하고 있습니다. 사람들의 분노도 사자가 포효하는 것과 같고(잠 19:12) 모래보다 더 무거운데(잠 27:3), 하물며 무한하신 하나님의 진노는 어떠하겠습니까? 느부갓네살이 격노하여 세 명의 하나님의 자녀들을 죽이기 위해서 풀무불을 평소보다 일곱 배나 더 뜨겁게 달구라고 명하였을 때, 그들을 던지기 위해서 그들을 끌고 풀무불에 가까이 다가온 사람들이 타 죽을 정도로, 그 풀무불이 뜨거웠는데, 하물며 전능자의 진노에 의해서 준비된 지옥의 불구덩이는 얼마나 더 뜨겁겠습니까? 그 불구덩이의 불길은 일곱에 일흔을 곱한 것보다 더 맹렬하고 뜨거울 것이 분명합니다. 당신은 바로 그 지옥의 불구덩이에서 영원토록 땔감이 될 것인데, 이런 생각을 해도, 당신의 마음은 아무렇지도 않습니까? "내가 네게 보응하는 날에 네 마음이 견디겠느냐 네 손이 힘이 있겠느냐 나 여호와가 말하였으니 내가 이루리라"(겔 22:14). 영원토록 맹렬하게 타오를 지옥 불을 과연 당신이 감당할 수 있겠습니까? 온 우주에 존재하는 것들 중에서 가장 맹렬한 풀무불 속에서, 당신의 몸과 영혼이 원수를 갚고자 하시는 하나님의 손에 빠져들어서, 뜨겁게 달구어져서 빛을 발하는 쇠처럼 영원히 죽지 않고 타오르게 되는 것을 과연 당신이 감당할 수 있겠습니까?

하나님의 가장 훌륭한 몇몇 종들도, 하나님께서 그들에게 노하셔서 얼굴을 감추시면, 그 노하심을 크게 두려워하여, 자신의 처지를 비통해하며 쓰라린 통곡과 눈물을 쏟아냈습니다. 그런데 하물며 하나님께서 당신을 대적하셔서 괴롭게 하시고 고문하시며 자신의 진노의 대접들을 당신에게 쏟아 부으실 때, 당신은 어떻게 그것을 감당하려고 하십니까? 하나님께서 당신의 양심이라는 통로를 사용하셔서, 자신의 불타는 진노를 당신의 영혼에 영원토록 쏟아부으실 때, 당신은 어떻게 그것을 감당하려고 하십니까? 하나님께서 죄로 가득한 당신의 모든 숨구멍들 하나하나를 극심한 고통으로 꽉꽉 채우실 때, 당신은 어떻게 그것을 감당하려고 하십니까? 그 때가 되면, 당신이 죽지 않고 영원히 살아야 한다는 것이 당신에게 이루 말할 수 없는 고통이 될 것이기 때문에, 당신에게는 짐승처럼 죽어서 완전히 흔적도 없이 무(無)로 돌아가는 것이 최고의 복이 되겠지만, 당신이 바다만큼 눈물을 흘리며 영원 무궁토록 간절히 바라고 소원할지라도, 그런 복은 당신에게 절대로 주어지지 않을 것입니다.

지금은 당신이 저 두려운 심판의 날을 모른 체하고, 하나님의 진노의 두려움을 망각한 채로, 그저 즐겁게 왁자지껄 떠들어 대면서 편안하게 살아갈 수 있을지도 모릅니다. 그러나 마침내 하나님께서 당신을 "고통의 침상"에 던지시고(계 2:22) "슬픔 중에 눕게" 하실 때가 오면(사 50:11), 당신은 무슨 수로 여전히 모른 체하며 버틸 수 있겠습니까? 사자들의 울부짖는 소리들과 하나님을 욕하고 모독하는 더러운 말들이 당신의 유일한 음악이 되고, 하나님의 진노의 잔에 가득 채워진 희석되지 않은 진노의 포도주가 당신의 유일한 음료가 될 때가 오면(계 14:10), 당신은 무슨 수로 여전히 모른 체하며 버틸 수 있겠습니까? 당신이 고통당하고 고문당하면서 당신의 몸에서 배어 나오는 연기가 영원히 위로 올라가고, 밤이든 낮이든 쉴 수 없으며, 당신의 양심에 안식이 없고, 당신의 뼈와 골수에 평안이 없으며, 당신이 "가증함과 놀램과 저주와 치욕 거리"가 될 때가 오면(렘 42:18), 당신은 무슨 수로 여전히 모른 체하며 버틸 수 있겠습니까?

죄인이여, 여기쯤에서 잠깐 멈춰 서서, 깊이 생각해 보십시오. 당신이 지각이 아예 없는 벽돌 같은 존재가 아니라 이성이 있는 사람이라면, 이제 한 번쯤 깊이 생각해 보는 것이 마땅합니다. 당신이 지금 어디에 서 있는지를 생각해 보십시오. 당신은 멸망의 낭떠러지 위에 서 있습니다. 하나님의 살아 계심과 당신의 영혼의 살아 있음을 두고 단언하건대, 당신은 한 걸음만 더 앞으로 나아가면, 멸망의 낭떠러지 속으로 떨어지고 맙니다. 당신이 오늘밤에 무사히 잠자리에 든다고 할지라도, 새벽이 되기 전에 당신은 이미 지옥에 가 있을지도 모릅니다. 당신이 오늘 아침에 잠자리에서 무사히 일어났다고 할지라도, 저녁이 되기 전에 당신은 이미 지옥에 떨어져 있을지도 모릅니다. 그런데도 당신은 내가 지금까지 한 말들을 무시하고, 당신이 그렇게 끔찍하고 소름끼치는 상태로 살아가고 있으면서도, 마치 당신에게 아무 문제가 없다는 듯이, 계속해서 태연하고 태평하게 살아갈 생각입니까? 당신이 손사래를 치며, 내가 한 말들은 당신에게는 해당되지 않는다고 말할 것이라면, 내가 앞 장에서 한 말들을 다시 한 번 읽어 보신 후에, 내게 정직하게 말해 주십시오. 회심하지 않은 자들의 저 불길한 증표들 중에서 당신에게 해당되는 것이 단 한 가지도 없습니까? 진실에 눈을 감지 마시고, 당신 자신을 속이지 마십시오. 지금 당신이 살아 있는 이 순간에는, 당신의 소름끼치는 영적 상태로 말미암은 끔찍한 결과를 막는 것이 가능하지만, 지금 이 순간이 지나면 그렇게 하는 것이 불가능할 수도 있기 때문에, 지금 당장 당신의 참상을 똑똑히 보십시오. 당신이 지금 하나님으로부터 영원히 버림받고 저주받은 자가 되어서, 하나님께서 자신의 진노를 맹렬하게 쏟아부으셔서 영원토록 끝없는 고통을 당하게 하실 진노의 그릇이 되어 있다는 것이 무엇을 의미하는지를 곰곰이 생각해 보십시오. 하나님의 진노는 영원히 꺼지지 않고 맹렬하게 타올라서 모든 것을 삼켜 버리는 불인데, 당신이 자신의 행실을 정직하게 보고서 제대로 회심하여 신속하게 하나님께로 돌이키지 않는다면, 그 불은 당신의 몫이 될 수밖에 없습니다.

죄인이여, 내가 당신이 듣기 좋은 허탄한 말들만을 당신 앞에서 늘어놓는다면, 그것은 영원히 꺼지지 않는 불 속으로 당신을 밀어 넣는 것이 될 것입니다. 나는 당신이 회심하지 않는다면 반드시 그 불 속에 영원히 누워 있게 될 것임을 살아 계신 하나님의 이름으로 분명히 선포합니다. 그리고 혹시라도 영원히 죽지 않는 것이 죽게 되고, 영원히 변치 않는 것이 변하게 되며, 영원이라는 시간이 끝이 나고, 전능자에게 더 이상 벌할 수 있는 힘이 없게 된다면, 그 때에야 당신은 그 불구덩이에서 벗어나게 될 것입니다. 그러므로 당신이 그렇게 되기 전에, 당신은 우리를 거룩하게 하시는 하나님의 은혜를 의지해서, 진심으로 회개하고 회심하여 새롭게 되어야 합니다.

7. 율법은 당신을 향해 자신의 온갖 위협들과 저주들을 쏟아냅니다.

율법이 우렛소리를 발하면, 그것은 정말 무시무시하기 짝이 없습니다. 율법은 모든 것을 삼켜 버릴 듯한 불길을 당신 앞에 토해냅니다. 율법의 말씀들은 칼집에서 빼든 서슬이 시퍼런 칼들이고, 용사들의 날카로운 화살들입니다. 율법은 "오직 공의!"라고 외치면서, 한 치의 오차도 없는 완벽한 복종을 요구합니다. 율법의 온갖 계명들을 어기고 살아가는 당신을 향해서, 율법은 오직 피와 전쟁과 상해와 죽음만을 말합니다. 그렇기 때문에, 당신은 당신이 저질러온 죄악들이 불러온 율법의 위협과 저주를 피하여, 당신의 유일한 도피성이자 요새이신 주 예수 그리스도께로 피하지 않으면 안 됩니다. 그리스도 안에 숨으십시오. 그렇지 않으면, 당신은 빠져 나올 수 있는 가망성이 전혀 없는 영원한 멸망으로 빠져들게 될 것입니다.

8. 복음은 당신에게 지옥에서의 영원한 형벌을 선고합니다.

당신이 계속해서 회개하지도 않고 회심하지도 않는 가운데 복음을 받아들이지 않는다면, 당신에 대한 복음의 정죄는 첫 번째 언약인 율법을 범했을 때보다도 훨씬 더 혹독한 정죄가 될 것입니다. 복음은 기쁜 소식이고 좋은 소식인데, 거기에 경고의 말씀들이 가득하다는 것은 정말 두려운 일이 아니겠습니까? 주님께서 "시온에서 부르짖고 예루살렘에서 목소리를 내시며" 당신을 대적하신다면(욜 3:16), 그것은 정말 두려운 일이 아니겠습니까? 주님의 두려우신 말씀을 귀 기울여 들어보십시오. "믿지 않는 사람은 정죄를 받으리라"(막 16:16). "너희도 만일 회개하지 아니하면 다 이와 같이 망하리라"(눅 13:3). "그 정죄는 이것이니 곧 빛이 세상에 왔으되 사람들이 자기 행위가 악하므로 빛보다 어둠을 더 사랑한 것이니라"(요 3:19). "아들에게 순종하지 아니하는 자는 영생을 보지 못하고 도리어 하나님의 진노가 그 위에 머물러 있느니라"(요 3:36). "천사들을 통하여 하신 말씀이 견고하게 되어 모든 범죄함과 순종하지 아니함이 공정한 보응을 받았거든 우리가 이같이 큰 구원을 등한히 여기면 어찌 그 보응을 피하리요"(히 2:2-3). "모세의 법을 폐한 자도 두세 증인으로 말미암아 불쌍히 여김을 받지 못하고 죽었거든 하물며 하나님의 아들을 짓밟고 자기를 거룩하게 한 언약의 피를 부정한 것으로 여기고 은혜의 성령을 욕되게 하는 자가 당연히 받을 형벌은 얼마나 더 무겁겠느냐"(히 10:28-29).

과연 주님께서 하신 이 모든 말씀들이 정말 그대로 이루어질까요? 회심하지 않은 당신이 정말 이렇게 비참한 처지에 있다는 것이 사실일까요? 참되신 하나님께서는 거짓말을 하실 수 없는 분이시기 때문에, 이 모든 것은 그대로 엄연한 사실입니다. 그러므로 당신의 마음을 완악하게 하여 진실에 대하여 눈을 감아 버린 채 살아가다가, 결국에는 당신이 지금 믿으려 하지 않았던 것들이 당신에게 그대로 현실이 되어서 지독한 슬픔과 고통을 영원 무궁토록 절절히 느끼게 되는 일이 일어나지 않도록, 지금이라도 질끈 감았던 눈을 빨리 떠서 진실을 똑바로 보는 것이 좋을 것입니다. 이 모든 것이 진실이고 사실인데, 당신의 현재의 모습 그대로 주저앉아서 머뭇거리며 늑장을 부리다가, 회심할 기회가 지나가 버리면 어쩌려고 그러는 것입니까?

가련한 자여, 안타깝게도 죄가 당신을 아주 철저하게 부패하고 타락시켜서 당신의 이성을 완전히 망가뜨려 놓아서, 당신은 지금 당신 자신의 영원한 운명이 앞으로 어떻게 될 것인지, 그리고 영원한 복을 누리려면 지금 어떻게 해야 하는지를 생각할 수 없는 그런 지경까지 도달해 있는 것이 분명합니다. 비참한 자여, 당신은 죄로 인해 정신이 나가서, 아무것도 느끼지 못하고 아무것도 분별할 수 없는 혼수상태에 빠져 있고, 나는 지금 그런 당신을 흔들어서 깨우고 있습니다. 당신의 육신의 벽 안에 살고 있는 것이 도대체 누구입니까? 이성과 지각을 지닌 영혼입니까, 아니면 아무것도 느끼지 못하고 분별하지 못하는 멍청이입니까?

당신은 분명히 이성을 지닌 영혼인데, 어쩌다가 자신이 영원히 살게 될 존재라는 것을 망각하고서, 당신이 죽으면, 짐승들처럼 모든 것이 끝나고, 자기는 흔적도 없이 티끌로 돌아갈 것이라고 생각할 정도로 멍청이가 되어 버렸습니까? 당신에게는 이성이 있어서, 당신이 원하든지 원치 않든지, 당신은 영원토록 살아 있을 수밖에 없는 존재라는 사실을 알고 있을 것인데도, 당신이 회심하지 않으면 영원토록 비참한 삶을 살아야 한다는 사실을 그렇게 대수롭지 않게 생각할 수가 있는 것입니까? 당신의 그러한 태도는 짐승보다 훨씬 못한 것입니다. 왜냐하면, 짐승들은 날 때부터 이성이 없어서 본능대로 행하는 것일 뿐이지만, 당신은 이성을 지니고 태어났는데도 이성을 거슬러서 반대로 행하는 것이기 때문입니다.

불쌍한 영혼이여, 당신은 원래 사람의 영광이었고, 천사들의 친구였으며,

하나님의 형상이었습니다. 이 세상에서 하나님의 대리인이었고, 모든 피조물들 중에서 최고의 존재였으며, 조물주가 지으신 만물을 다스리는 자였습니다. 그런 당신이 지금 이 세상의 노예로 전락해 버린 것입니까? 당신이 지닌 영원불멸의 영적인 본성에 너무나 어울리지 않게, 당신이 거하는 이 흙집을 손질하고 다듬는 일로 허송세월을 하고 있는 것입니까? 당신이 장차 영원히 지내게 될 곳이 어디인지를 왜 진지하게 생각하지 않는 것입니까? 죽음이 가까웠고, 심판주께서 바로 당신의 집 문 앞에 서 계십니다. 조금만 더 지나면, 더 이상 회심할 기회는 주어지지 않을 것이고(계 10:6), 영원한 불못 속으로 들어가서 거기에서 다시는 나올 수 없게 될 것인데도, 당신은 너무나 태평하게 지금과 같은 상태로 계속해서 죄 가운데서 살아가고자 하는 것입니까?

이제 잠에서 깨어 일어나서, 당신에게 가장 급하고 중요한 일에 관심을 가지십시오. 당신이 지금 어디로 가고 있는지를 아십니까? 당신은 순간순간마다 영원한 멸망에 한 걸음씩 더 가까워지는 그런 길을 따라 살아가고 있습니다. 당신이 잠자리에 누울 때, 다음 날 아침에는 지옥에서 눈을 뜨게 될 수도 있다는 것을, 당신은 모르는 것입니까? 당신에게 눈곱만큼이라도 이성이 있다면, 지금이라도 분주한 세상으로부터 돌아서서, 당신의 참된 친구의 말에 귀를 기울이십시오. 나는 당신에게 당신이 현재 처해 있는 참상을 그대로 보여 줌으로써, 당신으로 하여금 늦기 전에 거기에서 벗어나 영원히 행복할 수 있게 해 주려고 쓴 소리를 마다하지 않는 당신의 참된 친구입니다.

하나님께서 무엇이라고 말씀하시는지를 들어보십시오: "너희가 나를 두려워하지 아니하느냐 내 앞에서 떨지 아니하겠느냐"(렘 5:22). 죄인이여, 당신은 장차 임할 하나님의 진노를 가볍게 여기고 있는 것입니까? 내가 분명히 말해 두지만, 당신이 하나님의 진노를 가볍게 여기게 되지 못할 때가 반드시 올 것입니다. 귀신들도 하나님의 경고의 말씀을 믿고 두려워 떠는데,

당신은 귀신들보다 더 완악한 자입니까? 왜 벼랑 끝에서 달리고, 독사 굴에 손을 집어넣으며, 독사들이 우글거리는 곳에서 장난치고, 마치 하나님의 진노 따위는 얼마든지 피하거나 감당할 수 있다는 듯이, 모든 것을 집어삼키는 하나님의 진노를 가지고 놀려고 하는 것입니까? 세상에서 가장 정신 나간 사람은, 의도적으로 무수히 죄악을 자행하며 살아가면서도, 회심할 생각은 전혀 하지 않고, 마치 자기에게는 아무 문제도 없다는 듯이, 아주 태연하게 살아가는 사람입니다. 대포알이 장전되어서 언제 발포될지 모르는 대포 구멍에 자신의 머리를 처박고서 자신의 목숨을 담보로 해서 장난치다가 결국 목숨을 잃는 사람은 제정신이 아닌 사람임에 분명하지만, 자신의 죄악 가운데 계속해서 살아가는 사람에 비하면, 그래도 분별력이 있고 건전한 사람입니다. 성경에서는 회심하지 않는 사람은 자신의 주먹을 흔들어 보이며 하나님을 위협하고, 스스로 한없이 교만해져서 전능자에게 힘을 과시하는 사람이라고 말씀하는데(욥 15:25), 이런 사람보다 더 정신 나간 미친 사람이 어디 있겠습니까? 자기가 둘째 사망으로 들어가게 될 것을 알면서도, 그 일을 가지고 낄낄거리며 장난을 치거나, 불과 유황으로 영원토록 타오르는 못 속으로 자진해서 뛰어드는 사람이 지혜로운 사람이겠습니까? 그런 사람에게 내가 무슨 말을 더 할 수 있겠습니까? 죄 가운데 계속해서 머물며 살아가는 것이 얼마나 무시무시하고 끔찍하며 소름끼치는 일인지를 더 말해 주려고 해도, 내게는 그것을 설명하는 데 쓸 만한 표현들이나 비유들이 다 바닥이 나서, 이제는 더 이상 말해 줄 수도 없습니다.

죄인이여, 잠에서 깨어나십시오. 정신을 차리고 일어나서, 얼른 도망치십시오. 당신이 도망칠 수 있도록 열려 있는 문은 하나뿐이고, 그것은 회심과 거듭남의 좁은 문입니다. 당신의 모든 죄로부터 진심으로 돌이켜서, 예수 그리스도께로 나아가, 그분을 당신의 주님으로, 그리고 당신의 의로움으로 받아들이고서, 그분 안에서 거룩함과 새 생명으로 행하십시오. 그렇지 않으면,

하나님의 살아 계심을 두고 단언하건대, 당신은 며칠 후에 지옥에 가 있게 될 수도 있습니다. 그것은 당신이 지금 지옥 밖에 있는 것만큼이나 확실합니다. 당신이 지금 영적으로 어떤 상태에 있는지를 무심코 넘겨 버리지 마시고 진지하게 생각하십시오. 당신이 영원히 비참하기 짝이 없는 삶을 살게 될지, 아니면 영원히 지극한 복을 누리며 살게 될 것인지가 결정될 문제를 숙고하는 데 약간의 시간을 할애하는 것이 그렇게 어렵습니까? 회심하지 않은 사람의 참상들을 다시 한 번 읽어 보십시오. 내가 한 말들이 하나님의 말씀이 아니라면, 당신은 내 말에 귀를 기울이실 필요가 전혀 없습니다. 그러나 내가 회심하지 않은 사람이 처한 참상들이라고 말한 것들이 다 하나님의 말씀이라면, 당신은 지금 극도로 위험한 상태에 있는 것이기 때문에, 당신이 제정신을 가진 사람이라면, 계속해서 현재의 상태에 머물러 있으려 하지 않고, 가능한 한 신속하게 회심하여 영원한 멸망을 피하려고 하는 것이 너무도 당연한 일입니다.

　도대체 당신이 누구의 주문에 홀렸기에, 이 세상에서 사업하거나 여러 가지 일들을 처리할 때에는 앞날을 미리 내다보고, 닥칠 수 있는 위험들을 미연에 방지하여, 사업이 망하거나 일들이 틀어지는 것을 미리 막을 정도로 대단한 지혜를 보여 왔으면서도, 당신의 영원한 운명과 관련된 일들에 있어서는, 마치 그 일들이 당신과 별 상관이 없는 일들인 것처럼 여겨서, 등한시하고 대수롭지 않게 여기게 된 것입니까? 당신이 회심하지 않고 죄 가운데서 계속 살아감으로써, 하나님을 당신의 원수로 만들어, 하나님의 모든 성품들이 당신을 대적하게 만든 것이 정말 대수롭지 않은 일입니까? 당신은 하나님의 은총 없이도 당신이 아무 문제 없이 잘 살아갈 수 있다고 생각하는 것입니까? 얼마든지 하나님의 손에서 벗어나서 살아갈 수 있다고 자신하는 것입니까? 당신이 하나님의 원수 갚으심을 충분히 감당할 수 있다고 생각하는 것입니까? 온 피조물이 당신 아래에서 탄식하고 신음하며, 지옥이 당신을 어서 달라고 하나님께 아우성치는 소리가 당신의 귀에는 들리지 않습니까? 그런 소리들이 천지를 진동시킬 정도로 그렇게 크게 들리는데도, 당신은 여전히 당신의 상태가 아주 좋고 당신에게는 아무 문제도 없다고 생각하는 것입니까? 당신은 모든 것을 부패시키는 세력에 사로잡혀서, 어둡고 악취 나는 감옥에서 온갖 욕망들의 족쇄에 묶인 채로, 당신의 영원한 멸망을 위하여 일하고 있는 것인데도, 당신이 현재 그런 상태로 살아가고 있는 것이 당신에게는 잠시 생각해 볼 가치조차 없는 일이라는 것입니까? 당신은 율법에 기록된 우렛소리 같은 온갖 경고의 말씀들과 저주들을, 마치 어떤 어린아이가 장난삼아서 협박해 보는 것쯤으로 가볍게 웃어넘기고자 하는 것입니까? 당신에게는 하나님이 경고하시는 지옥이나 영원한 멸망이 농담으로 들리고, 장차 전능자의 진노의 독배를 들이마시게 될 것이 쓴 약사발을 눈 딱 감고 들이마시는 것쯤으로 여겨집니까?

이제 내가 당신에게 몇 가지 질문을 할 것인데, 당신의 옷매무새를 고치고 똑바로 앉아서, 내가 묻는 말들에 진지하게 대답해 보십시오. 당신은 리워야단처럼 당신의 교만의 비늘들을 곧추 세우고 당신의 조물주에게 대항하고자 하는 것입니까? 당신의 눈에는 하나님의 화살들이 지푸라기들로 보이고, 하나님의 살상무기들이 썩은 나뭇가지들로 보입니까? 당신은 그런 식으로 하나님의 화살들을 지푸라기들로 여기고, 하나님이 휘두르시는 창을 비웃음으로써, 교만의 극치를 보여 주려고 하는 것입니까? 하나님께서 당신을 겨냥하여 쏘시기 위하여 화살통에서 화살을 뽑아드시는 소리가 들리고, 당신을 단칼에 베시기 위하여 칼집에서 칼을 뽑아드시는 소리가 들리며, 당신을 멸하시기 위하여 돌진해 오시는 하나님의 손에 들린 창과 방패가 섬뜩한 빛을 번득이는데도, 당신은 여전히 겁을 집어먹지 않고, 하나님의 두려우심을 조롱하고 있는 것입니까? 하나님의 경고와 부르심을 전하는 말씀에 의해서 당신이 깨어나지 않는다면, 내가 장담하건대, 당신이 깨어나 있을 때에는 죽음과 심판이 당신 앞에 이미 와 있을 것입니다. 하나님께서 당신 앞에 나타나셔서 당신을 대적하시고, 그 맹렬한 진노를 당신에게 퍼부으시며, 내가 지금 경고하는 모든 것들이 당신에게 현실이 되어서 당신의 피부로 생생하게 느낄 수 있게 될 때, 당신은 어떻게 하시겠습니까?

다니엘의 원수들과 그들의 아내들과 자식들이 모두 사자 굴에 던져졌을 때, 그들이 바닥에 떨어지기도 전에, 사자들은 그들을 덮쳐서, 그들의 모든 뼈들을 산산조각을 내 버렸습니다. 그런데 하물며 당신이 살아 계신 하나님의 손에 떨어졌을 때, 당신은 어떻게 될 것 같습니까?

그러므로 하나님과 싸우지 마십시오. 회개하고 회심하십시오. 그러면, 내가 지금까지 말한 이 모든 일들이 단 한 가지도 당신에게 임하지 않을 것입니다. "너희는 여호와를 만날 만한 때에 찾으라 가까이 계실 때에 그를 부르라 악인은 그의 길을, 불의한 자는 그의 생각을 버리고 여호와께로 돌아오라 그리하면 그가 긍휼히 여기시리라 우리 하나님께로 돌아오라 그가 너그럽게 용서하시리라"(사 55:6-7).

제6장

회심하지 않은 사람을 위한 지침들

　당신이 이 지침들을 읽기 전에, 내가 권고하고자 하는 것, 아니 하나님과 거룩한 천사들 앞에 엄히 명하고자 하는 것은, 당신의 양심에 비추어 볼 때, 이 지침들이 하나님의 말씀이라는 것이 깨달아지고, 당신의 영적 상태를 정확히 말해 주고 있다는 것이 확인된다면, 당신은 이 지침들을 반드시 따르겠다고 결단하고, 그 결단이 그대로 이루어질 수 있도록 하나님의 도우심과 축복을 구하라는 것입니다. 나는 당신에게 어떤 권고들을 해야 할지를 알기 위해서, 하나님께 구하였고, 하나님의 말씀들을 연구하였습니다. 그러므로 당신은 살아 계신 하나님의 말씀을 받을 때와 똑같이, 경외하고 공경하는 마음과 순종하고자 하는 마음으로 나의 권고들을 받는 것이 마땅합니다.

　그러면, 이제 모세가 죽기 전에 이스라엘 백성에게 하나님의 모든 명령들을 다 들려준 후에 마지막으로 당부한 말씀을 경청해 보십시오: "내가 오늘 너희에게 증언한 모든 말을 너희의 마음에 두고 너희의 자녀에게 명령하여 이 율법의 모든 말씀을 지켜 행하게 하라 이는 너희에게 헛된 일이 아니라 너희의 생명이니"(신 32:46-47). 내가 지금까지 말해 온 것들은 모두 다 당신으로 하여금 하나님께로 돌이키기로 결심하게 하기 위한 것이 그 목적이었습니다. 최후의 심판의 날이 이르기도 전에, 당신이 영원히 겪게 될 참상을 상기시켜 주어서, 당신을 괴롭게 하고 고민스럽게 만들고자 하는 의도 같은 것은 내게 추호도 없었고, 단지 당신으로 하여금 그러한 참상을 피하게 하고자 하는 의도만이 내게 있었습니다. 만일 당신이 현재 처해 있는 비참한 상태에서 빠져나올 수 있는 길이 전혀 없는 것이라면, 당신을 지금 이대로 내버려 두어서, 당신이 이 세상에서 저 보잘것없는 위로와 즐거움이나마 맛볼 수 있게 해 주는 것이 그나마 당신을 위하는 것이고, 당신에게 자비를 베푸는 일이 될 것입니다.

그러나 내가 당신이 지금 얼마나 비참하고 끔찍한 상태에 있는지를 낱낱이 파헤쳐서 당신에게 보여 준 것은, 당신이 의도적으로 거부하지만 않는다면, 얼마든지 거기에서 돌이켜서 복된 자가 될 수 있는 길이 열려 있기 때문입니다. 보십시오. 내가 나의 손가락으로 하나하나 가리켜서 너무나도 분명하게 당신에게 보여드린 그 길이 지금 당신의 눈 앞에 열려 있습니다. 일어나십시오. 그 길로 도망치십시오. 내가 당신 앞에 생명의 길을 보여드렸으니, 그 길로 걸어가십시오. 그러면, 당신은 살게 될 것이고, 결단코 죽지 않을 것입니다. 경우가 다르기는 하지만, 베드로가 "그리 마옵소서"(마 16:22)라고 말씀드리며, 우리 주님이 자원하셔서 죽음의 길로 가시는 것을 만류하였듯이, 하나님과 사람들이 당신에게 그렇게 하지 말라고 소리치며 신신당부를 하는데도, 당신이 스스로 죽음을 자초하는 길로 맹렬히 달려가는 것을 멈추지 않는다면, 내 마음이 어떻겠습니까.

불경건한 사람들이 멸망하게 되는 것은 다 스스로 고집을 부려서 자초하는 것입니다. 빌립보 감옥에서 바울이 하나님의 도우심으로 탈옥하게 되었을 때, 그 감옥의 간수가 이 일에 대한 책임을 지고 자결하려고 하자, 바울이 그에게 "네 몸을 상하지 말라"(행 16:28)고 크게 소리를 질러서 만류하였듯이, 하나님께서는 자기 백성들을 불경건한 자들에게 보내셔서, 그들 자신을 죽음으로 몰아넣지 말라고 외치게 해 오셨습니다. 그리스도의 사역자들도 불경건한 자들을 따라다니며, 그들에게 끊임없이 경고함으로써, 그들을 돌이키려고 온갖 애를 쓰지만, 그 간절한 부탁과 권면에도 불구하고, 그들의 그런 모습을 보며 가슴 아파하고 눈물 흘리는 사역자들이 보는 앞에서, 지옥의 불구덩이 속으로 뛰어듭니다.

내가 무슨 말을 하겠습니까? 전염병이 기승을 부리는 때, 온 나라 사람들을 다 치료하고도 남을 만큼 충분한 양의 치료제가 어떤 사람에게 있고, 그 치료제는 그 전염병으로 다 죽어가는 사람들조차 한 사람도 빠짐 없이 다 살릴 수 있을 정도로 강력한데도, 그 사람의 친구들과 이웃들이 그 치료제를 사용하기를 거부하고 무수히 죽어 나간다면, 그 사람의 마음이 얼마나 찢어질 듯이 아프겠습니까? 당신의 얼굴에 이미 죽음의 징후들이 뚜렷이 나타나 있다고 할지라도, 당신을 아주 말끔하게 고쳐 줄 수 있는 치료제가 내게 있습니다. 지금부터 내가 말하는 지침들을 따라 행하십시오. 만일 당신이 그렇게 했는데도 천국에 들어가지 못한다면, 나도 천국에 들어가는 것을 깨끗이 포기하겠습니다.

그러므로 죄인이여, 당신이 회심하여 구원을 받고자 한다면, 내가 지금부터 하는 말들을 잘 듣고 그대로 행하십시오.

1. 지금과 같이 당신의 회심하지 않은 상태로는 결코 천국에 들어갈 수 없다는 것은 의심할 여지 없는 확고한 진리라는 사실을 당신의 마음 판에 새기십시오.

그리스도 외에 당신을 구원할 자가 누가 있겠습니까? 그런데 그리스도께서는 당신이 거듭나고 회심하지 않는다면 결코 구원받을 수 없다고 당신에게 말씀하십니다. 그리스도는 천국의 열쇠를 가지고 계시는 분이시기 때문에, 그의 허락 없이는 당신은 물론이고 아무도 천국에 들어갈 수 없는데, 그는 당신에게 제대로 철저하게 회개하고 회심하여야 천국에 들어갈 수 있다고 말씀하십니다. 왜냐하면, 사람은 태어난 그대로의 본성적인 상태로는 결코 천국에 들어갈 수 없기 때문입니다.

2. 당신의 죄들을 철저하게 보고 생생하게 느끼고 깨닫기 위하여 애쓰십시오.

사람들은 무거운 죄의 짐에 눌려서 지치고, 마음에 찔림을 받으며, 죄에 대하여 넌더리가 날 때까지는, 자신의 병을 치유받기 위해서 그리스도 앞에 나아오려고 하지도 않고, "우리가 어찌할꼬"(행 2:37)라고 진지하게 물으려고 하지도 않습니다. 그들은 자기가 영적으로 죽은 사람이라는 것을 보게 되기 전에는, 살기 위해서 그리스도께로 나아오려고 하지 않습니다. 그러므로 당신의 모든 죄들을 하나하나 남김없이 떠올려서 직시하십시오. 그 죄들을 정면으로 바라보는 것을 두려워하지 마시고, 당신의 온 마음을 다하여 부지런히 살피십시오. 당신의 마음을 샅샅이 살피고, 당신의 삶을 낱낱이 살피십시오. 당신 자신과 당신의 모든 행실을 다 철저히 검토하여, 모든 것을 다 드러내십시오. 당신의 힘으로는 이 일을 해낼 수 없다는 것을 인정하고, 하나님의 성령의 도우심을 구하십시오. 사람들에게 죄를 깨우쳐 주시는 것이 바로 성령의 본연의 사역입니다. 당신의 마음과 눈에서 하염없이 눈물이 흘러나올 때까지, 당신의 모든 죄들을 남김없이 당신의 양심 앞에 펼쳐 놓으십시오. 빌립보 감옥의 간수가 바울과 실라 앞에 엎드려서, "내가 어떻게 하여야 구원을 받으리이까"(행 16:30)라고 소리쳤듯이, 당신의 영혼이 죄책감에 짓눌려 도저히 살 수가 없어서 그렇게 소리치고 부르짖게 될 때까지, 하나님과 씨름하고, 당신 자신의 영혼과 씨름하는 것을 멈추지 마십시오. 이러한 씨름을 위해서 다음과 같이 행하십시오.

(1) 당신의 죄가 얼마나 되는지를 묵상하십시오.

다윗은 자신의 죄를 헤아려 보고서는, 자기가 지은 죄가 머리카락보다 더 많다는 것을 깨닫고 낙심하였습니다. 이것은 그가 하나님의 많은 자비와 긍휼을 부르짖어 구하는 계기가 되었습니다. 수많은 구더기가 시체 위에 들끓어서 기어 다니는 광경을 보는 것은 역겹고 구역질나는 일이지만, 거룩하게 되지 않은 영혼에 더럽고 추악한 욕망들이 들끓는 모습을 보는 것보다는 더 나을 것입니다. 그 더럽고 추악한 욕망들은 그의 머리와 마음과 눈과 입을 가득 채우고 있습니다. 당신의 지난날을 한 번 돌아보십시오. 당신이 있던 곳들에서 죄를 짓지 않았던 곳이 과연 한 곳이라도 있습니까? 당신이 죄를 짓지 않았던 때가 단 한순간이라도 있었습니까? 당신의 내면을 한 번 들여다보십시오. 당신의 영혼이나 육신 중에서 죄의 독에 물들어 있지 않은 곳이 단 한 곳이라도 있습니까? 당신이 하나님께서 명하신 어떤 일을 성실하게 행하였다고 하더라도, 당신이 한 그 일에도 이미 독이 스며들어 있지 않습니까? 당신은 일평생 계속해서 빚만 지고 살아 왔고, 그 빚을 단 한 푼이라도 갚은 적도 없고 갚을 능력도 없었습니다. 그러니 당신이 지금 지고 있는 빚이 얼마나 어마어마하게 많겠습니까? 당신의 본성에 자리 잡고 있는 죄와 그 본성적인 죄가 낳은 저주받은 사생아들, 그리고 당신이 일생 동안 지은 죄들을 보십시오. 당신이 마땅히 해야 하는데 하지 않음으로써 지은 죄들과 마땅히 하지 말아야 하는데 행함으로써 지은 죄들을 떠올려 보시고, 당신의 생각과 말과 행동으로 지은 죄들을 생각해 보시고, 당신이 어렸을 때에 철모르고 저지른 죄들과 어른이 되어서 의도적으로 저지른 죄들을 떠올려 보십시오. 당신은 사업이 파산해서 자신의 회계장부들을 들춰 보기를 두려워하는 사업가처럼 행해서는 안 됩니다. 양심이라는 회계장부에 기록되어 있는 것들을 주의 깊고 세심하게 읽어 보십시오. 당신이 그 회계장부를 보지 않으려고 해도, 결국에는 조만간에 공개될 수밖에 없습니다.

(2) 당신이 지은 죄들이 모든 선한 것들을 얼마나 지독하게 망쳐 놓았는지를 묵상하십시오.

죄는 당신의 생명의 하나님의 철천지원수이고, 당신의 영혼의 생명의 철천지원수입니다. 한 마디로 말해서, 죄는 온 인류의 공공의 적입니다. 다윗, 에스라, 다니엘을 비롯한 옛적의 모든 하나님의 사람들은 죄가 하나님과 하나님의 선하고 의로운 율법을 대적하고, 하나님의 긍휼하심과 경고들을 무시하는 것이라는 사실을 알고서, 자신들의 죄가 모든 선한 것들을 얼마나 지독하게 망쳐 놓는 것인지를 깨달은 사람들입니다. 죄가 이 세상에서 바로 그런 일들을 자행해 왔습니다! 죄는 사망을 불러들인 원수입니다. "한 사람으로 말미암아 죄가 세상에 들어오고 죄로 말미암아 사망이 들어왔습니다"(롬 5:12). 죄는 인간에게서 모든 것을 빼앗아 갔고, 인간을 자신의 노예로 삼았습니다. 죄는 세상의 모든 질서를 완전히 거꾸로 뒤집어엎어 버렸고, 인간과 피조물들 사이에 불화의 씨를 뿌렸으며, 사람과 사람이 불화하게 만들었습니다. 심지어, 죄는 인간이 자기 자신과 불화하게 만들었기 때문에, 한 사람의 인간 속에서 동물적인 부분과 이성적인 부분이 서로 갈등하고, 의지와 판단이 서로 갈등하며, 욕망과 양심이 서로 갈등하게 되었습니다. 죄가 초래한 모든 불화 중에서 최악의 것은 하나님과 인간을 불화하게 만든 것이었습니다. 이 불화로 인해서, 하나님께서는 죄인이 된 인간을 미워하게 되셨고, 죄인인 인간은 하나님을 미워하게 되었습니다. 그런데도 당신은 죄를 가볍게 여기시겠습니까?

죄는 하나님의 아들의 피에 굶주린 배신자입니다. 죄는 하나님의 아들을 팔아넘기고, 희롱하며, 채찍질하고, 얼굴에 침을 뱉으며, 손에 못을 박고, 창으로 옆구리를 찌르며, 영혼을 압박하고 괴롭히며, 몸을 난도질한 장본인입니다. 죄는 하나님의 아들을 결박하여, 단죄하고, 십자가에 못 박고, 공개적으로 모욕을 당하시게 하고 나서야, 그 자리를 떠났습니다. 죄는 아주 강력한 치명적인 독이어서, 인류의 뿌리에 뿌려진 그 독 한 방울로 인해서 인류 전체가 철저하게 부패하고 오염되고 중독되어 멸망하게 되었습니다. 죄는 피비린내 나는 잔인한 사형집행인입니다. 죄는 인류 역사에서 끊임없이 선지자들을 죽여 왔고, 순교자들을 불태웠으며, 모든 사도들과 족장들과 왕들과 권력자들을 죽였습니다. 죄는 도시들을 파괴하였고, 제국들과 열방들을 삼켰습니다. 이러한 사형집행들이 어떠한 도구와 수단을 통해서 이루어졌든지, 그 사형집행을 관장한 장본인은 바로 죄였습니다. 그런데도 당신은 여전히 죄가 대수롭지 않은 것으로 생각됩니까?

우리가 아담과 그의 모든 자손들을 다 무덤에서 파내어서, 그들의 시신들을 하늘까지 높이 쌓아 놓은 후에, 이 무수한 사람들을 죽여서 피 흘리게 한 극악무도한 살인자가 누구인지를 조사해 보면, 우리는 죄가 그 모든 피에 대하여 책임이 있는 살인자라는 것을 발견하게 될 것입니다.

당신의 마음이 죄를 두려워하고 혐오하게 될 때까지, 도대체 죄가 무엇인지, 그 본질을 깊이 숙고해 보십시오. 그리고 당신이 구체적으로 저지른 죄들이 모든 선한 것들을 얼마나 지독하게 망쳐 놓았는지를 묵상해 보십시오. 하나님이 끊임없이 당신에게 하신 경고들, 당신의 기도들, 하나님이 베풀어 주신 무수한 긍휼과 자비들, 하나님이 당신을 바로잡고자 수없이 시도하신 것, 아주 분명한 진리의 빛, 하나님의 값없이 거저 주신 사랑, 당신 자신의 결단들, 더 나은 순종을 드리겠다고 한 약속들과 서원들과 언약들이 당신에게 있었는데도, 당신은 그 모든 것들을 다 팽개쳐 버리고 죄를 저질러 온 것입니다. 너무나 부끄럽고 창피해서 당신의 얼굴이 후끈 달아오르고, 지금까지 당신이 꽤 선한 사람이었다고 생각해 왔던 망상에서 벗어나게 될 때까지, 이런 것들을 깊이 생각하십시오.

(3) 죄로 인하여 당신이 받게 될 형벌을 묵상하십시오.

죄는 하늘을 향해 소리치며, 원수를 갚아 줄 것을 요구합니다. 죄에 대한 합당한 삯은 사망과 멸망입니다. 죄는 당신의 영혼과 육신에 하나님의 저주를 가져다줍니다. 당신이 말이나 생각으로 아무리 작은 죄를 범하여도, 당신은 그 죄로 인해서 하나님의 무한한 진노 아래 놓이게 됩니다. 그러므로 지금까지 지어 온 무수한 죄들로 인해서 당신이 받아야 할 하나님의 진노와 저주와 원수 갚으심이 태산 같이 어마어마하게 높이 쌓여 있지 않겠습니까! 하나님께서 장차 당신의 태산 같은 죄로 인하여 당신을 심판하시는 일이 없게 하기 위해서는, 지금 당신 자신을 당신이 심판하지 않으면 안 됩니다.

(4) 죄가 얼마나 흉측하고 더러운지를 묵상하십시오.

죄는 사람의 영혼 위에 드리워진 지옥이고 마귀의 형상입니다. 당신의 본성이 죄로 인하여 흉측하게 일그러져 있는 모습을 당신이 본다면, 아마도 당신은 너무나 놀라서 기절하게 될 것입니다. 아무리 더러운 시궁창이라도 죄보다는 더 깨끗하고, 아무리 흉측하고 끔찍한 전염병이나 나병도 죄보다는 덜 역겨울 것입니다. 당신이 바로 그렇게 더럽고 역겨운 죄 속에 빠져서 거기에서 뒹굴며 살아가는 모습은, 당신이 차라리 죽는 것이 낫다 싶을 정도로 보기 싫은 구역질나는 것을 보았을 때보다도, 영광스러운 하나님의 순전하시고 거룩하신 본성에 가증스러운 것입니다. 당신은 징그럽고 역겨운 두꺼비를 당신의 품에 품고서 소중히 여기며 기뻐할 수 있겠습니까? 그러나 당신이 예수의 보혈의 공로와 새롭게 하시는 은혜와 능력으로 정결하게 되지 않는다면, 당신은 하나님의 순전하시고 온전히 거룩하신 본성 앞에서 바로 그 두꺼비 같은 존재일 뿐입니다.

　다른 모든 죄들 중에서도 특히 다음과 같은 두 가지 죄를 깊이 생각해 보십시오.

1) 당신의 마음속에 있는 죄.

　부패의 뿌리를 건드리지 않고 가만히 둔 채로 가지들만을 쳐내는 것은 별 소용이 없습니다. 모든 강물의 근원인 수원지를 파괴하지 않으면, 그 수원지에서 나온 물들이 사방으로 흘러서 형성된 모든 강들을 막고 그 물을 다 퍼낸다고 해도, 얼마 후면, 수원지에서 흘러나온 물이 그 모든 강들에 또다시 도도하게 흐르게 될 것입니다. 다윗이 그랬던 것처럼, 당신의 회개의 도끼로 당신의 죄의 뿌리를 쳐서 잘라내십시오. 바울이 그랬던 것처럼, 당신의 "사망의 몸" 때문에 몸부림치며 부르짖게 될 때까지, 당신이 본성적으로 얼마나 깊고 영속적이고 보편적으로 부패되어 있는지를 깊이 생각하십시오. 당신의 마음이 원래부터 뿌리 깊이 부패하고 썩어 있어서 너무나 흉측하고 극악무도하다는 사실을 철저하게 깨달을 때까지는, 당신의 마음은 결코 제대로 통회자복할 수 없습니다. 여기에서 당신이 명심해야 할 것은, 죄는 당신으로 하여금 모든 선한 일에서는 꽁무니를 빼게 만들고, 모든 악한 일에는 자꾸 끌리게 만든다는 것입니다. 죄는 당신의 생각에 눈멂과 교만함과 편견과 불신앙을 집어넣어 주고, 당신의 의지에 증오와 변덕과 완고함을 집어넣어 주며, 당신의 감정에 도가 지나친 열정과 냉정을 집어넣어 주고, 당신의 양심을 무감각하고 정직하지 않게 만들며, 당신의 기억을 애매하고 모호하게 하여 뭐가 뭔지 모르게 만듭니다. 한 마디로 말해서, 죄는 당신의 영혼의 모든 바퀴들이 제자리에서 이탈하여 제대로 굴러가지 못하게 만들어 버리고, 거룩한 성령의 전이 되어야 할 영혼을 온갖 죄악들이 들끓는 지옥 같은 곳으로 만들어 버렸습니다. 죄는 당신의 영혼과 육신을 구성하고 있는 모든 지체들을 더럽히고 왜곡시켜서, 불의의 병기들이 되게 하고, 죄의 종들이 되게 하였습니다. 머리로는 온통 육신적이고 부패한 생각들을 하게 만들었고, 손으로는 죄악된 일들을 하게 만들었으며, 눈은 안목의 정욕을 따라 이리저리 움직이게 하였고, 혀로는 치명적인 독을 쏟아내게 하였습니다. 당신의 귀가 지어낸 이야기들과 아부하는 말들과 더럽고 추한 말들에는 솔깃하지만, 생명의 교훈들은 잘 들리지 않게 된 것도 죄 때문이고, 당신의 마음이 온갖 치명적인 망상의 가증스러운 근원이 되어서, 샘이 끊임없이 물을 솟구쳐내고, 성난 바다가 진흙과 오물을 토해내듯이, 온갖 악한 것들을 아주 자연스럽게 끊임없이 쏟아내게 된 것도 죄 때문입니다.

그런데도 당신은 여전히 당신 자신을 사랑하고, 당신의 마음이 선하다고 말하고자 하는 것입니까? 에브라임처럼 당신 자신에 대하여 애곡하며 통곡하게 되고, 세리처럼 당신 자신의 모습이 너무나 부끄럽고 슬퍼서 당신의 가슴을 치게 되며, 욥처럼 당신 자신을 혐오하고 티끌과 재 가운데서 회개하게 될 때까지, 당신의 마음이 원래부터 절망적으로 부패해 있고 죄악에 물들어 있다는 사실을 묵상하는 일을 결코 멈추지 마십시오.

2) 당신이 중독되어 있는 죄.

당신이 중독되어서 습관적으로 범하고 헤어 나올 수 없는 특정한 죄악을 찾아내어서, 당신의 그러한 죄악에 대하여 하나님께서 어떤 경고들을 하고 계시는지를 당신의 마음속에 깊이 새기십시오. 회개는 죄악의 모든 무리를 당신의 마음에서 몰아내지만, 특히 당신이 사랑하고 애지중지하는 죄를 골라서 거기에 화살을 쏘아 명중시켜서 쓰러뜨립니다. 당신이 중독되어 있는 죄는 하나님을 가장 욕되게 하고 당신을 지독한 위험에 빠뜨리는 주범이기 때문에, 당신은 그런 죄를 특히 주목하여 가증스럽게 여기고, 갑절로 조심하고, 결코 그런 죄를 범하지 않겠다고 단단히 결심하여야 합니다.

3. 당신이 지금 얼마나 비참한 상태에 있는지를 깊이 인식하고 마음 에 선명하게 새기십시오.

내가 앞 장에서 한 말들을 자꾸 반복하여 읽어서, 그 내용을 당신의 마음에 통째로 담아 두십시오. 당신이 잠자리에 누울 때에는, 당신도 너무나 잘 알고 있듯이, 아침이 되면 지옥의 불구덩이에서 눈을 뜨게 될 수도 있고, 당신이 아침에 잠자리에서 일어날 때에는, 밤이 되면 지옥에 당신의 잠자리를 펴게 될 수도 있다는 것을 기억하십시오. 당신이 이렇게 한 치 앞도 내다볼 수 없는 두렵고 불안한 상태로 살아가고 있고, 언제 무저갱 속으로 떨어질지 모르는 벼랑 끝에서 비틀거리는 아슬아슬한 삶을 살고 있으며, 언제라도 병에 걸려 죽어서 지옥의 불구덩이로 떨어질지 모르는 위태롭기 짝이 없는 상태에서 살아가고 있는데도, 당신은 아무렇지도 않습니까?

어떤 사람이 사형선고를 받고서, 언제 끊어질지 모르는 한 가닥의 줄에 묶여서, 느부갓네살이 만들어 놓은 저 맹렬하게 타는 풀무불 위에 매달려 있는 광경을 당신이 본다면, 당신의 마음은 두렵고 떨려서 어쩔 줄을 모르게 될 것입니다. 그런데 그 사람이 바로 당신입니다! 당신이 아직 회심하지 않았다면, 당신도 그 사람처럼 맹렬하게 타오르고 있는 지옥의 불구덩이 위에 한 가닥의 생명줄로 대롱대롱 매달려 있는 것입니다. 당신의 생명줄은 오늘 밤에 끊어질지도 모르고, 지금 이 순간에 끊어질지도 모르는데, 그렇게 당신의 생명줄이 끊어진다면, 당신은 어쩌렵니까? 당신은 그 즉시 어디에 있게 될까요? 당신은 어디로 떨어지게 될까요? 당신의 생명줄이 끊어지는 순간, 당신은 불과 유황으로 영원히 불타오르고 있는 지옥의 불 못 속으로 떨어지게 될 것이고, 하나님께서 살아 계시는 동안에는 절대로 거기에서 나오지 못하고 꼼짝없이 머물러 있어야 할 것입니다. 당신이 회심하지 않고 지금 이대로 살다가 죽는다면, 당신은 반드시 그렇게 될 것입니다. 그런데 이런 말을 듣는데도, 당신의 영혼은 전혀 두려워 떨지도 않고, 당신의 눈에서 흘러나온 눈물로 이 책을 적시지도 않으며, 당신의 마음이 놀라서 콩닥콩닥하며 뛰지도 않고, 당신이 변화되어야 한다는 생각이 들어서 당신의 가슴을 치게 되지도 않습니까? 도대체 당신의 마음은 무엇으로 만들어져 있는 것입니까? 당신에게는 하나님을 두려워하는 마음은커녕 당신 자신을 사랑하고 불쌍히 여기는 마음조차도 전혀 남아 있지 않게 된 것입니까?

물에 빠진 사람이 구조선을 애타게 찾고, 심하게 다친 사람이 자기를 수술해 줄 의사를 애타게 찾듯이, 당신의 마음이 그리스도를 애타게 찾아 부르짖게 될 때까지, 당신의 비참한 모습을 깊이 생각하십시오. 사람들은 죄로 인하여 자기가 얼마나 큰 위험에 처해 있는지를 알고, 죄로 인하여 치명적인 독에 중독되어 앓게 된 병과 입은 상처들로부터 오는 기절할 것 같은 고통을 느끼게 될 때까지는, 만병을 치유하시는 명의이신 그리스도가 자신들에게 얼마나 소중한 존재이신지를 알지 못합니다. 구약 시대에 실수로 사람을 죽인 살인자들은 빨리 그 현장에서 빠져나와서 피의 복수자의 추격을 피해서 도피성으로 신속하게 피하여야 했던 것과 마찬가지로, 죄로 인한 형벌을 피하고자 하는 사람들은 그들 자신으로부터 빠져나와서 그리스도께로 나아가야 합니다. 복음서에 나오는 탕자로 하여금 아버지의 집으로 돌아가야 하겠다고 생각하게 만든 것은 극심한 궁핍과 곤경이었습니다. 라오디게아 교회처럼, 자기는 부자여서 무엇이든 다 가지고 있기 때문에 부족한 것이 없다고 생각하는 사람에게는 소망이 없습니다. 그런 사람은 자기가 형편

없고 비참하다는 것과 눈멀었다는 것과 가난하다는 것과 벌거벗었다는 것을 먼저 깊이 깨달을 때까지는, 그리스도께로 나아가서, 그리스도께서 그 사람을 위해서 준비해 두신 것들, 곧 그를 부요하게 해 줄 금은보화와 그들의 벌거벗은 것을 가려줄 예복과 그의 눈먼 것을 고쳐 줄 안약을 받을 생각을 하지 않습니다. 그러므로 양심의 눈을 부릅뜨고서, 당신의 비참한 모습을 속속들이 다 살펴보십시오. 당신의 기대가 여지없이 무너지고 비참해지는 것이 두려워서, 당신의 비참한 모습을 보지 않으려고 도망치지 마십시오. 곪은 곳을 짜내어 치유하려면 고통이 수반될 수밖에 없는 것과 마찬가지로, 당신의 비참한 상태를 수술하고 도려내어 건강한 상태로 만들기 위해서는 고통이 따를 수밖에 없습니다. 당신의 곪은 것을 그대로 둔 채로 아무런 고통 없이 살다가 죽어서 영원히 고통당하는 것보다는, 당신의 곪은 것으로 인해 장차 당신에게 임할 고통을 두려워하여 지금 그 곪은 곳을 도려내는 고통을 당하는 편이 훨씬 더 나은 일입니다.

4. 당신 자신의 어떤 행위들이 아니라 당신의 외부에서 도움을 구해야 한다는 것을 명심하십시오.

당신이 기도하고 성경을 읽으며 말씀을 듣고 죄를 고백하며 삶을 고친다고 해서, 당신이 치유될 것이라고 생각한다면, 그것은 오산입니다. 그런 것들이 수반되어야 하지만, 만약 그런 것들을 의지해서 구원받고자 한다면, 당신은 결국 멸망하게 될 것입니다. 예수 그리스도 외에 다른 어떤 것을 붙잡고서 죄악의 바다에서 나와서 지옥의 형벌을 벗어나고자 한다면, 당신은 멸망할 수밖에 없습니다.

당신은 당신 자신의 지혜, 당신 자신의 의로움, 당신 자신의 능력을 철저하게 부인하고, 당신 자신을 온전히 그리스도께 내어드려야 합니다. 그렇게 할 때에만, 당신은 구원받을 수 있습니다. 어떤 사람이 자기 자신을 의지하고, 자신의 의를 세우며, 육체를 신뢰한다면, 그 사람이 그리스도께로 나아와서 구원받는 것은 불가능합니다. 전에 당신에게 이득이 되었던 것들이 이제는 당신에게 손해되는 것들이라는 것을 인정하고, 전에 당신에게 강점이었던 것들이 이제는 당신에게 약점들이라는 것을 인정하며, 전에 당신의 의로움이었던 것들이 이제는 다 썩어서 너덜너덜해진 누더기들에 불과하다는 것을 인정하게 될 때까지는, 당신은 결코 그리스도 앞에 나아와서 좋은 결과를 얻을 수 없습니다. 어떻게 생명 없는 시체가 자신의 수의를 벗어 버리고, 자기를 묶고 있는 사망의 밧줄을 풀 수 있겠습니까? 만일 그런 일이 가능하다면, 죄와 허물로 인하여 죽어서 창조주를 올바르게 섬길 수 없는 당신도 자신의 힘으로 자기를 구원할 수 있을 것입니다. 그러나 실제로 그런 일은 불가능합니다.

그러므로 당신이 기도하거나 묵상하거나, 내가 여기에서 제시한 지침들을 따라 행하고자 할 때에는, 당신 자신의 힘으로는 하나님을 기쁘게 해드리는 일을 단 한 가지라도 할 수 없다는 것을 인정하고서, 당신을 의지하는 것에서 벗어나서, 언제나 성령의 도우심을 구하십시오. 하지만 그렇다고 해서 당신이 마땅히 해야 할 일들을 게을리해서는 안 됩니다. 에디오피아 여왕의 모든 국고를 맡은 내시도 성경을 읽고 있을 때, 성령께서 빌립을 보내셔서 그를 돕게 하셨습니다. 제자들도 일심으로 기도하고 있었을 때, 그리고 고넬료와 그의 친구들도 하나님의 말씀을 듣고 있었을 때, 성령이 임하여 그들 모두를 충만하게 하셨습니다.

5. 이제부터는 당신의 모든 죄들을 버리십시오.

당신이 계속해서 습관적으로 죄에 굴복하여 범죄한다면, 당신은 멸망하게 될 것입니다. 죄악에서 떠나지 않고 있으면서, 그리스도로부터 생명을 얻고자 하는 것은 헛된 소망일 뿐입니다. 죄를 버리고, 죄에서 떠나십시오. 그래야만 하나님의 긍휼을 얻을 수 있습니다. 죄와 이혼하지 않는 한, 그리스도와 혼인하는 것은 불가능합니다. 반역자를 버리십시오. 그래야만 하나님과 화목하게 될 수 있습니다. 들릴라로 하여금 당신의 무릎을 베고 눕지 못하게 하십시오. 당신의 죄들과 결별하십시오. 그래야만 당신의 영혼을 얻을 수 있습니다. 당신의 모든 죄를 남김없이 다 버리십시오. 단 한 가지 죄라도 버리지 않는다면, 하나님께서는 당신을 버리실 것입니다. 당신의 죄들은 죽어야 합니다. 그렇지 않으면, 그 죄들 때문에, 당신이 죽어야 합니다. 당신이 한 가지 죄라도 허용한다면, 그것이 아무리 작은 죄이고, 당신에게 없어서는 안 되는 꼭 필요한 것이라고 말하며 수만 가지 말로 변명할지라도, 바로 그 죄를 살린 대신에, 당신의 영혼은 죽어야 하는데, 당신은 죄를 위하여 그렇게 비싼 대가를 치를 이유가 있습니까?

죄인이여, 잘 듣고 잘 생각해 보십시오. 당신이 당신의 죄들과 결별한다면, 하나님께서는 당신에게 그리스도를 주실 것입니다. 이것은 멋진 거래가 아닙니까? 내가 오늘 당신에게 증언하건대, 당신이 멸망한다면, 그것은 당신을 구원할 구주가 없었기 때문도 아니고, 당신에게 영생의 길이 제시되지 않았기 때문도 아닙니다. 그것은 전적으로 당신이 옛적의 유대인들처럼 구주 예수가 아니라 강도 바라바를 택하고, 그리스도보다 죄를 더 사랑하며, 빛보다 어둠을 더 사랑하기 때문입니다.

그러므로 유대인들이 유월절 전에 혹시 집 안에 있을지도 모르는 누룩을 찾아서 제거하기 위해서 온 집 안을 샅샅이 뒤졌듯이, 당신도 등불을 켜고서 당신의 마음을 구석구석 뒤져서, 당신의 숨은 죄들을 찾아내려고 애쓰십시오. 당신의 골방에 들어가서, 곰곰히 생각해 보십시오: 나는 어떤 죄악 가운데서 살아 왔는가? 하나님을 향하여 마땅히 행해야 할 일들 중에서 어떤 것들을 소홀히 해 왔는가? 내 형제들에 대하여 어떤 죄를 지으며 살아 왔는가? 요압이 자신의 창으로 압살롬의 심장을 꿰뚫었듯이, 당신의 죄들의 심장부에 화살을 쏘아 꿰뚫으십시오. 당신의 죄들을 바라만 보고 서 있거나, 뱉어 버리기 아까워서 당신의 혀 아래에 두고서 계속 굴리고 있어서도 안 됩니다. 당신의 죄들이 당신에게 치명적인 독이라는 것을 깨닫고서, 두려워하고 소름끼쳐 하며 얼른 뱉어 버리십시오.

도대체 당신의 죄들이 당신을 위해 무엇을 해 주기에, 그렇게 결별하기를 주저하고 망설이는 것입니까? 당신의 죄들이 당신에게 듣기 좋은 감언이설들을 해 주는 것이 좋아서, 헤어지기를 아쉬워하는 것입니까? 하지만 실제로 당신의 죄들이 당신에게 하는 일은, 겉으로 당신이 듣기 좋은 말들을 해 주어 당신을 기분 좋게 만들어 미혹해서, 당신을 멸망의 구렁텅이로 끌고 가고, 죄악에 중독되게 만들어서, 당신을 향한 무한하신 하나님의 공의로 말미암은 진노가 차곡차곡 쌓여가게 만드는 것뿐입니다. 당신의 죄들에 미혹되고 중독되어 갈수록, 지옥은 당신을 향해 더 크게 일을 벌리고, 당신을 불태우기 위한 땔감은 점점 더 높이 쌓여만 갑니다. 당신의 죄들이 당신을 위해서 착착 준비해 온 저 교수대가 당신의 눈에는 보이지 않습니까? 당신의 죄들을 에스더서에 나오는 하만 같이 여겨서, 당신이 선수를 쳐서, 그 죄들이 당신을 매달기 위해서 그동안 착착 준비해 온 교수대 위에, 도리어 그 죄들을 매달아 죽이십시오. 당신의 죄들을 버리고, 십자가에 못 박으며, 오직 그리스도만이 당신을 다스리게 하십시오.

6. 오직 하나님만을 당신의 분깃이자 복으로 엄숙하게 선택하십시오.

최고의 헌신과 공경을 담아서, 하나님을 당신의 하나님으로 인정하고 받아들이십시오. 한쪽에는 겉보기에 화려하고 영광스러우며 매력적인 온갖 부귀영화와 쾌락들을 주겠다고 약속하는 세상을 두시고, 다른 쪽에는 완전한 사랑과 진리와 은혜가 무한히 풍성하신 하나님을 두십시오. 그런 후에, 당신이 자원해서 어느 쪽을 선택하는지를 분명히 보여 주십시오. 하나님 안에서 안식을 취하시고, 하나님의 그늘 아래 앉으십시오. 온 세상을 다 준다고 해도, 오직 하나님의 온전하신 성품들과 그 약속들을 선택하고 의지하십시오. 하나님은 단 한 가지도 부족한 것이 없으신 당신의 분깃이시기 때문에, 하나님을 의지해서 사는 한, 당신이 비참하게 될 가능성은 전혀 없다는 것을 명심하십시오. 하나님을 당신의 방패로 삼으시고, 당신의 더할 나위 없이 큰 상급으로 여기십시오. 오직 하나님만이 온 세상보다 더 크신 분이시라는 것을 명심하고서, 오직 하나님만으로 만족하십시오. 다른 사람들은 세상의 좋은 것들과 세상에서 영광된 것들을 누리며 살아갈지라도, 당신은 하나님의 은총과 그 얼굴 빛 가운데서 살아가는 것을 최고의 행복으로 여기십시오.

가련한 죄인이여, 당신은 하나님을 떠나 원수로 살아 왔기 때문에, 하나님의 능력과 진노가 당신을 대적하게 되었습니다. 그러나 하나님께서는 그 풍성하신 은혜로 말미암아 그리스도 안에서 다시 당신의 하나님이 되고자 하신다는 것을 당신은 알고 있습니까? 이런 상황에서, 당신은 무엇이라고 말할 것입니까? 하나님을 당신의 하나님으로 받아들이고 기꺼이 모시겠습니까? 내가 해 주는 말을 따르십시오. 그러면, 하나님은 당신의 하나님이 되어 주실 것입니다. 그리스도를 의지해서 하나님께로 나아오시고, 당신이 지금까지 세상에서 즐겼던 쾌락들과 재물과 명성이라는 우상들을 버리십시오. 그 우상들을 당신의 마음의 보좌로부터 끌어내리고, 하나님으로 하여금 그 자리에 앉으시게 하신 후에, 당신의 의지와 감정과 의지 속에서 가장 윗 자리를 하나님께 내어드리십시오. 하나님께서는 자기 위에 누가 앉아 있는 것을 용납하시는 분이 아닙니다. 한 마디로 말해서, 당신은 삼위일체 하나님 모두와 인격적인 관계를 맺어야 하고, 하나님의 모든 온전하고 본질적인 속 성들을 다 인정하여야 한다는 것입니다.

(1) 삼위일체 하나님과 인격적인 관계를 맺으십시오.

먼저, 성부 하나님을 당신의 아버지로 받아들이십시오. 탕자가 그랬듯이, 하나님께 나아와서 이렇게 고백하십시오: "아버지, 내가 하늘과 아버지께 죄를 지었사오니, 지금부터는 아버지의 아들이라 일컬음을 감당하지 못하 겠나이다(눅 15:21). 나는 너무나 사악해서, 하나님 앞에서 사람이 아니고 짐 승일 뿐이지만, 하나님께서 놀라운 자비하심으로 나를 아들로 받아주시기 를 기뻐하시오니, 나도 엄숙히 하나님을 나의 아버지로 받아들여서, 나를 아 버지의 보호하심에 맡기고, 아버지의 섭리를 의지하며, 내 짐을 아버지께 맡 겨드리겠나이다. 지금부터 나는 아버지께서 공급해 주시는 것에 의지해서 살아갈 것이고, 아버지께서 바로잡아 주시는 것에 그대로 순종하며, 아버지 의 날개 그늘 아래에서 쉬고, 아버지의 방 안에 숨으며, 아버지의 이름 속으 로 피하겠나이다. 또한, 나는 내 자신을 의지하던 모든 것을 다 버리고, 오직 아버지만을 의지하겠나이다. 나는 이제 내가 아버지의 자녀로 살아갈 것을 선언하나이다. 나는 오로지 아버지를 위하여 존재할 것이고, 다른 어떤 것을 위하여 살아가지 않을 것이나이다."

다음으로, 성자 하나님을 당신의 구주이자 구속주, 그리고 당신의 의로 받아들이십시오. 성자 하나님만이 성부 하나님께로 가는 유일한 길이고 영 생에 이르는 유일한 통로라는 것을 믿어야 합니다. 그러므로 당신이 지금 죄의 포로가 되어 살아가면서 입고 있는 그 종의 옷을 벗어 버리고, 혼인 예복으로 갈아입고서, 신랑이신 그리스도께로 가서, 다음과 같이 고백하고, 혼인하십시오. "주여, 나는 주의 것입니다. 내게 있는 모든 것, 곧 나의 몸과 영혼과 나의 재물이 모두 주의 것입니다. 나의 마음을 주께 드립니다. 나의 모든 것이 온전히 영원토록 주의 것입니다. 나의 모든 것에 주의 이름을 새겨 놓고서, 주께서 내게 맡기신 것들로 여기고서, 청지기로서 나의 모든 것을 주의 이름으로 사용하겠습니다. 나를 다스리실 왕은 오직 주님뿐입니다. 이전에는 다른 주들이 나를 지배했지만, 이제는 오직 주의 이름만을 부르겠습니다. 지금부터는 다른 온갖 주들이 아니라 오직 주만을 섬기고 경외하겠다고 충성을 맹세합니다. 이제부터는 내 자신의 의를 부인하고, 나의 공로나 덕을 의지해서 죄 사함을 받고 구원을 얻겠다는 생각은 아예 버리고, 오직 하나님께서 나를 받으셔서 나의 죄를 사하시고 영생을 주시도록 하시기 위하여 대속의 희생제사를 드리시고, 지금도 하늘에서 중보기도를 드리고 계시는 주만을 의지하겠습니다. 나는 이제부터는 주만을 나의 유일한 인도자이자 선생으로 받아들여서, 당신의 지도와 교훈을 받겠다고 결단합니다."

끝으로, 성령 하나님을 당신을 거룩하게 하시는 분, 당신을 변호해 주시는 분, 당신의 조언자, 당신의 위로자, 당신의 무지를 깨우쳐 주시는 교사, 당신이 받게 될 유업을 보증해 주시는 분으로 받아들이십시오. "북풍아 일어나라 남풍아 오라 나의 동산에 불어서 향기를 날리라"(아 4:16). 다음과 같이 성령 하나님을 초청하십시오. "지존자의 영이시여, 오십시오. 여기에 당신을 위한 성전이 마련되어 있사오니, 여기에서 영원히 안식하십시오. 여기에 거하십시오. 내가 가진 모든 것을 당신에게 드리고, 내 마음의 열쇠도 다 드립니다. 나의 모든 것이 당신의 것입니다. 나의 모든 것을 다 당신의 뜻대로 사용하십시오. 나의 온갖 재능과 나의 모든 지체들을 도구로 사용하셔서, 의를 이루시고, 하늘에 계신 내 아버지의 뜻을 이루십시오."

(2) 하나님의 온전하고 본질적인 속성들을 인정하십시오.

하나님께서 성경에 기록된 자신의 말씀을 통해서 자기 자신을 어떻게 계시하셨는지를 깊이 묵상하십시오. 당신은 성경에서 말씀하는 바로 그 하나님을 받아들이고자 하십니까? 죄인이여, 성경에는 지금까지 인류에게 전해진 소식들 가운데서 가장 복된 소식이 기록되어 있는데, 그것은 당신이 놀라운 속성들과 성품들을 지니신 하나님을 가까이 하고자 하기만 한다면, 하나님께서는 당신의 하나님이 되어 주신다는 것입니다. 내가 당신에게 "당신은 궁휼과 자비에 풍성하시고 은혜를 한량없이 베풀어 주시며 죄를 사해 주시는 하나님을 당신의 하나님으로 받아들이고자 하십니까"라고 묻는다면, 당신은 이렇게 대답할 것입니다: "나는 기꺼이 그렇게 할 것입니다. 그렇게 하지 않으면, 나는 지옥에 떨어지고 말테니까요." 그러나 당신의 그러한 대답을 들으신 하나님께서는 당신에게 이렇게 말씀하십니다: "나는 거룩한 하나님이고, 죄를 미워하는 하나님이다. 네가 내 백성으로 인정받고자 한다면, 너는 거룩해야 한다. 네 마음도 거룩하고, 네 삶도 거룩해야 한다. 네가 지금 행하는 죄악들이 도저히 떠나보내지 못할 만큼 사랑스럽고 소중한 것들이고, 네 삶 속에서 너무나 자연스러운 것들이며, 세상을 살아가는 데 꼭 필요한 것들이라고 할지라도, 너는 너의 모든 죄악들을 반드시 버려야 한다. 네가 죄를 철저히 미워하여 서로 원수관계가 되지 않는다면, 나는 너의 하나님이 될 수 없다. 누룩을 제거하라. 너의 모든 행위들에 들어 있는 악을 제거하라. 악을 행하기를 그치고, 선을 행하기를 배워라. 나의 원수들을 네게서 내보내라. 그렇지 않으면, 너와 나는 화목할 수 없다." 하나님의 이런 말씀에 당신의 마음은 무엇이라고 대답합니까? 당신은 다음과 같이 화답하여야 합니다.

"주여, 주께서 거룩하신 것처럼, 나도 거룩하게 되고, 주의 거룩하심에 참여하는 자가 되기를 원합니다. 내가 주를 사랑하는 것은 단지 주의 선하심과 긍휼하심 때문만이 아니라, 주의 거룩하심과 순전하심 때문이기도 하니까요. 주께서 거룩하신 것은 내게는 큰 기쁨이고 행복입니다. 주여, 내게 거룩함의 근원이 되어 주십시오. 주의 거룩하심의 도장을 내게 찍어 주십시오. 주께서 명령하시니, 이제부터 나는 기꺼이 나의 모든 죄와 결별하고, 내가 의도적으로 범해 온 죄들을 다 버리겠습니다. 그 죄들은 내게 오랫동안 들러붙어 있어서, 얼른 제거되기는 힘들겠지만, 나는 끊임없이 그 죄들을 버리려고 애쓰겠습니다. 나는 그 죄들을 미워하고, 그 죄들을 이기게 해 주시라고 기도할 것이며, 그 죄들이 결코 내 심령 속에서 편히 있을 수 없게 하겠습니다." 사랑하는 자여, 당신이 이렇게 하나님을 받아들이고자 한다면, 하나님께서는 반드시 당신의 하나님이 되어 주실 것입니다.

당신의 그러한 고백을 들으신 하나님께서는 이번에는 이렇게 말씀하십니다. "나는 모든 것이 차고 넘쳐서 부족함이 없는 하나님이다. 너는 모든 것을 내 발 앞에 내려 놓고 나의 처분에 맡긴 채, 오직 나만을 너의 유일한 분깃으로 받아들이겠느냐? 내게는 모든 것을 채워줄 수 있는 능력이 있다는 것을 시인함으로써, 내게 영광을 돌리겠느냐? 나를 너의 유일한 행복이자 보화로 받아들이고, 나를 너의 유일한 소망이자 지극한 복으로 받아들이겠느냐? 나는 너의 태양도 되고 너의 방패도 된다. 그러니 나를 너의 모든 것으로 삼겠느냐?" 이제 당신은 무엇이라고 대답하겠습니까? 당신의 마음은 여전히 애굽의 고기 가마와 양파를 그리워하고 있습니까? 이 세상에서 누릴 수 있는 즐거움과 행복을 버리고, 하나님만을 당신의 유일한 분깃으로 삼는 것이 아직도 싫습니까? 하나님과 세상을 둘 다 섬기는 것은 좋지만, 오직 하나님만을 섬기고 세상을 버리는 것은 선뜻 마음이 내키지 않습니까? 아니면, 일단은 어쩔 수 없이 세상을 버리고 하나님을 섬기기는 했지만, 어떻게든 하나님의 허락을 받아내어서, 하루 빨리 다시 세상으로 달려가고 싶은 마음이 굴뚝같습니까? 당신의 마음 상태가 그런 것이라면, 그것은 위험 신호입니다. 반면에, 당신의 마음이 기꺼이 모든 것을 팔아서라도 값진 진주 하나를 얻고자 한다고 대답한다면, 이렇게 기도하십시오. "주여, 나는 주님 외에 다른 분깃은 원하지 않습니다. 들판에 탐스럽게 익은 곡식들과 포도주와 기름은 그런 것들을 갖고 싶어 하는 사람에게 주시고, 내게는 오직 주의 얼굴에 있는 빛만을 비쳐 주십시오. 나의 행복은 오직 주님뿐입니다. 나는 기쁜 마음으로 주 앞으로 나아가서, 나를 주께 맡깁니다. 나는 모든 소망을 주께 두고, 주 안에서 평안히 안식합니다. '나는 네 하나님이고 네 구원이다'라고 말씀해 주십시오. 그것으로 충분합니다. 내가 바라는 것은 오직 그것뿐입니다. 주님 외에는, 내가 바라는 다른 조건은 전혀 없습니다. 오직 주님만이 나의 분깃이 되게 하시고, 내가 주의 소유가 되게 하셔서, 주의 이름으로 행할 수 있게 해 주십시오. 그 밖의 다른 모든 것들은 주께 맡겨드리오니, 그런 것들은 내게 주시든 안 주시든, 적게 주시든 많이 주시든, 나는 오직 하나님 한 분만으로 만족할 것입니다." 이렇게 기도하여 하나님을 영접하십시오. 그러면, 하나님께서는 반드시 당신의 하나님이 되어 주실 것입니다.

당신의 기도를 들으신 하나님께서는 또다시 당신에게 이렇게 말씀하십니다. "나는 절대주권을 쥐고 있는 만유의 주이다. 네가 나를 너의 하나님으로 섬기고자 한다면, 네 심령 안에서 최고의 자리를 내게 내어 주어야 한다. 너는 죄나 세상에 속한 어떤 것에게 윗자리를 내어 주고, 나를 그 다음 자리에 앉혀서는 안 된다. 네가 내 백성이 되고자 한다면, 너는 나의 통치를 받아야 하고, 네가 좋아하는 뜻을 따라 네 마음대로 살아서는 안 된다. 나의 멍에를 메고서, 나의 통치에 복종하겠는가? 나의 훈육과 나의 말과 나의 회초리를 기꺼이 받겠는가?" 죄인이여, 하나님의 이런 말씀에 당신은 무엇이라고 대답하겠습니까? 이렇게 대답하십시오. "주여, 내 뜻대로 살지 않고, 주의 명령을 따라 살겠습니다. 나의 뜻이 아니라 주의 뜻을 이루는 삶을 살겠습니다. 기쁜 마음으로 주의 법을 시인하고 동의하며, 내가 주의 법을 따라 살아갈 수 있게 된 것을 주께서 내게 주신 영광스러운 특권으로 여기겠습니다. 육신이 반란을 일으켜서 종종 주의 법을 어기게 되는 일이 있기는 하겠지만, 오직 주님만을 나의 주로 섬기기로 결단합니다. 나는 기꺼이 나의 심령 안에서 주님께 최고의 자리를 내어드리고, 주님을 나의 절대주권자로 인정하기로 맹세하고, 내가 살아가는 모든 날 동안 주께 경배와 순종과 사랑과 섬김을 바치며, 이 목숨이 다하는 날까지 주님을 위해 살 것을 결단합니다." 이 것이 하나님을 올바르게 영접하는 것입니다.

당신의 그런 대답을 들으신 하나님께서는 또다시 당신에게 이렇게 말씀하십니다. "나는 참되고 신실한 하나님이다. 네가 나를 너의 하나님으로 섬기고자 한다면, 너는 나를 온전히 신뢰하여야 한다. 너는 나의 말에 네 자신을 맡기고, 나의 신실함을 의지하며, 나의 보증이 너의 안전을 보장해 줄 것임을 믿겠느냐? 네가 이 세상에서 가난하게 살며 모욕을 당하고 환난을 겪는 삶을 산다고 해도, 내세에서 하나님이 너를 높이실 것을 소망하고 기다리면서 기꺼이 나를 따르겠느냐? 장차 의인들이 부활하게 되어 상급을 받게 될 날을 기다리며, 이 땅에서 기꺼이 수고하고 고난 받는 삶을 살겠느냐? 나의 약속은 언제나 즉시 이루어지는 것은 아니다. 너는 인내하면서 기다리겠느냐?"

사랑하는 자여, 하나님의 이런 말씀에 당신은 무엇이라고 대답하겠습니까? 이렇게 말씀하시는 하나님을 당신의 하나님으로 받아들여 섬기겠습니까? 하나님께서 믿는 자들에게 장차 이루시겠다고 약속하신 것들은 하나같이 다 눈에 보이지 않는 것들이기 때문에, 당신은 오직 하나님이 그 약속들을 이루실 것을 믿고 살아가야 하는데, 과연 당신은 하나님이 약속하신 눈에 보이지 않는 저 지극히 복된 삶과 천국과 영광을 믿고서, 기꺼이 오직 믿음으로 살아가겠습니까? 당신의 마음은 이렇게 대답해야 합니다. "주여, 내 자신을 주께 맡겨드립니다. 나는 내가 의지하는 분이 어떤 분이신지를 알기 때문에, 나를 온전히 주께 맡깁니다. 주께서 하신 모든 말씀을 다 받아들입니다. 내게 있는 모든 재물보다 주의 약속들이 내게는 더 소중하고, 이 세상이 주는 온갖 좋은 것들과 즐거움들보다 천국에 대한 소망이 내게는 더 소중합니다. 나는 주께서 기뻐하시는 일들만을 행하고, 주께서 원하시는 일들만을 행하여, 천국에 대한 주의 신실하신 약속이 내세에서 내게 이루어지도록 그렇게 살 것입니다." 이렇게 당신이 하나님을 깊이 생각하고 전적으로 의지하는 가운데 하나님을 받아들인다면, 하나님께서는 반드시 당신의 하나님이 되어 주실 것입니다. 내가 지금까지 말해 온 것이 잘 보여 주듯이, 하나님께로 돌이키는 올바른 회심이 되려면, 하나님의 모든 놀라운 성품들과 속성들에 합당한 방식으로 하나님께로 나아가야 합니다. 반면에, 어떤 사람이 하나님의 자비와 긍휼을 얻으려고 하나님께 나아가면서도, 여전히 죄를 사랑하고 거룩함과 순전함을 미워하거나, 자기에게 은혜를 베풀어 주시고 자기를 후원하시는 하나님은 기꺼이 받아들이지만, 하나님이 자기에게 절대주권자가 되시고 자신의 분깃이 되는 것을 사절한다면, 그것은 제대로 된 철저한 회심이 될 수 없습니다.

7. 주 예수의 모든 직임을 당신의 것으로 받아들이십시오.

당신이 이 조건을 받아들일 때에만, 그리스도께서는 당신의 주가 되실 수 있으십니다. 죄인이여, 당신은 스스로 멸망을 자초해서, 너무나 통탄스럽고 비참한 시궁창에 빠져서 허우적거리고 있지만, 당신의 힘으로는 거기에서 절대로 빠져 나올 수 없습니다. 그러나 예수 그리스도께서는 당신을 도우실 수 있으실 뿐만 아니라, 기꺼이 돕고자 하셔서, 자기 자신을 값없이 당신에게 주시겠다고 하십니다. 내가 지금 여기에서 하나님의 이름으로 당신에게 제시하고 있는 기회를 당신이 소홀히 하지 않는다면, 당신의 죄가 아무리 크고 많으며 오랫동안 지속되어 왔다고 할지라도, 당신은 분명히 죄 사함 받고 구원받게 될 것입니다. 주 예수께서는 자기에게 나아와서 구원을 받으라고 당신을 부르고 계십니다(사 45:22). 주께 나아오십시오. 주께서는 당신을 절대로 박대하시거나 내쫓지 않으실 뿐만 아니라(요 6:37), 당신과 화목하게 되기를 간절히 바라십니다(고후 5:20). 주께서는 길거리에서 외쳐 부르시고(잠 1:20), 당신의 마음 문을 두드리시면서, 자기를 받아들여서 함께 살자고 당신을 초대하고 계십니다(계 3:20). 당신이 멸망당한다면, 그것은 전적으로 당신이 생명을 얻으려고 주께 나아오려고 하지 않았기 때문입니다(요 5:40).

  지금 그리스도의 초대를 받아들이십시오. 그러면, 당신은 영원히 살게 될 것입니다. 당신과 화목하게 지내고자 하시는 그리스도의 제안을 지금 받아들이십시오. 그러면, 당신은 영원히 그리스도와 화목하게 지내게 될 것이고, 온 세상이 다 달려들어서 둘 사이의 화목을 깨뜨리려고 해도, 그 화목을 깰 수 없게 될 것입니다. 당신이 보잘것없고 초라하다는 생각 때문에 망설이거나 주저하지 마십시오. 당신이 멸망당하고자 결심하고 고집을 부린다면, 당신은 반드시 멸망당하게 되겠지만, 당신이 구원받고자 하고 영생을 얻고자 하여 그리스도께로 나아오는데, 그런 당신을 멸망시킬 수 있는 자는 아무도 없습니다. 말해 보십시오. 당신은 주님의 제안을 수락하여, 그리스도를 당신의 왕이요 제사장이요 선지자로 받아들이시겠습니까? 주님을 섬기고, 주께서 지워주시는 십자가를 기꺼이 짊어지시겠습니까? 별 생각 없이 주님을 받아들이지 말고, 먼저 자리를 잡고 앉아서, 주님을 받아들이는 것이 정말 당신에게 이득이 되는지를 차분히 따져 보십시오. 당신은 모든 것을 주님의 발 앞에 내려놓겠습니까? 모든 위험을 다 감수하고라도 기꺼이 주님을 따르겠습니까? 주께서 가시는 곳이면, 어디든지 따라가겠습니까? 당신 자신을 부인하고, 당신의 십자가를 지고, 주님을 따르겠습니까? 당신은 모든 것을 다고려해서 깊이 숙고한 끝에, 어떤 상황에서도 늘 주님과 함께 하겠다고 자원해서 결단했습니까? 그렇다면, 당신은 결코 멸망하지 않을 것이고, 이미 사망에서 생명으로 넘어온 것입니다. 당신은 구원받았고, 그 구원의 핵심은 당신은 이제 예수 그리스도와 언약 관계 속에 있다는 것입니다. 그러므로 당신이 당신 자신을 사랑한다면, 이 언약과 관련해서 하나님과 당신의 영혼에 대하여 신실하게 행하십시오.

8. 당신의 모든 능력과 재능, 그리고 당신이 가진 모든 것을 하나님께 드리십시오.

사도 바울은 마게도냐 교회들에 속한 신자들이 "먼저 자신을 주께 드렸다"(고후 8:5)고 말하고, "형제들아 내가 하나님의 모든 자비하심으로 너희를 권하노니 너희 몸을 하나님이 기뻐하시는 거룩한 산 제물로 드리라"(롬 12:1)고 명합니다. 하나님께서는 당신이 가진 것들을 원하시는 것이 아니라, 당신을 원하십니다. 그러므로 당신의 몸과 그 지체들을 드리고, 당신의 영혼과 그 모든 능력들을 드리십시오. 그러면, 하나님의 것이 된 당신의 몸과 영혼을 통해서, 하나님께서 영광을 받게 되실 것입니다.

당신이 그리스도와 올바른 관계 속에 있다면, 자연스럽게 당신의 모든 재능들은 그리스도께 드려집니다. 회심한 당신의 판단력은 이렇게 말합니다: "주여, 주는 모든 사람이 영접하기에 합당하신 분이시고, 천만인의 우두머리가 되시기에 합당하신 분이십니다. 주를 영접한 사람은 행복한 사람입니다. 주를 영접한 사람이 누리는 행복에 비하면, 사람들이 자기가 가지고 싶어 하는 모든 것들을 다 가짐으로써 얻는 행복 따위는 감히 행복이라고 할 수도 없습니다(잠 3:13-15)."

또한, 회심한 당신의 이해력은 지금까지 그리스도와 그의 교훈들에 대하여 엉뚱하게 오해하여 온갖 편견을 갖고 비방해 왔던 것들이 다 잘못된 것임을 깨닫고서, 이제는 모든 의심을 버리고, 그리스도 편에 서서 온 세상과 대적하기로 결심하게 됩니다. 왜냐하면, 제정신을 차리게 된 당신의 이해력은 이제 그리스도야말로 모든 것을 다 팔아서라도 사야 할 밭에 감춰진 보화이자 값진 진주라는 것을 깨닫게 되고, 그리스도와 함께 있는 것이야말로 그 어떤 것으로도 살 수 없는 가장 귀한 것임을 확실하게 알게 되기 때문입니다(마 13:44-46). "이제 보니, 사람에게 주어질 수 있는 가장 귀한 보화가 여기에 있었고, 긍휼에 풍성하신 하나님이 준비해 두신 최고의 치료제가 여기에 있었는데, 내가 그동안 까맣게 모르고 있었구나. 그리스도야말로 내가 영원토록 공경하고 사랑하며 경배하고 찬양하며 함께 하기에 합당하신 분이로구나(계 5:12). 그가 내게 제안하신 모든 것들이 다 수긍이 가고 절로 고개가 끄덕여지는구나. 그가 내게 제시하신 제안들과 조건들은 하나같이 다 의롭고 이치에 맞으며, 공평과 긍휼로 가득하구나."

또한, 회심한 당신의 의지도 순순히 그리스도를 받아들이고서, 더 이상 흔들리거나 요동하지 않고, 다음과 같이 단호하게 결단합니다: "주여, 주의 사랑이 나를 이기셨습니다. 주께서 나를 얻으셨으니, 이제 나는 주의 것입니다. 주여, 내 마음을 활짝 열었사오니, 내 안에 오시옵소서. 나는 주께서 정하신 방식으로 구원받는 것에 동의합니다. 내게 있는 모든 것을 다 드리오니, 나의 모든 것을 다 가져가시고, 오직 주님만이 내 곁에 있어 주십시오."

회심한 당신의 기억력도 그리스도께 자기를 내어드립니다: "주여, 이 곳에 주님을 위한 곳간이 있습니다. 여기에 있는 온갖 쓰레기들은 다 치워 주시고, 그 자리에 보화들을 채워 주십시오. 이제 이 곳에 주님의 진리와 약속들과 섭리들이 가득 채워지게 해 주십시오."

회심한 당신의 양심도 질세라 얼른 나서서 이렇게 말합니다: "주여, 이제부터는 언제나 주님 편이 되어서, 주님이 하시는 말씀들을 충실히 전하겠습니다. 나의 주인이 죄의 유혹을 받을 때에는 경고하고, 주님의 뜻을 어겨 행할 때에는 치겠습니다. 주님을 대변하여 증언하고, 주님을 대신하여 심판하며, 주님의 법도들을 따라 행하도록 인도하겠습니다. 내 주인의 영혼에 죄가 들어와서 자리 잡는 일이 결코 일어나지 않게 하겠습니다."

회심한 당신의 감정들도 그리스도께 나아옵니다: 당신 안에 있는 사랑은 "내가 주님을 사모합니다"라고 말할 것이고, 당신 안에 있는 소원은 이렇게 말할 것입니다: "내가 구하고 찾던 분을 이제야 만났습니다. 이분은 열방이 구하고 찾는 분이시고, 나의 양식이시며, 나의 향유이시고, 내가 원하는 모든 것입니다." 당신 안에 있는 두려움은 그리스도를 경외하고 공경하여 무릎을 꿇고 이렇게 고백할 것입니다: "주여, 잘 오셨습니다. 내가 주께 예를 올립니다. 주의 말씀과 회초리로 나를 다스리시고, 내가 무엇을 해야 하는지를 명하십시오. 주를 경외하고 찬양합니다. 주 앞에 엎드려 경배드립니다." 당신 안에 있는 슬픔도 나아와서 아룁니다: "주여, 주를 노여워하시게 하는 것들과 주를 욕되게 하는 것들, 주의 백성이 겪는 많은 재난들과 환난들, 내 자신의 죄악들이 나로 하여금 눈물을 흘리게 만듭니다. 사람들이 주의 뜻을 거스를 때, 나는 탄식하고, 주의 일이 훼방을 받을 때, 나는 웁니다." 당신 안에 있는 분노도 그리스도 앞으로 나아와 고백합니다: "주여, 내가 주님을 대적하여 어리석게 행할 때, 내 자신에 대하여 가장 화가 납니다. 내가 넋이 나가고 얼이 빠져서 주님을 거역하고, 죄의 아첨하는 말들과 사탄의 유혹하는 말들에 귀를 기울일 때, 나는 정말 화가 납니다." 당신 안에 있는 증오도 한몫 거듭니다: "나는 주의 원수들을 죽도록 미워할 것이고, 주의 대적들과는 절대로 친구가 되지 않을 것입니다. 모든 죄와 영원히 싸울 것을 맹세합니다. 추호도 타협하거나 양보하지 않겠습니다." 이렇게 당신에게 속한 모든 능력들이 예수 그리스도께 복종하게 하십시오.

다시 한 번 말하지만, 당신은 당신의 모든 것을 주께 드려야 합니다. 당신이 어느 하나라도 그리스도께 드리지 않고 당신의 것으로 계속해서 남겨 놓는다면, 바로 그것이 당신을 영원한 멸망으로 끌고 갈 것입니다(눅 14:33). 당신이 그리스도를 받아들이기로 결단한 후에, 모든 것을 버리고 모든 것을 그리스도께 드리지 않는다면, 당신은 그리스도의 제자가 될 수 없습니다. 그리스도를 받아들이는 데 방해가 되는 것이라면, 당신의 부모나 당신의 목숨도 미워하여야 합니다. 한 마디로 말해서, 당신은 당신 자신과 당신에게 있는 모든 것을 단 한 가지도 빠짐없이 몽땅 다 그리스도께 드려야 합니다. 그렇지 않으면, 당신은 그리스도 안에서 분깃을 얻을 수 없습니다.

9. 그리스도의 법을 당신의 말과 생각과 행위의 규범으로 삼으십시오.

진정으로 회심한 사람은 당연히 이렇게 하는데, 이렇게 할 때에 당신은 세 가지를 유념해야 하여야 합니다.

(1) 그리스도의 법에 속한 모든 것들을 하나도 빠짐없이 다 당신의 삶의 규범으로 삼아야 합니다.

부분적으로 순종해서는 천국에 갈 수 없습니다. 자기를 부인하고 육신의 욕심들을 버리는 값비싼 희생 없이, 신자가 마땅히 해야 할 일들 중에서 값싸고 쉬운 것들만을 선택해서 행하는 것으로는 충분하지 않습니다. 당신은 모든 것을 받아들여야 합니다. 그렇지 않으면, 그것은 아무것도 받아들이지 않은 것과 마찬가지가 됩니다. 진정으로 회심한 사람은 지극히 큰 죄들과 지극히 엄중한 의무들만이 아니라, 아주 작은 죄들과 아주 작은 의무들에도 세심하게 신경을 씁니다.

(2) 형통할 때이든 역경에 처한 때이든 언제나 변함없이 그리스도의 법을 따라야 합니다.

진정으로 회심한 사람은 자기가 가야 할 길을 묵묵히 걸어갑니다. 자기가 선택한 것을 고수하고, 역풍이 분다고 해서 등을 돌리거나, 대다수의 사람들이 유행처럼 어떤 신앙의 조류를 따라간다고 해도, 시류를 따라 거기에 부화뇌동하지 않습니다. 시편 기자는 다음과 같이 고백하였습니다: "내가 주의 증거들에 매달렸사오니… 내가 주의 율례들을 영원히 행하려고 내 마음을 기울였나이다… 주의 증거들로 내가 영원히 나의 기업을 삼았사오니… 주의 율례들에 항상 주의하리이다"(시 119:31, 112, 111, 117).

(3) 그리스도의 법을 충분히 이해하고 의지적으로 행하여야 합니다.

복음서의 한 비유에 나오는 불순종한 아들은 "아버지, 가겠나이다"라고 대답해 놓고서는, 실제로는 가지 않았습니다(마 21:29). 옛적에 광야에서 이스라엘 백성들도 "우리 하나님 여호와께서 당신에게 이르시는 것을 다 우리에게 전하소서 우리가 듣고 행하겠나이다"(신 5:27)라고 아주 선선히 약속하였기 때문에, 그들은 정말 하나님의 명령들을 무엇이든지 다 지킬 것 같았습니다. 그러나 시련이 찾아오고 어려움을 겪게 되자, 그들에게는 원래부터 자신들이 약속하였던 대로 행하고자 하는 마음이 없었다는 것이 드러났습니다(신 5:27, 29).

진정으로 그리스도의 법도들을 따라 살아가고자 한다면, 그 법도들의 의미와 너비와 범위를 연구하십시오. 그리고 그 법도들은 영적인 것이기 때문에, 당신의 마음의 생각과 성향에까지 미친다는 것을 명심하십시오. 그러므로 당신이 그리스도의 법도들을 따라 행하고자 한다면, 당신의 생각들과 내면의 움직임들까지도 그 법도들의 지배를 받게 하여야 합니다. 다시 한 번 말하지만, 그리스도의 법도들은 당신의 본성의 성향들과는 완전히 반대되는 것이어서, 당신에게 아주 철저한 자기 부인을 요구합니다. 당신은 좁은 문을 택해서 거기로 들어가야 하고, 늘 좁은 길을 따라 걸어가야 하며, 자유를 원하는 육신에게 재갈을 물려야 합니다. 한 마디로 말해서, 옛적에 시편 기자가 "내가 보니 모든 완전한 것이 다 끝이 있어도 주의 계명들은 심히 넓으니이다"(시 119:96)라고 고백하였듯이, 그리스도의 법도들은 지극히 광대합니다.

그리스도의 일반적인 명령들에 안주해서는 안 됩니다. 왜냐하면, 그러한 일반적인 명령들에는 많은 속임수가 있어서, 당신이 그 명령들을 전혀 행한 것이 아닌데도, 당신은 자기가 그 명령들을 다 지켜 행하였다고 착각하여, 스스로 속는 일이 비일비재하기 때문입니다. 그러므로 당신은 그리스도의 구체적인 명령들에 착념하여야 합니다. 구약의 예언서들을 보면, 유대인들은 하늘이 두 쪽 나도 절대로 하나님을 떠나지 않고 끝까지 하나님을 섬기고 그 말씀들에 순종할 것처럼 보였고, 자신들의 그러한 맹세가 진실이라는 것을 확실하게 보여 주기 위해서, 하나님을 증인으로 내세우기도 하였습니다. 그러나 그들의 그러한 결심과 맹세는 어디까지나 하나님의 일반적인 명령들에 국한된 것이었기 때문에, 하나님께서 그들에게 구체적으로 주신 명령이 그들의 마음에 들지 않자, 그들은 하나님의 그 구체적인 명령에는 순종하고자 하지 않았습니다(렘 42:1-6; 43:2). 『웨스트민스터 대요리문답』(Westminster Assembly's Larger Catechism)을 구해서, 하나님의 명령들과 계명들에 대한 아주 포괄적이고 탁월한 해설을 읽고 마음에 새겨 두십시오. 당신은 그리스도께서 주시는 힘을 의지해서, 하나님이 당신에게 주어진 모든 의무를 꼼꼼하게 다 행하고, 하나님이 금지하신 모든 죄를 대적하여 싸우겠다고 결단하였습니까? 당신이 그렇게 하기만 한다면, 당신은 하나님의 모든 율례들을 온전히 지키게 되어서, 결코 부끄러움을 당하지 않게 될 것입니다(시 119:80).

당신이 가장 지켜 행하기 싫은 의무들이 어떤 것들이고, 당신이 가장 끌리는 죄들이 어떤 것들인지를 생각해 보십시오. 그리고서 전자의 의무들을 행하고 후자의 죄들을 끊어내겠다고 진정으로 결단하십시오. 당신이 애지중지하는 죄, 당신에게 이득을 가져다주는 죄에 대하여, 당신의 마음은 무엇이라고 말합니까? 그리고 당신의 육신이 싫어하고 당신에게 값비싼 희생을 요구하며 당신을 위험하게 만들 의무들에 대해서는 무엇이라고 말합니까? 당신이 당신 자신의 상태를 정직하게 살펴본 후에, 이대로는 안 되겠다고 결심하고서, 하나님의 은혜를 의지해서 계속해서 육신을 거슬러 전진하여야 함에도 불구하고, 그렇게 하지 않고 이 상태로 눌러앉아서 더는 앞으로 못 가겠다고 고집한다면, 당신은 온전히 구원에 이르지 못하게 될 것입니다.

10. 이 모든 것에 대하여 하나님과 당신의 영혼 간에 엄숙한 언약을 맺으십시오.

하나님과만 은밀하게 함께 할 시간을 여러 차례 따로 내어서, 하나님의 특별한 도우심을 간절하게 구하고, 그 풍성하신 은혜로 당신을 받아 주시라고 간청하십시오. 또한, 당신의 마음을 잘 살펴서, 당신의 모든 죄들을 버리고, 당신 자신과 당신의 몸과 영혼을 하나님께 드리며, 당신이 살아가는 모든 날들 동안에 거룩함과 의로움 가운데서 하나님만을 섬기겠다고 하는 진실한 결단과 의지가 당신 속에 있는지를 확인해 보십시오.

영원한 생명이냐 영원한 죽음이냐를 판가름할 이 중차대한 문제를 제대로 숙고하기 위해서는 가능한 한 가장 차분한 마음과 가장 진지하고 진솔한 마음가짐이 필요하다는 것을 명심하고, 그런 상태에서 하나님과 은밀한 시간을 가지십시오. 하나님의 언약을 붙드시고, 은혜와 힘을 주시겠다고 하신 하나님의 약속을 의지하십시오. 그랬을 때, 당신은 당신이 하나님께 한 약속을 지켜 행할 힘을 얻을 수 있습니다. 당신 자신의 힘을 의지하거나, 당신의 의지력을 믿지 마시고, 하나님이 주시는 힘을 의지하십시오.

당신이 이렇게 하나님을 만날 준비가 되었다면, 적절한 때를 골라서 마치 하나님의 면전에 있는 것처럼 엄숙한 마음으로 무릎을 꿇고, 두 손을 하늘을 향해 들고, 마음을 열어서 하나님께 이렇게 기도하십시오:

"지극히 거룩하신 하나님이여, 이제 주 앞에 엎드려 부복해 있는 이 가련한 탕자를 받아 주시기를 하나님의 아들의 십자가 고난을 의지하여 간구합니다. 이렇게 나는 나의 죄악으로 말미암아 주를 떠나 본질상 사망의 자녀가 되어 있고, 나의 악행들로 인하여 천 배 만 배나 지옥의 자식이 되어 있습니다. 그러나 주께서는 내가 온 마음을 다하여 주께 돌아오고자 하기만 한다면, 그 무한하신 은혜로 말미암아 그리스도 안에게 내게 자비와 긍휼을 베푸시기로 약속하셨습니다. 이제 나는 주의 약속하심을 의지해서, 주의 복음의 부르심을 따라 이렇게 주 앞에 나아와서, 무기들을 버리고, 내 자신을 주의 자비와 긍휼에 맡깁니다. 나는 지금까지 우상들을 섬기고, 주의 원수들의 편에 서서 주를 대적하며 살아왔지만, 주께서 자기와 화목하게 되기 위해서는, 그 우상들을 버리고, 주의 원수들을 대적하여야 한다고 명하시오니, 이제부터는 그 명령을 따라 나의 우상들을 버리고, 내가 짝하였던 주의 원수들을 대적하기로, 내 마음의 저 깊은 중심으로부터 결단하고, 이제부터는 그 어떤 죄도 용납하지 않고, 주께서 주신 모든 수단들을 총동원해서, 내 속에 있는 온갖 부패한 것들을 낱낱이 다 죽이고 멸하겠다고 주께 굳게 서약합니다.

지금까지는 세상을 지나치게 사랑하여 우상으로 섬기고 살아 왔지만, 이제부터는 세상을 지으신 주께 나의 온 마음을 드립니다. 나는 이제 주의 영광스러운 위엄 앞에 겸손히 무릎을 꿇고, 이것이 내 마음의 확고한 결단이라는 것을 고하고, 주로부터 오는 은혜를 진심으로 사모하고 원하오니 은혜를 내려 주시기를 간구합니다. 주께서 이제 나를 부르시면, 나는 주의 도우심을 의지해서 나의 이러한 결단을 실천하여, 지난날 주를 떠나 죄의 길로 행하였던 발걸음을 돌이켜서, 이 세상에서 내가 애지중지하던 모든 죄들을 다 버리고, 형통할 때나 역경에 처해 있을 때나 온갖 시험들을 물리치고, 결단코 다시는 주를 떠나는 일이 없게 할 것입니다. 주께서 나를 도우셔서, 사탄의 시험들을 대적하여 이길 수 있게 해 주십시오. 사탄의 악한 속삭임들에 넘어가서 사탄의 종이 되는 일이 없도록, 내게 은혜를 주십시오. 나의 의는 더러운 넝마일 뿐임을 알기 때문에, 나는 내 자신을 절대로 의지하지 않습니다. 내 자신은 의로움도 없고 선한 일을 할 수 있는 힘도 없는 무력하기 짝이 없는 존재이고, 멸망할 수 밖에 없는 존재라는 것을 인정합니다.

내가 주를 영접하고자 하기만 한다면, 주께서는 나를 향하신 그 무한하신 자비하심과 은혜로 인하여 그리스도로 말미암아 이 불쌍한 죄인을 받아 주셔서 나의 하나님이 되어 주시겠다고 약속하셨사오니, 오늘 하늘과 땅을 증인으로 불러서, 지금부터 내가 하는 말들을 기록하게 하겠습니다. 나는 예수 그리스도의 아버지 하나님을 나의 하나님 나의 주로 섬기기로 엄숙히 서약합니다. 내 영혼이 주의 지극히 거룩하신 위엄 앞에 부복한 채로 지극히 공경하는 마음으로 고하오니, 주 여호와 하나님, 곧 성부와 성자와 성령 하나님을 나의 분깃이자 나의 모든 것으로 삼고서, 나의 몸과 마음을 주께 드려 일평생 주의 종으로 살아가고, 내가 사는 모든 날 동안에 거룩함과 의로움 가운데서 주만을 섬기기로 약속하고 서원합니다. 주께서 오직 주 예수 그리스도를 통해서만 자기에게로 올 수 있도록 정하셨사오니, 나는 그 정하심을 따라서 그리스도와 혼인의 언약을 맺음으로써 그리스도의 신부가 될 것을 엄숙히 서약합니다.

찬송 받으시기에 합당하신 예수님, 나는 주리고 목마르고 빈곤하며 비참하고 형편없으며 눈멀고 헐벗은 자이고, 추악하기 짝이 없는 온갖 죄들로 물들어 있는 역겨운 악인이자 사형선고를 받은 흉악한 대역죄인이어서, 영광의 왕과 정식으로 혼인하기는커녕, 주의 종들의 발을 씻길 자격조차 없는 자입니다. 그러나 주의 사랑은 그 어떤 극악무도한 죄인이라도 다 품을 수 있으시다는 것을 믿기 때문에, 나는 나의 온 힘을 다해 주를 영접하고, 주를 나의 머리와 남편으로 받아들여서, 즐거울 때나 괴로울 때나 부할 때나 가난할 때나 어떤 환경에서도 죽을 때까지 늘 변함없이 오직 주만을 사랑하고 공경하며 순종하겠습니다. 나에 대한 주님의 모든 직임들을 받아들여서, 주는 내게 제사장이실 뿐만 아니라 왕이시고 선지자도 되신다는 것을 인정합니다. 내 자신이 하나님 앞에서 조금이라도 내세울 것이 있다는 생각을 아예 버리고, 오직 주만을 나의 의로 삼겠다고 맹세합니다. 내게 조금이라도 지혜로운 것이 있다는 생각을 아예 버리고, 오직 주만을 나의 유일한 인도자로 삼겠습니다. 나의 뜻을 부인하고, 오로지 주의 뜻을 나의 법으로 삼겠습니다.

주께서 장차 자기와 함께 보좌에 앉아 다스리고자 하는 자는 자기와 함께 고난도 받아야 한다고 말씀하셨사오니, 내가 살든 죽든 주와 함께 있게 될 것을 믿고서, 주께서 어느 길로 이끄시든, 그 길이 아무리 위험하고 험하다고 할지라도, 죽음을 두려워하지 않고 주의 은혜의 도우심을 의지하여 그 길로 행하겠다고 주께 언약합니다.

주께서 주의 거룩한 법을 내 삶의 규범으로 주시고, 주의 나라에 이를 때까지 그 길로 행하라고 명하셨사오니, 나는 이제 기꺼이 주께서 내게 메어 주시는 멍에를 내 목에 메고, 주께서 내게 지게 하시는 짐을 내 어깨에 지고서, 일평생 살아가겠습니다. 주의 모든 법은 거룩하고 의로우며 선하다는 것에 전적으로 동의하고, 주의 법을 나의 모든 말과 생각과 행위의 규범으로 삼아 살아가겠습니다. 내 육신이 거역하고 반기를 들더라도, 내 모든 삶이 온전히 주의 법을 따르는 삶이 되게 하고, 주께서 내게 명하신 일들을 단 하나라도 소홀히 하지 않을 것이라고 약속합니다.

내 마음의 확고한 결단과 의지에도 불구하고, 내 육신의 연약함으로 인해서 수없이 실패할 것이고, 그런 일이 반복되다 보면, 내 마음이 낙심하여, 하나님과의 언약을 무효화하고 싶은 마음이 들 수도 있을 것인데, 그 때마다 주께서 약속하신 대로 나로 하여금 흔들리지 않게 해 주시기를 겸손히 엎드려 구합니다.

전능하신 하나님이여, 주께서는 사람들의 마음을 감찰하시는 분이시오니, 내가 오늘 의도적인 간사함이나 다른 속내를 가지고 주와 언약을 맺고 있는 것이 아니라는 것을 아십니다. 하지만 혹시라도 내 마음속에 어떤 흠이나 거짓이 있다면, 내게 알려 주셔서, 나로 하여금 그것을 바로잡을 수 있게 도와주십시오.

성부 하나님이여, 이제 나는 오늘부터 성부 하나님을 나의 하나님이자 나의 아버지로 여길 것입니다. 나 같은 멸망할 수밖에 없는 죄인에게 살 길을 허락하신 성부께 영광을 돌립니다. 성자 하나님이여, 나를 사랑하셔서, 성자의 귀한 피로 나의 죄를 씻어 주시고, 이제는 나의 구주이자 대속주가 되신 것으로 인하여 성자께 영광을 돌립니다. 성령 하나님이여, 성령의 전능하신 팔로 내 마음을 움직이셔서, 나로 하여금 죄에서 돌이켜 하나님께로 나아가게 하신 것으로 인하여 성령께 영광을 돌립니다.

높고 거룩하신 여호와여, 전능하신 주 하나님이여, 성부와 성자와 성령 하나님이시여, 주 하나님께서는 이제 나의 언약의 친구가 되셨고, 나는 주의 무한하신 은혜로 말미암아 주의 언약의 종이 되었습니다. 이 언약이 그대로 이루어지게 해 주십시오. 내가 땅에서 주 하나님과 맺은 언약이 하늘에서도 재가가 되게 해 주십시오."

나는 이 언약을 단지 마음으로가 아니라 말로, 아니 단지 말로만이 아니라 실제로 문서로 작성해서, 당신의 손으로 직접 거기에 서명해서, 정말 나중에 법적인 효력이 있는 문서를 하나님께 바친다는 심정으로, 지극히 공경하는 마음으로 그 문서를 하나님 앞에 드리시기를 당신에게 권합니다. 그런 후에는, 하나님과 당신 간에 맺은 엄숙한 언약의 증거로서 간직해 두었다가, 당신이 의심들과 시험들로 인해 흔들릴 때마다, 그 문서를 꺼내어 보십시오.

11. 회심을 미루지 말고, 신속하게 회심하여, 하나님께 항복하고, 당신의 마음을 드리십시오.

시편 기자는 "주의 계명들을 지키기에 신속히 하고 지체하지 아니하였나이다"(시 119:60)라고 말합니다. 미련한 처녀들이 어리석게도 기름을 준비하는 것을 미루다가 결국 때가 늦어서 그들에게 긍휼의 문이 닫혀 버린 것(마 25장)과 로마 총독 벨릭스가 바울로부터 복음을 듣고서 두려운 마음이 들었을 때에 그 즉시 회심하지 않고 다음 기회에 다시 듣겠다고 바울을 보내 버림으로써 결국 회심하지 못하게 된 것(행 24장)을 생각하고서, 회심을 미루는 것이 두렵고 무서운 일이라는 것을 깨달으십시오. 죄의 속임수에 넘어가서 당신의 마음이 완악해지는 일이 생기지 않도록, 오늘이라 불리는 동안에 즉시 하나님 앞에 나아오십시오. 은혜의 날이 지나가 버려서, 당신이 하나님과 화목하게 될 수 있는 기회가 당신의 눈 앞에서 사라지기 전에, 기회를 붙드십시오. 지금 성부 하나님의 자비와 긍휼이 당신을 간절히 부르고 있고, 지금 성자 그리스도께서 당신에게 은혜를 베푸시기 위하여 기다리고 계시며, 지금 성령 하나님께서 당신을 두고 어둠의 세력과 싸우고 계십니다. 지금 복음 사역자들이 당신을 부르고 있고, 지금 당신의 양심이 어서 하나님께 나아가라고 당신의 등을 떠밀고 있으며, 지금 당신에게는 기름을 사서 준비해 둘 수 있는 기회가 열려 있습니다. 그리스도를 붙드십시오. 그러면, 그리스도께서는 당신을 만나 주실 것입니다. 하나님께서 당신에게 은혜를 주시겠다고 제안하실 때, 그 은혜를 받아들이십시오. 지금이 아니면, 기회는 더 이상 주어지지 않습니다. 당신이 이 제안을 무시해 버린다면, 하나님께서는 당신에게 진노하셔서, 하나님이 준비하신 잔치 자리에 당신은 결코 앉지 못하게 될 것이라고 맹세로써 선언하실 수도 있습니다(눅 14:24).

12. 하나님이 당신을 회심시키기 위한 수단으로 주신 하나님의 말씀을 주의 깊게 경청하십시오.

하나님의 말씀을 통해서 당신이 회심하게 되기를 바라는 소원과 소망과 기대를 가지고서, 마음을 모아서 주의 깊게 귀 기울여 들으십시오. 매번 설교를 들을 때마다, 다음과 같이 기도한 후에 나아가 들으십시오: "이번에는 하나님께서 나를 찾아오시기를 소망합니다. 하나님이여, 이번 설교자를 통해서 나를 부르셔서, 오늘이 나의 회심의 때가 되게 해 주십시오."

하나님의 전에 나아가서, 하나님이 준비해 두신 은혜의 방편들을 접하게 될 때에는, 당신의 마음을 들어 하나님께 이렇게 기도하십시오: "주여, 이 날이 내가 영원한 안식으로 들어가는 날이 되게 해 주십시오. 이 날이 내가 주의 새롭게 하시는 은혜를 받는 날이 되게 해 주십시오. 훗날에 사람들이 이 날이 내가 거듭나서 주의 백성이 된 날이라고 말할 수 있게 해 주십시오."

당신은 이렇게 반문할 것입니다: "나는 오랜 세월 동안 하나님의 말씀을 들어 왔지만, 내게 참된 회심을 가져다주지는 못했습니다." 맞는 말입니다. 그러나 당신이 그렇게 오랫동안 말씀을 들었어도 회심하지 못한 이유는, 내가 여기에서 조언해 준 방식으로 말씀을 듣지 않았기 때문입니다. 당신은 그

동안 기필코 회심하여야 하겠다는 강력한 소원을 가지고 듣지도 않았고, 온 마음을 다하여 주의 깊게 경청하지도 않았으며, 매번 말씀을 듣기 전에, 하나님의 말씀으로 말미암아 자기가 회심할 수 있게 해 주시라고 기도하지도 않았습니다.

13. 성령께서 당신의 마음에 역사하기 시작하실 때에 그 역사에 순종하십시오.

성령께서 당신의 마음에 역사하셔서 죄를 깨닫게 해 주시면, 그 깨달음을 소멸시키지 말고, 그 깨달음을 토대로 해서, 구원에 이르는 회심을 당신에게 허락해 주시라고 하나님께 간절히 기도하십시오. "성령을 소멸하지" 마십시오(살전 5:19). 성령의 역사를 거부하지도 말고, 성령의 역사에 저항하지도 마십시오. 악한 무리들과 어울리거나 세상일에 골몰하느라고, 당신에게 죄를 깨닫게 해 주신 성령의 역사를 소멸시키는 일이 없도록 조심하십시오. 당신은 자신이 저지른 죄들로 인해서, 그리고 당신의 영원한 운명과 관련된 두려움으로 인해서 번민이 될 때에는, 당신은 그 번민 속에 빠져서 언제까지나 허우적거리고 있어서는 안 되고, 오직 당신의 모든 죄를 철저하게 버리고, 당신의 내면 깊은 곳에서부터 당신의 죄들을 혐오하며, 당신의 마음을 무조건적으로 그리스도께 드림으로써 평안을 얻어야 합니다. 그럴 때, 성령께 이렇게 기도하십시오: "성령이시여, 내게 있는 모든 죄들을 하나도 남김없이 다 제거해 주십시오. 나의 죄들이 어중간하게 제거되어서, 일부는 여전히 남아 있는 일이 없게 해 주십시오. 나의 온갖 부패한 것들의 겉만 건드리지 마시고, 밑바닥까지 내려 오셔서 깨끗이 청소해 주십시오. 나의 죄들이 단 한 가지도 나의 심령 속에서 살아남을 수 없게 해 주십시오." 이렇게 성령의 역사에 당신을 온전히 맡기고, 당신의 돛을 높이 올리고서, 갑자기 불어닥치는 성령의 바람을 그대로 다 받아서 힘차게 앞으로 나아가십시오.

14. 진지하고 열렬한 기도를 끊임없이 부지런히 드리십시오.

당신이 기도를 소홀히 한다면, 당신은 거룩하게 되지 않은 속된 죄인임에 틀림없습니다. 평소에는 늘 기도해 오다가 일시적으로 시험에 빠져서 잠시 기도를 중단하는 것이 아니라, 평소에도 기도를 잘 하지 않는 사람은 외식하는 자, 즉 신앙을 고백하긴 하였지만, 참된 신앙은 가지고 있지 않은 사람입니다. 어떤 사람이 회심하였을 때에 가장 먼저 나타나는 변화들 중의 하나가 기도하게 된다는 것입니다. 그러므로 기도에 착념하십시오. 당신이 아침과 저녁으로 당신의 골방에서 은밀하게 하나님께 기도하는 시간을 갖지 않는 날이 단 하루도 없게 하십시오. 또한, 날마다 당신의 가족과 함께 하나님께 예배를 드리십시오. 당신이 하나님의 이름을 부르지 않는 가정의 일원이라면, 당신에게는 화가 있을 것입니다(렘 10:25).

그러나 냉랭하고 생명 없는 기도는 하늘에 상달되지 못합니다. 열렬하게 기도하고, 끈질기게 기도하십시오. 끈질긴 기도만이 응답을 받게 되고, "침노하는 자," 곧 하나님을 성가시게 하여 들어 주시지 않으면 못 배기게 하는 자만이 천국을 얻을 수 있습니다(마 11:12). 천국에 들어가려면, 고군분투해야 합니다. 복을 얻으려면, 야곱처럼 밤새도록 눈물을 흘리며 탄원하고 간구하여야 합니다. 하나님으로부터 은혜를 받지 못한다면, 당신은 영원히 멸망할 수밖에 없습니다. 그러므로 당신은 어떻게 해서든지 은혜를 얻어야 합니다. 하나님의 응답을 받기 전에는 절대로 물러나지 않겠다고 결심하십시오. 그러한 결단이 선 사람은 이렇게 말합니다: "나는 은혜를 받아야 합니다. 그러므로 은혜를 받기 전에는, 절대로 물러설 수 없습니다. 하나님께서 그 권능으로 나를 새롭게 하실 때까지, 나는 하나님께 간절하게 읍소하고, 나의 온 마음을 다하여 하나님과 씨름하는 일은 절대로 멈출 수 없습니다."

15. 악한 무리들에게서 떠나고, 죄의 유혹을 이겨내십시오.

당신이 죄의 유혹을 거절하고 극복할 때까지는, 당신은 결코 죄로부터 돌아설 수 없습니다. 당신이 일정 정도 자기를 부인하고, 죄의 유혹에서 도망칠 수 있게 되지 않는다면, 나는 당신이 죄로부터 회심하기를 결코 기대할 수 없습니다. 당신이 죄가 던져 주는 미끼에 살짝살짝 조금씩 반응하거나, 죄의 주변을 얼쩡거리거나, 죄가 쳐놓은 올무를 건드려 본다면, 당신의 영혼은 머지않아 반드시 죄의 유혹에 걸려들게 되어 있습니다. 하나님께서 자신의 섭리 가운데서 어떤 피할 수 없는 유혹에 당신을 노출시키셔서, 당신으로 하여금 그 유혹에 맞닥뜨릴 수밖에 없게 만드신 경우에는, 당신은 하나님의 특별한 도우심을 의지해서, 하나님이 당신을 위해 준비해 놓으신 여러 수단들을 사용해서 그 유혹에서 벗어날 수 있습니다. 그러나 당신이 죄에 의해 유혹당할 수 있는 상황으로 당신 자신을 몰아넣어서 죄의 유혹에 직면하게 된 경우에는, 당신은 의도적으로 하나님을 시험한 것이기 때문에, 하나님께서는 당신을 돕지 않으십니다.

온갖 유혹 중에서도, 악한 친구들과 어울리는 것은 가장 치명적이고 해로운 유혹들 중의 하나입니다. 당신에게서 회심의 싹이 나기 시작하면, 당신의 악한 친구들은 여지없이 그 싹을 짓밟아 버립니다! 악한 친구들로 인해서 자신의 영혼을 잃고, 재산을 잃고, 가족을 잃고, 성읍을 잃은 사람들이 부지기수입니다. 가련한 죄인들이 한 번 빛을 받아서 자신의 죄를 깨닫고, 마귀의 올무에서 벗어나기 직전이나 벗어난 직후에, 악한 친구들의 회유 때문에 다시 원래대로 되돌아가서, 이전보다 일곱 배는 더 지옥의 자식이 되는 일이 비일비재하게 일어납니다. 한 마디로 말해서, 당신이 악한 친구들과의 관계를 끊어 버리지 않는 한, 당신이 회심하게 될 소망은 없습니다. 악한 친구들을 떠나십시오. 그렇지 않으면, 당신은 영원한 생명을 얻을 수 없습니다. 당신의 영원한 생사가 거기에 달려 있습니다. 하나님께서 칼을 빼드신 채로 당신의 길을 막고 계시는 것이 당신에게 보이는데도, 당신은 계속해서 그 길로 달려감으로써, 발람의 나귀보다도 못한 자가 되기를 원하십니까? "미련한 자와 사귀면 해를 받느니라"(잠 13:20)는 말씀을 당신의 양심에 큰 글자로 새기십시오. 하나님께서 그렇게 말씀하셨는데, 누가 그 말씀을 뒤집겠습니까?

하나님께서 친히 이렇게 당신에게 미리 경고하시는데도, 당신은 그 경고를 들은 체 만 체하고 멸망을 향해 계속해서 달려가고자 하는 것입니까? 하나님께서 당신의 마음을 변화시켜 주셨다면, 그러한 변화로 인한 결과 중의 하나는 당신이 사귀는 친구들의 부류가 달라져 있는 것입니다. 너무나 많은 사람들을 삼켜서 지옥에 떨어뜨린 저 멸망의 심연을 두려워하여 피하십시오. 실제로 당신이 지금까지 함께 어울려 놀던 악한 친구들에게서 하루아침에 멀어지는 일은 그렇게 쉬운 일은 아닙니다. 그들은 당신을 조롱하며 신앙을 버리게 만들고자 할 것이고, 엄격한 신앙을 지니고서 살아가는 것은 부자연스럽고 우스꽝스러운 일이고, 인간으로서 할 짓이 못 된다는 식으로 당신을 설득하려고 함으로써, 신앙을 따라 살아가는 삶에 대한 온갖 좋지 않은 편견들을 당신에게 심어 주고자 할 것입니다. 또한, 그들은 온갖 그럴 듯한 말들로 당신을 회유하려고도 할 것입니다. 그러나 성령께서 이렇게 경고하시는 말씀을 기억하십시오: "내 아들아 악한 자가 너를 꾈지라도 따르지 말라 그들이 네게 말하기를 우리와 함께 가자… 너는 우리와 함께 제비를 뽑고… 그들과 함께 길에 다니지 말라 네 발을 금하여 그 길을 밟지 말라… 그의 길을 피하고 지나가지 말며 돌이켜 떠나갈지어다… 악인의 길은 어둠 같아서 그가 걸려 넘어져도 그것이 무엇인지 깨닫지 못하느니라…그들이 가만히 엎드림은 자기의 피를 흘릴 뿐이요 숨어 기다림은 자기의 생명을 해할 뿐이니"(잠 1:10-19; 4:15-19).

나의 말을 듣는 사람들과 나의 글을 읽는 사람들 중에서도, 악한 친구들과 어울려서 악한 곳들을 드나들다가 죄에 빠져서 헤어 나오지 못하는 이 비참한 재앙에 의해서, 그들 자신과 그들의 가정이 다 멸망당하는 사람들이 많을 것을 생각하면, 내 마음이 몹시 아픕니다. 옛적에 모세가 이스라엘 백성에게 경고하였듯이, 나도 다시 한 번 당신에게 경고합니다: "이 악인들의 장막에서 떠나고 그들의 물건은 아무것도 만지지 말라 그들의 모든 죄 중에서 너희도 멸망할까 두려워하노라"(민 16:26). 무서운 전염병에 걸려서 그 얼굴과 이마에 온통 종기들이 꽉 들어찬 사람들을 피하여 멀리 도망치는 것처럼, 그렇게 악한 친구들을 피하여 멀리 도망치십시오. 그들은 마귀의 하수인들이고 바람잡이들입니다. 그들로부터 멀리 도망치지 않으면, 그들은 당신을 지옥의 불구덩이로 밀어 넣어서, 반드시 당신을 영원히 파멸시킬 것입니다.

16. 하루의 모든 시간을 전적으로 할애해서, 하나님 앞에서 은밀하게 금식하고 기도함으로써, 당신의 영혼을 낮추시고, 당신의 죄악들과 참상들을 당신의 마음에 확실하게 각인시키십시오.

십계명을 철저하게 해설한 책을 정독하는 가운데, 당신이 행하여야 하는데도 행하지 않았던 일들을 기록하고, 각각의 계명을 거슬러서 당신이 범한 죄들을 기록하여, 당신의 죄들을 일일이 다 열거해 놓은 목록을 만들어서,

부끄러워하고 슬퍼하면서 그 목록을 하나님 앞에 드려서 펼쳐 놓으십시오. 당신의 마음이 하나님께서 당신의 회심을 위하여 제시하신 모든 조건들에 진심으로 다 동의한다면, 내가 이 장에 나오는 열 번째 지침을 말할 때에 설명했던 바로 그 언약을 정식으로 엄숙하게 하나님과 맺으십시오. 그러면, 하나님께서는 당신에게 자비와 긍휼을 베푸실 것입니다.

이상으로 나는 당신이 구원받기 위해서 반드시 해야 할 일들을 당신에게 다 말했습니다. 이제 당신은 하나님의 음성에 순종하고자 하는 마음이 듭니까? 그렇다면, 지금 즉시 일어나서 그렇게 하십시오. 당신이 생명의 길을 다 알고도, 고집을 부리고 그 길로 가려고 하지 않아서, 마침내 멸망하게 된다면, 당신은 무슨 변명을 할 수 있겠습니까? 당신은 그저 꿀 먹은 벙어리가 되고 말 것이 아니겠습니까? 당신이 게을러서, 내가 여기에 아주 분명하게 제시해 놓은 지침들을 따라 행하지 않는다면, 당신은 영원히 멸망하게 될 것입니다. 그러나 이 지침들을 따라 행하기만 한다면, 당신은 실패하면 어쩌나 하는 걱정은 아예 하지 않아도 됩니다. 게으른 자여, 어서 일어나서, 쟁기를 잡고, 당신의 회심이라는 알곡을 거두기 위한 일을 시작하십시오. 당신이 그렇게 쟁기로 밭을 갈다 보면, 하나님께서 어느새 당신 곁에 와 계실 것입니다.

거듭나지 않은 죄인을 위한 회심의 기도

아, 나는 정말 비참한 사람입니다! 나는 죄로 인하여 내 자신을 너무나 비참하고 끔찍한 상태로 빠뜨려 놓았습니다! 내 상태가 좋고 아무런 문제가 없다고 죄가 지금까지 내내 감언이설로 나를 속여 왔다는 것을 이제야 알겠습니다. 하지만 이제는 내가 멸망할 수밖에 없게 되어 있는 사람이라는 것, 주께서 나를 이 상태에서 건져 주시지 않는다면, 나는 영원히 멸망할 수밖에 없다는 것을 알았습니다. 내가 저질러 온 죄악들! 내가 그동안 자행해 온 죄악들! 주여, 나는 너무나 추악하기 짝이 없는 존재입니다! 주 님께 나는 쳐다보기도 끔찍한 독극물이나 악취가 풀풀 풍기는 시체보다도 더 역겹고 구역질나고 혐오스러운 존재입니다. 나는 내가 착한 마음을 지니고 있다고 생각하고서는 스스로 만족하고 흡족해 왔지만, 이제 와서 알고 보니 내 마음은 죄악의 소굴이고 지옥 그 자체입니다! 주여, 나라는 존재 전체가 완전히 부패해 있습니다. 나를 구성하고 있는 모든 부분들과 능력들, 그리고 내가 하는 모든 일들이 다 부패해 있습니다. 내 마음속에서 하는 모든 생각들은 온통 악한 것들뿐입니다. 내게는 선을 행할 힘이 없고, 내 마음은 선을 싫어하고 미워하며, 늘 악을 좋아하고 선호합니다. 내 마음은 온갖 죄악들이 들끓는 구덩이 자체이고, 거기에서 온갖 죄악된 생각들과 말들과 행위들이 무수히 쏟아져 나옵니다! 오, 내 영혼을 짓누르는 죄책의 무게여! 나의 머리와 마음과 생각, 그리고 내 몸의 모든 지체들은 죄로 충만합니다. 오, 나의 죄들이여! 나의 죄들이 나를 무서운 눈으로 노려보고 있습니다! 빚쟁이들이 나를 협박하고 윽박지릅니다. 하나님의 모든 계명들이 내게 달려들어서 만 달란트, 아니 만 달란트의 만 배보다 더 큰 빚을 빨리 갚으라고 아우성입니다. 내가 갚아야 할 빚이 끝이 없습니다! 땅에서부터 하늘 끝까지 이 온 세상을 종이로 채우고서, 서기관으로 하여금 그 종이들의 안과 밖에 내가 진 빚을 일일이 다 기록하게 하여도, 내가 하나님의 계명들 중에서 가장 작은 계명을 어긴 것으로 인하여 지은 빚조차도 다 기록하지 못할 것입니다. 내가 진 빚이 이렇게 한도 없고 끝도 없는데도, 나의 죄들은 계속해서 늘어만 가니, 나는 어찌합니까! 내가 지금까지 저지른 죄들은 무한히 존귀하신 하나님께 지은 죄들입니다. 세상의 왕에게 반역을 저지른 사람도 능지처참형을 선고받아서 사지가 찢겨 죽어 나가는데, 하늘을 향해 무수히 주먹질하고 전능자의 면류관과 존엄을 짓밟아 온 나는 얼마나 더 극형에 처해져야 마땅하겠습니까!

오, 나의 죄들이여, 내가 범한 죄들이여! 보십시오, 내가 저지른 죄들이 군대처럼 떼지어 몰려옵니다! 저 어마어마한 떼로 몰려오는 무시무시한 죄의 무리를 보십시오. 그 수를 셀 수조차 없습니다. 무수한 악이 나를 둘러쌌습니다. 내 죄악들이 나를 붙들고 거세게 다그치고 몰아세웁니다. 나의 죄들이 나를 덮쳐서 내 영혼을 쑥대밭으로 만들어 놓는 것보다는 차라리 지옥의 모든 군대가 내게 쳐들어오는 편이 더 낫겠습니다. 주여, 나는 완전히 포위되어 꼼짝을 할 수가 없습니다! 내가 저질러 온 무수히 많은 죄들이 벌떼같이 일어나 나를 치고 대적하고 공격합니다! 앞뒤로 나를 빈틈없이 에워쌌고, 안팎으로 우글거립니다. 이 무수한 죄들이 나의 모든 능력들을 접수하고서, 나의 비참한 영혼을 자신들의 요새로 삼아 견고하게 진을 치고서, 나를 지으신 하나님을 대적합니다.

나의 죄들은 수만 많은 것이 아니라 막강하기까지 합니다. 모래알들은 수는 많지만 막강하지는 않고, 큰 산들은 막강하지는 하지만 그 수가 많지는 않습니다. 그러나 나의 죄들은 모래알만큼이나 수가 많고, 큰 산들만큼이나 막강합니다. 또한, 나의 죄들의 무게는 그들의 수를 전부 합한 것보다도 더 무겁습니다. 도저히 견딜 수 없는 나의 죄들의 엄청난 무게에 짓눌리는 것보다는 차라리 바위들과 큰 산들에 깔리는 편이 더 낫겠습니다. 주여, 나를 짓누르는 것이 너무나 무겁습니다. 자비를 베풀어 도와주십시오. 그렇지 않으면, 내가 멸망하고 말 것입니다. 엄청난 무게로 나를 짓누르는 이 무거운 죄책을 내게서 벗겨 주십시오. 그렇지 않으면, 나는 아무런 소망도 없이 짓뭉개져서 지옥으로 떨어지고 말 것입니다. 나의 죄들과 그 죄들로 인한 나의 비참한 심정을 함께 저울에 달아 그 무게를 잴 수 있다면, 그 무게는 바다의 모래알들을 모두 합한 것보다 더 무거울 것이고, 땅의 모든 바위들과 산들과 섬들을 다 합한 것보다도 더 무거울 것입니다. 그러니 내가 무슨 말을 할 수 있겠습니까! 주여, 주께서는 나의 죄와 잘못이 얼마나 많고 큰지를 아십니다.

오, 나의 영혼이여! 슬프다, 나의 영광이여! 나의 영혼과 영광은 너무나 초라해져 버렸습니다! 한때는 피조세계의 영광이었고, 하나님의 형상이었던 내 영혼이 지금은 온갖 더러운 것들이 똘똘 뭉쳐져서 악취를 풍기는 역겨운 덩어리가 되어 버렸고, 구역질나는 썩어 문드러진 시체가 들어 있는 관이 되어 버렸습니다. 죄가 내 영혼을 이렇게 처참하게 만들어 버렸습니다! 내 영혼은 "버림받은 자"라 불리게 되었고, 내 영혼의 모든 능력들이 거하던 모든 방들은 "황무지"라 불리게 되었으며(사 62:4), 하나님의 영광이 떠난 곳이라고 해서, "이가봇," 곧 "영광이 어디 있느냐"라는 이름으로 불리게 되었습니다(삼상 4:21). 내 영혼이 이 정도까지 몰락해 버리고 말았습니다! 나의 아름다웠던 모습은 흉측한 몰골로 변해 버렸고, 나의 영광은 수치로 변해 버렸습니다. 주여, 나는 너무나 혐오스러운 나병환자입니다. 곪아 터져서 고름이 줄줄 흐르는 욥이나 나사로의 몸은 사람들의 눈과 코에 역겨운 것이었을 것이 분명하지만, 죄악을 결코 보지 못하시는 지극히 거룩하신 하나님 앞에 선 나의 모습보다는 나았을 것입니다.

나의 죄들이 나를 너무나 비참한 존재로 만들어 버렸습니다! 주여, 지금 나의 몰골이 너무나 비참합니다! 나는 죄 아래 팔렸습니다. 하나님 앞에서 쫓겨나 은총을 잃었습니다. 하나님으로부터 저주를 받았습니다. 나의 몸이 저주를 받았고, 나의 영혼이 저주를 받았으며, 나의 이름이 저주를 받았고, 나의 재물이 저주를 받았으며, 나의 인간관계들이 저주를 받았고, 내게 있는 모든 것이 저주를 받았습니다. 나의 죄들은 사함을 받지 못하였고, 내 영혼은 지옥으로 떨어지기 일보 직전에 있습니다. 내 가슴이 미어지고, 내 영혼에 슬픔이 밀려옵니다! 나는 어떻게 할 수가 없습니다. 내가 갈 곳은 아무 데도 없고, 내가 바라볼 곳도 없습니다. 위에서는 하나님께서 노하신 얼굴로 나를 노려보고 계시고, 아래에서는 지옥이 나를 빨리 삼키고 싶어서 입을 크게 벌리고 헐떡이고 있고, 안에서는 양심이 나를 치고, 밖에서는 시험들과 위험들이 나를 에워싸고 있습니다. 오, 이런 상황에서 내가 어디로 피할 수 있겠습니까? 내가 전지하신 분을 피해서 들키지 않게 꽁꽁 숨을 수 있는 곳이 어디 있겠으며, 전능하신 분으로부터 나를 안전하게 지켜줄 수 있는 자가 누가 있겠습니까?

오, 나의 영혼아, 너는 도대체 무슨 생각으로 이렇게 지금처럼 계속해서 가고 있는 것이냐? 지옥과 동맹을 맺고, 사망과 언약을 맺은 것이냐? 아니면, 이제는 너의 비참한 모습에 익숙해져서 지금 이대로 지내는 것이 좋은 것이냐? 슬프고 안타깝습니다. 도대체 나는 어떻게 해야 합니까? 나의 이 죄악된 길을 계속해서 그냥 이대로 갈 수밖에 없는 것입니까? 그렇다면, 나는 결국 영원히 멸망 받아 지옥에 떨어지고 말게 될 것입니다. 나는 잠시잠깐 내 육신의 편안함과 안락함, 잠시잠깐 나의 육신을 위한 쾌락이나 이득을 누리려고, 내 영혼을 지옥의 불구덩이에 던져 넣는 이 지독하게 얼빠지고 정신 나간 삶을 이대로 계속해서 살아갈 수밖에 없는 것입니까? 내가 이 비참한 상태에 정말 이대로 머물러 있을 수밖에 없는 것입니까? 절대로 그럴 수 없습니다. 나는 한시라도 이 상태로 머물러 있을 수 없습니다. 이 상태로 조금이라도 더 머물러 있게 된다면, 나는 죽고 말 것입니다. 정말 어쩔 도리가 없는 것입니까? 그 어떤 소망도 없는 것입니까? 하나님께서는 내가 돌이키는 길 외에는 그 어떤 소망도 없다고 하시는데, 정말 거기에 소망이 있는 것입니까? 나의 이렇게 끔찍한 비참한 상태를 고침 받고 회복할 수 있는 길이 있는 것입니까? 하나님을 격노하시게 한 나의 이 극악무도한 죄악들을 다 사해 주시는 자비와 긍휼이 정말 있는 것입니까? 하나님께서는 내가 즉시 진실하게 무조건적으로 그리스도를 의지해서 하나님께로 돌이키기만 한다면, 내게 자비와 긍휼을 베푸셔서 나의 모든 죄를 사해 주신다고 약속하셨는데, 그 약속이 정말입니까?

자비와 긍휼에 지극히 풍성하신 여호와여, 이제 나는 그 약속의 말씀을 믿고서 주 앞에 무릎을 꿇고, 나를 지금까지 참아 주시고 기다려 주신 것에 대하여 감사를 드립니다. 만일 주께서 나를 이 상태로 데려가셨다면, 나는 영원히 멸망하고 말았을 것입니다. 이제 나는 주의 은혜를 찬송하고, 주의 긍휼에 풍성하신 제안을 받아들여서, 나의 모든 죄를 버리고, 주의 은혜에 의지해서 모든 죄에 대적하며, 나의 사는 모든 날 동안에 거룩함과 의로움 가운데서 주를 따르기로 결단합니다.

주여, 내가 어떤 존재인지를 뻔히 아는데, 내게 어떻게 해 주시라고 감히 주께 청할 수 있겠으며, 나는 주의 발에 묻은 먼지를 입으로 핥을 자격조차 없는 자인데, 어떻게 내가 감히 주 안에 나의 분깃을 갖게 해 주시라고 청할 수 있겠습니까? 하지만 주께서는 모든 것을 사해 주시는 "금 규"를 지니고 계시기 때문에(에 5:2), 나는 그 금 규를 내 손으로 만지고서 주 앞으로 담대히 나아갑니다. 만일 내가 내 죄로 인하여 절망한 채 주저앉아서 주 앞으로 나아가고자 하지 않는다면, 그것은 주의 자비와 긍휼을 무시하는 일이 될 것입니다. 주께서 내게 오라고 하시는데도, 만일 내가 주께 나아가지 않고 멀리 서 있기만 한다면, 그것은 마치 나 자신을 낮추는 듯이 겸손을 가장해서 주께 반역하고 스스로 멸망을 자초하는 일이 될 것입니다. 그러므로 이제 내 영혼을 숙여 주께 절하고, 지극히 감사하는 마음으로 주를 나의 주로 받아들임과 동시에, 내 자신을 주의 것으로 주께 드립니다. 나의 왕이시고 나의 하나님이신 주여, 나의 주권자가 되셔서 나를 다스려 주십시오. 내 심령의 보좌에 앉으십시오. 나의 모든 능력들이 주의 발 앞에 나아와서 머리 숙여 절하고 경배할 것입니다. 오, 주여, 나의 분깃이 되어 주십시오. 그러면, 내가 주 안에서 안식하게 될 것입니다.

주께서는 나의 마음을 원하시오니, 내 마음이 모든 면에서 주를 받아들이기에 합당한 곳이 되게 해 주십시오. 오, 주여, 나는 주를 모실 자격이 없는 자이고, 주의 것이 되기에 영원히 자격이 없는 자입니다. 그러나 주께서 그렇게 하시기를 원하시기 때문에, 나는 기꺼이 내 마음을 주께 드립니다. 내 마음을 받으십시오. 이제 주님의 것입니다. 내 마음이 주께 더 합당한 곳이었다면 좋았을 것이지만, 지금 이 모습 이대로의 나의 마음을 주께 드립니다. 오직 주만이 내 마음을 더 선하게 고치실 수 있으니까요. 내 마음을 주의 마음을 닮은 모습으로 빚어 주십시오. 내 마음이 거룩하고 겸손하며 신령하고 온유하며 자애롭고 유순한 마음이 되게 빚어 주십시오. 그런 후에, 내 마음에 주의 법을 기록해 주십시오.

주 예수여, 오십시오, 어서 오십시오. 승리자로서 내 마음에 들어오십시오. 영원히 나를 주의 것으로 삼으십시오. 내 자신을 주께 드립니다. 하나님 아버지께로 가는 유일한 길이시고, 유일하신 중보자이시며, 나를 하나님께로 데려다주실 유일한 방편이신 주께로 내가 나아갑니다. 나는 스스로 멸망을 자초하였지만, 내가 살 길이 주 안에 있습니다. 주여, 나를 구원해 주십시오. 그렇지 않으면, 나는 멸망하게 될 것입니다. 나는 목에 밧줄을 매고 주께 나아갑니다. 나는 죽어 마땅한 자이고, 영원히 저주를 받아 지옥에 떨어져야 마땅한 자입니다. 일꾼이 삯을 받는 것이 마땅한 것처럼, 나는 나의 죄들로 인하여 사망과 지옥을 나의 삯으로 받는 것이 마땅합니다. 그러나 나는 주의 보혈의 공로 밑으로 피하고, 오로지 주의 대속의 희생

제사의 효력만을 의지하며, 하나님께서 주의 중보기도만은 반드시 들어주실 것을 믿습니다. 나는 주의 가르치심에 순복하고, 주의 다스리심에 순종합니다. 영원한 문들아, 영광의 왕이 들어가실 수 있으시도록 활짝 열려라.

오, 지존자의 영이시고, 주의 택하신 자들을 위로하시고 힘주시며 거룩하게 하시는 영이시여, 주의 모든 영광스러운 것들과 주의 하늘 궁정의 모든 수행원들과 함께, 성령의 모든 열매들 및 은혜들로 오십시오. 나를 당신의 거처로 삼으십시오. 나는 오직 당신이 내게 이미 주신 것들만을 주께 드릴 수 있을 뿐입니다. 자신의 전 재산이었던 두 렙돈을 드린 과부 같이(막 12장), 내 영혼과 내 몸과 나의 모든 것을 주의 헌금함에 넣어 주께 드리오니, 그것들이 주로 말미암아 거룩하게 되게 하시고, 주의 뜻을 따라 사용해 주십시오. 그것들은 주께 고침 받아야 할 것들이오니, 그것들을 온전히 깨끗하게 고쳐 주십시오. 그것들은 당신을 위해 일하는 종들이오니, 그것들이 어떻게 해야 하는지를 가르치시고 지시해 주십시오. 나는 너무나 오랜 세월 동안 세상을 섬기고 사탄의 말에 귀를 기울여 왔지만, 이제는 세상과 사탄을 철저하게 배척하고, 오로지 주의 명령과 지시만을 준행하고, 주께서 인도하시는 길로만 가겠습니다.

찬송 받으시기에 합당하신 삼위일체 하나님이여, 내 자신을 한 분이신 하나님께 드립니다. 나를 받으시고, 내 위에 주의 이름을 쓰시고, 내게 있는 모든 것 위에도 주의 이름을 쓰셔서, 주의 고유한 소유가 되게 하십시오. 나와 내 몸의 모든 부분과 내 영혼의 모든 기능에 주의 소유라는 표시를 하십시오. 나는 주의 교훈과 계명을 따르기로 택하였으니, 주의 법을 늘 내 앞에 두겠습니다. 주의 법을 기록한 것을 늘 내 눈 앞에 두고서, 그 법을 온전히 준행할 때까지 모든 노력을 다하겠습니다. 나는 주의 은혜를 의지해서, 이 법을 따라 행하기로 결단합니다. 나의 존재 전체가 이 법의 다스림을 받게 하겠습니다. 주의 계명들 중에서 단 한 가지라도 온전히 준행할 수는 없겠지만, 어느 한 가지도 범하는 일은 없게 하겠습니다. 나의 육신이 싫어하고 거역하더라도, 나는 주의 은혜와 능력을 의지해서, 어떤 대가를 치르더라도, 주를 떠나지 않고 주의 거룩한 법도를 준행하겠습니다. 주께서 나를 결국 패배자로 끝나지 않게 하실 것임을 믿기 때문에, 나는 이 땅에서 온갖 모욕과 어려움들과 역경들을 기꺼이 감수하고, 내 자신을 부인하며, 주께서 내게 지워 주시는 십자가를 달게 지고 주를 따르겠습니다. 주 예수여, 주께서 메워 주시는 멍에는 쉽고, 주께서 지워 주시는 십자가는 주께로 나아가는 길이기 때문에 기꺼이 질 만한 것입니다. 나는 세상이 주는 행복을 누리고자 하는 모든 소망을 다 버립니다. 내가 주께 갈 때까지, 나는 기꺼이 이 땅에서 우거하는 나그네로 살아가겠습니다. 내가 내세에서 주와 함께 살고 다스릴 수 있게 되도록, 이 땅에서는 가난하고 비천하며 작고 멸시받는 자가 되게 해 주십시오. 주여, 나는 이 언약에 내 마음과 손을 얹고, 주와 이 언약을 맺습니다. 이 언약이 결코 변개할 수 없는 메대와 페르시아의 법이 되게 해 주십시오. 나는 이 언약을 지키겠습니다. 주의 은혜를 의지해서, 그러한 결단 속에서 살다가 죽겠습니다. 나는 주의 의로우신 판단들을 따라 살겠다고 맹세하였사오니, 그 맹세를 준행하겠습니다. 나는 이 언약에 자원해서 동의하였고, 이 언약을 나의 영원한 선택으로 삼았습니다. 주 예수여, 이 언약을 재가해 주십시오. 아멘.

제7장

회심의 동기들

나는 앞에서 회심이 왜 필요한지, 그리고 회심하지 않은 자의 참상이 어떠한 것인지에 대하여 이미 다 말하였기 때문에, 생각이 있는 사람들이라면, 그들이 하나님께 즉시 돌이키기로 결심하는 데에는, 사실 그것만으로도 충분할 것입니다. 하지만 나는 사람의 마음이라는 것이 본성적으로 지독할 정도로 완악하고 강퍅하다는 것을 잘 알기 때문에, 당신으로 하여금 하나님과 화해하고 화목하게 지내도록 설득하기 위해서는, 회심을 위한 동기들을 몇 가지 덧붙일 필요가 있다고 생각하게 되었습니다.

"주여, 이제 나의 마지막 시도가 실패하지 않게 해 주십시오. 어떤 사람이 이 책을 여기까지 읽었으면서도 아직 마음에 감동이 없다면, 주께서 지금 그 사람에게 강력하게 역사하셔서, 주의 일을 이루어 주십시오. 그 사람의 마음에 대고 말씀하셔서 설득하시고 그를 이기셔서, 그로 하여금 마침내 '주는 나보다 더 강하시오니 결국 나를 이기셨습니다'라고 고백하게 하십시오. 주여, 주께서 나를 사람을 낚는 어부로 삼아 주셨는데, 내가 내내 수고하여 단 한 사람도 낚지 못한다면, 나는 괜히 힘만 낭비하고 헛수고를 한 것이 되지 않겠습니까? 이제 나는 나의 마지막 그물을 던지고자 합니다. 주 예수여, 해변에 서 계시면서, 내가 어디에 어떻게 그물을 던져야 할지를 가르쳐 주십시오. 내가 던지는 말씀의 그물이 주께서 찾으시는 영혼들을 촘촘히 둘러싸서, 그들이 그물에서 빠져나올 수 없게 해 주십시오. 주여, 낚아야 할 영혼들이 너무나 많으오니, 그물에 가득 걸려 올라오게 해 주십시오. 주 하나님이여, 나를 기억하시고, 다시 한 번 내게 힘을 주십시오."

사랑하는 자들이여, 하늘과 땅이 당신을 부르고 있고, 지옥조차도 당신에게 회개의 메시지를 전하고 있습니다. 각 교회의 사역자들이 당신을 위해 수고하고, 하늘의 천사들도 당신이 회개하고 하나님께 돌아오기만을 기다리고 있습니다. 죄인이여, 악한 영들이 어떤 사람이 멸망하게 될 것을 알고서 비웃고, 그 사람의 비참한 모습을 조롱하며, 그 사람의 어리석은 행동을 보고 재미있어 죽겠다는 듯이 깔깔거리고 있다면, 당신의 심정이 어떻겠습니까? 당신이 돌이키지 않는다면, 바로 그 사람이 당신입니다. 당신이 악한 영들의 웃음거리가 되고 놀림감이 되는 것보다는 천사들의 기쁨이 되는 편이 더 낫지 않겠습니까? 당신이 돌이키기만 한다면, 하늘의 천군천사들은 "지극히 높은 곳에서는 하나님께 영광이요"라고 찬송할 것이고(눅 2:14), 새벽 별들도 일제히 찬송할 것이며, 하나님의 모든 아들들이 첫 번째 창조 때에 그랬던 것처럼 이번에도 이 새 창조를 송축하며 큰 소리로 외쳐 기뻐할 것입니다. 당신이 회개하기만 한다면, 천국에서는 그 날을 국경일로 선포할 것이고, 영화롭게 된 영들은 한 새로운 형제가 그들의 무리에 더해지고, 자신들과 함께 기업을 얻게 될 상속자가 하나님께 더해지며, 잃어버렸던 아들이 무사히 돌아왔다는 사실로 인해서 기뻐하고 즐거워할 것입니다. 진심으로 회개한 사람의 눈물은 하나님과 사람을 기쁘게 해 주는 포도주입니다.

사람들과 천사들이 당신의 회심을 기뻐하는 것이 당신에게 하찮은 일로 생각된다면, 하나님께서도 친히 당신의 회심을 기뻐하시고 심지어 기뻐 노래하시기까지 하신다는 사실을 당신은 알아야 합니다(눅 15:9; 사 62:5). 하나님께서는 야곱이 죽은 줄로 알았던 요셉이 살아 있음을 알고 요셉의 목을 끌어안고 눈물을 흘리며 기뻐하였던 것보다 더 큰 기쁨으로, 당신이 회심하고 나아오는 것을 기뻐하실 것입니다. 탕자 이야기를 한 번 보십시오. 저 멀리에서 집으로 돌아오는 탕자의 모습이 보이자마자, 연로한 아버지가 자신의 신분도 잊고 나이도 잊은 채로 맨발로 달려나가 탕자를 끌어안는 모습이 당신의 눈에 선히 보이지 않습니까! 자비와 긍휼의 발걸음은 그 속도가 아주 빨라서, 죄인의 발걸음은 그 절반도 따라오지 못합니다. 탕자를 긍휼히 여기고 불쌍히 여기는 아버지의 마음이 어떠하였을지가 당신에게 느껴지지 않습니까! 사랑은 자기가 사랑하는 자를 아주 빨리 알아봅니다. 긍휼은 아주 멀리 떨어져 있어도 자기가 불쌍히 여기는 자를 금방 알아봅니다.

탕자를 향한 사랑과 긍휼로 가득하였던 아버지는 탕자가 살아 왔던 저 방탕한 삶과 역겨운 패륜행위와 뻔뻔스럽기 짝이 없는 배은망덕함을 하나도 기억하지 못하기 때문에, 그런 것들에 대한 말은 단 한 마디도 없이, 두 팔을 벌려 탕자의 목을 끌어안고 입을 맞추고, 종들에게는 탕자에게 천국에서 가장 좋은 옷을 가져와서 입히고, 손에는 천국에서 가장 좋은 가락지를 끼우고, 발에는 천국에서 가장 좋은 신을 신기고, 살진 송아지를 잡아서 잔치를 열라고 명합니다. 아버지는 이 기쁨을 혼자 마음속에 간직해 둘 수는 없었기 때문에, 잔치를 열고 친구들을 불러와서 함께 기뻐하고자 합니다. 물론, 친구들도 아버지와 함께 기뻐해 주지만, 마치 아들이 죽었다가 다시 살아난 것 같은 기쁨을 느끼고 있는 아버지의 심정을 알 사람이 누가 있겠습니까. 탕자가 돌아온 것을 기뻐하여 아버지가 연 천국 잔치에서 울려 퍼졌던 저 풍악이 지금 나의 귀에도 생생하게 들려오는 것만 같습니다. 오, 천국에 울려 퍼지는 찬양대의 경이로운 곡조여! 나는 그 곡조를 배울 수는 없지만(계 14:3), 그 찬양대가 한 목소리로 감미롭게 부르는 저 아름다운 곡조의 테마가 어떤 것인지는 살짝 엿들을 수 있습니다: "이 내 아들은 죽었다가 다시 살아났으며 내가 잃었다가 다시 얻었노라"(눅 15:24). 복음서에서 우리 주님께서 들려주신 탕자에 관한 비유의 의미는 설명이 필요 없을 정도로 분명합니다. 아버지는 하나님이시고, 아버지가 준비해 놓은 것은 그리스도이시며, 탕자가 입게 된 옷은 그리스도의 의이고, 탕자에게 주어진 가락지와 신은 그리스도의 은혜이며, 친구들과 종들은 하나님의 사역자들과 성도들과 천사들입니다. 그렇다면, 탕자는 누구입니까? 이 글을 읽고 있는 당신이 진심으로 회개하고 돌이키기만 한다면, 탕자는 바로 당신입니다. 회심하기만 한다면, 당신은 하나님 아버지로부터 이렇게 극진히 환영을 받는 탕자가 될 것이고, 하나님으로부터 이러한 은혜와 기쁨과 사랑을 받게 될 복된 주인공이 될 것입니다.

당신은 견고한 바위 같고 단단한 금강석 같은 심령을 지니고 있어서, 여전히 요지부동으로 전혀 감동이 없고, 지금 돌이켜서 하나님의 자비와 긍휼의 자리로 나아가고자 하는 마음도 아직 생기지 않습니까? 그럼에도 불구하고, 나는 다시 한 번 당신에게 호소할 것입니다. 만일 내가 죽은 자들 중에서 한 사람을 당신에게 보내어 말하게 한다면, 당신은 수긍을 하겠습니까? 죽어서 저주를 받아 지옥의 불구덩이에 던져진 자가 당신에게 회개하라고 외치는 음성을 한 번 들어 보십시오: "아버지여 구하노니 나사로를 내 아버지의 집에 보내소서 내 형제 다섯이 있으니 그들에게 증언하게 하여 그들로 이 고통 받는 곳에 오지 않게 하소서… 만일 죽은 자에게서 그들에게 가는 자가 있으면 회개하리이다"(눅 16:27-28, 30). 당신처럼 회개하지 않은 채로 죽어서 지옥에 떨어진 자가 그 지옥의 불구덩이 속에서 당신에게 회개하라고 소리치는 소리를 귀 담아 들으십시오. 밑바닥이 아예 없는 구덩이인 저 무저갱 속을 내려다보십시오. 지옥의 불구덩이에 떨어져서 영원히 고통 받고 있는 자들이 있는 곳에서 피어오르는 연기가 당신의 눈에는 보이지 않습니까? 아무것도 보이지 않는 어둠 속에서 쇠사슬에 묶여서 영원히 고통 받고 있는 그들의 모습을 생각해 볼 때, 당신에게는 어떤 생각이 드십니까? 당신이 지옥의 불구덩이 속에서 영원히 불태워져도 괜찮겠습니까? 당신을 불태울 저 맹렬한 불길들과 당신의 영혼과 몸에 들러붙어서 당신을 갉아먹을 저 우글거리는 구더기들이 눈에 보입니까? 저 지옥의 심연을 보는 당신의 심정이 어떻습니까? 거기에 당신의 거처를 정하고 영원히 살아도 괜찮겠습니까? 지옥문에 당신의 귀를 대고 들어보십시오. 저주하는 말들과 신성모독을 하는 말들, 울부짖음들이 들립니까? 자신의 어리석음을 탄식하고 이 세상에서 살았던 날들을 저주하는 소리들이 들립니까? 크게 울부짖고 이를 가는 소리들이 들립니까? 그들의 탄식과 신음은 너무나 깊고, 그들의 참상은 상상하기 힘들 정도로 끔찍합니다. 땅이 갈라져서 그 입을 벌려 고라와 다단과 아비람과 그들에게 속한 무리들을 삼켰을 때, 그들이 지르는 비명소리들은 너무나 끔찍해서, 온 이스라엘 백성이 그 소리에 놀라 도망칠 정도였습니다(민 16:33-34). 그런데 만일 하나님께서 지옥의 입구를 덮고 있는 뚜껑을 여셔서, 거기에 있는 저주받은 자들의 끔찍한 비명소리가 인간 세상으로 올라와 울려 퍼진다면, 그 소리는 얼마나 무시무시하겠습니까! 그들이 고통을 견디다 못해 지르는 비명소리들 중에서 가장 끔찍하고 무서운 소리는 "이 고통을 영원토록 당해야 하다니! 영원토록!"이라는 소리일 것입니다. 당신의 영혼을 지으신 하나님의 살아 계심을 두고 맹세하건대, 당신이 회심하지 않는다면, 머지않아 당신은 이 모든 일을 직접 겪게 될 것입니다.

내가 해 주고 싶은 말들은 너무나 많지만, 온 세상에서 최고로 지혜로운 말 한 마디만 하자면, 그것은 회개하고 돌아오라는 것입니다. 이 세상에서 가장 의롭고 이치에 맞는 말을 한 마디 하라고 한다면, 나는 기꺼이 그렇게 말하겠습니다. 반면에, 온 세상에서 가장 어리석고 정신 나간 짓이라고 할 수 있는 것을 한 가지 든다면, 그것은 회심하지 않은 상태로 계속해서 살아가는 것입니다. 그렇게 살아가는 것은 정말 얼빠진 짓이고 어처구니없는 짓이며 이성 없는 짐승이나 하는 짓이고 도무지 이치에 맞지 않는 짓입니다. 당신이 스스로 멸망을 자초하고자 하는 것이 아니라면, 내가 지금까지 해 왔던 말들과 더불어서, 당신이 왜 회심을 해야 하는지에 대하여 내가 지금부터 들려주는 말들을 차분히 앉아서 곰곰이 숙고함으로써, 당신이 회개하고 돌이키는 것이 가장 이치에 맞는 말이라는 것을 당신에게 가르쳐 주는 양심의 소리를 받아들이시기를 간청합니다.

1. 당신을 지으신 하나님께서 그 지극하신 은혜 가운데서 당신을 초대하고 계십니다.

사랑과 자비가 지극히 풍성하신 하나님께서 지금 당신을 초대하고 계십니다. 당신을 향하신 하나님의 사랑과 자비는 끝이 없으시기 때문에, 하나님께서는 당신을 끝없이 불쌍히 여기십니다. 하늘이 땅보다 높은 것처럼, 하나님의 길은 우리의 길보다 높고, 하나님의 생각은 우리의 생각보다 높습니다. "주는 긍휼히 여기시며 은혜를 베푸시며 노하기를 더디하시며 인자와 진실이 풍성하신 하나님이시오니"(시 86:15). 죄인들은 이 말씀을 붙들고서 안심하고 하나님께로 돌이킬 수 있습니다. "너희는 옷을 찢지 말고 마음을 찢고 너희 하나님 여호와께로 돌아올지어다 그는 은혜로우시며 자비로우시며 노하기를 더디하시며 인애가 크시사 뜻을 돌이켜 재앙을 내리지 아니하시나니"(욜 2:13). 만일 하나님께서 자비와 긍휼이 풍성하셔서 "뜻을 돌이켜 재앙을 내리지" 않으시기로 작정하신 것이 아니라면, 회개하려던 사람들도 낙심해서 회개하지 않게 될 것입니다. 자비와 긍휼을 얻게 될 소망이 없다면, 반역자들이 무기를 버리고 돌아오려고 하지 않는다고 해도, 그것은 이상한 일이 아닐 것입니다. 그러나 인류 역사에서 하나님처럼, 은혜와 자비와 긍휼히 여기는 것과 오래 참고 기다리는 것과 관대함이 큰 왕은 존재하지 않았습니다. "주와 같은 신이 어디 있으리이까 주께서는 죄악과… 허물을 사유하시며 인애를 기뻐하시므로 진노를 오래 품지 아니하시나이다"(미 7:18). 죄인들이여, 당신이 상대해야 할 하나님이 어떤 분이신지를 똑똑히 보십시오. 당신이 돌이키고자 하기만 한다면, 하나님은 "다시 우리를 불쌍히 여기셔서 우리의 죄악을 발로 밟으시고 우리의 모든 죄를 깊은 바다에 던져" 버리시는 그런 분입니다(미 7:19). "만군의 여호와가 이르노라… 내게로 돌아오라 그리하면 나도 너희에게로 돌아가리라"(말 3:7).

죄인들의 문제는 하나님의 자비와 긍휼이 지극히 크다는 것을 너무 과신하는 것이 아니라, 하나님의 공의를 가볍게 여기거나, 하나님이 정하신 방식이 아니라 자신들이 생각하는 방식으로 하나님의 자비와 긍휼을 얻고자 하는 데 있습니다. 하나님의 자비와 긍휼은 인간의 상상을 초월합니다. 그 자비와 긍휼은 크고 다방면에 걸쳐 있으며 자애롭고 확실하며 영원합니다(느 9:19). 당신이 돌이키기만 한다면, 이 모든 자비와 긍휼은 당신의 것이 됩니다. 당신은 돌이키기를 원하십니까? 하나님께서는 자신의 두려우신 모습을 일단 뒤로 제쳐두시고, 은혜와 보좌를 앞에 세우시고서는, 당신에게 "금규"를 내미십니다. 그 "금규"를 만지고, 영원한 생명을 얻으십시오!

원수가 어떤 자비로운 사람의 발 앞에 엎드려서 자신의 잘못을 인정하고 용서를 빌면서 자기와 화해의 언약을 맺어 주기를 간청한다면, 그 사람이 자신의 원수를 죽이겠습니까? 하물며 자비와 긍휼에 풍성하신 하나님께서 그렇게 하실 리가 있겠습니까? 하나님의 이름을 깊이 묵상해 보십시오. "여호와께서 그의 앞으로 지나시며 선포하시되 여호와라 여호와라 자비롭고 은혜롭고 노하기를 더디하고 인자와 진실이 많은 하나님이라 인자를 천대까지 베풀며 악과 과실과 죄를 용서하리라"(출 34:6-7). 또한, 포로기 후에 이스라엘 백성들이 다 모여 금식하면서 회개할 때, 그들이 자신들의 역사를 회고하면서 한 회개의 고백도 읽어 보십시오: "그들과 우리 조상들이 교만하고 목을 굳게 하여 주의 명령을 듣지 아니하고 거역하며 주께서 그들 가운데에서 행하신 기사를 기억하지 아니하고 목을 굳게 하며 패역하여 스스로 한 우두머리를 세우고 종 되었던 땅으로 돌아가고자 하였나이다 그러나 주께서는 용서하시는 하나님이시라 은혜로우시며 긍휼히 여기시며 더디 노하시며 인자가 풍부하시므로 그들을 버리지 아니하셨나이다"(느 9:16-17).

당신의 영혼에게 힘을 불어넣어 주는 하나님의 부르심들과 약속들이 당신을 초대합니다. 하나님의 자비와 긍휼이 당신에게 얼마나 간절하게 구애하고 있는지를 보십시오. 당신에게 그렇게 문전박대를 당하는데도, 당신을 끈질기게 따라다니며 지금도 간절하게 당신에게 구애하고 있습니다. 당신을 향한 그 구애가 얼마나 진실하고 절절한지를 보십시오. "배역한 이스라엘아 돌아오라 나의 노한 얼굴을 너희에게로 향하지 아니하리라 나는 긍휼이 있는 자라 노를 한없이 품지 아니하느니라 여호와의 말씀이니라 너는 오직 네 죄를 자복하라 이는 네 하나님 여호와를 배반하고 네 길로 달려 이방인들에게로 나아가 모든 푸른 나무 아래로 가서 내 목소리를 듣지 아니하였음이라 여호와의 말씀이니라… 배역한 자식들아 돌아오라 내가 너희의 배역함을 고치리라"(렘 3:12-13, 22). "나의 삶을 두고 맹세하노니 나는 악인이 죽는 것을 기뻐하지 아니하고 악인이 그의 길에서 돌이켜 떠나 사는 것을 기뻐하노라 이스라엘 족속아 돌이키고 돌이키라 너희 악한 길에서 떠나라 어찌 죽고자 하느냐"(겔 33:11). "악인이 만일 그가 행한 모든 죄에서 돌이켜 떠나 내 모든 율례를 지키고 정의와 공의를 행하면 반드시 살고 죽지 아니할 것이라 그 범죄한 것이 하나도 기억함이 되지 아니하리니 그가 행한 공의로 살리라… 너희는 돌이켜 회개하고 모든 죄에서 떠날지어다 그리한즉 그것이 너희에게 죄악의 걸림돌이 되지 아니하리라 너희는 너희가 범한 모든 죄악을 버리고 마음과 영을 새롭게 할지어다 이스라엘 족속아 너희가 어찌하여 죽고자 하느냐 주 여호와의 말씀이니라 죽을 자가 죽는 것도 내가 기뻐하지 아니하노니 너희는 스스로 돌이키고 살지니라"(겔 18:21-22, 30-32).

이것들은 죄인의 마음을 녹이는 은혜의 말씀들이고, 인간의 말이 아닌 하나님의 음성입니다! 이것은 인간이 행하는 방식이 아닙니다. 당신은 인류 역사 속에서 왕이 자기를 거슬러 반역한 자에게, 무기를 버리고 돌아와서 목숨을 건지라고 애원하는 것을 본 적이 있습니까? 하지만 하나님의 자비와 긍휼은 당신을 따라와서 당신에게 돌이켜서 생명을 얻으라고 애원하고 간청하고 있습니다. 그런데도 당신의 마음은 아직도 깨어지지 않습니까? 오늘 당신이 하나님의 음성을 듣는다면 얼마나 좋겠습니까!

2. 천국 문이 당신 앞에 활짝 열려 있습니다.

영원한 문들이 당신을 위해 활짝 열려 있고, 천국으로 통하는 길도 당신에게 활짝 열려 있습니다. 이제 그리스도께서 당신을 향하여, "어서 일어나서 이 복된 땅을 차지하라"고 말씀하시고 권하십니다. 복음이라는 지도 속에 그려져 있는 저 세상의 영광을 보십시오. 일어나서 약속의 비스가 산으로 올라가서, 눈을 들어 동서남북을 둘러보고, 요단 건너편에 있는 저 복된 땅과 장엄한 산을 보십시오. 영광의 강들이 흐르는 하나님의 낙원을 바라보십시오. 일어나서, 그 땅을 동서남북으로 걸어 보십시오. 당신이 돌이키기만 한다면, 당신에게 보이는 그 땅을 하나님께서는 당신에게 주실 것입니다. 사도 바울이 아그립바 왕에게 "아그립바 왕이여 선지자를 믿으시나이까"(행 26:27)라고 물었듯이, 나도 당신에게 묻겠습니다: "당신은 선지자들을 믿습니까?" 당신이 진정으로 선지자들을 믿는다면, 그들이 하나님의 성에 대해서 얼마나 영광스러운 것들을 말했는지를 보십시오. 하나님께서는 당신이 돌이키기만 한다면, 그 모든 것들을 당신에게 주실 것이라고 약속하셨습니다. 하나님의 참되심을 걸고 단언하건대, 당신이 철저하게 제대로 돌이키기만 한다면, 그 모든 것들은 영원히 당신의 것이 될 것입니다.

투명한 순금의 성을 보십시오. 그 성의 터들은 온갖 보석들로 장식되어 있고, 그 문들은 진주로 되어 있으며, 그 성에서는 하나님의 영광이 광명이고, 하나님 자신이 성전입니다. 당신은 이것을 믿습니까? 당신이 그것을 믿는데, 하나님께서 그 문들을 활짝 열어 두시고서, 당신에게 들어가 차지하라고 명하시는데도, 거기로 들어가지 않는다면, 그런 당신은 제정신이라고 할 수 없지 않겠습니까? 당신이 그러한 천국을 거부하고, 거름더미를 끌어안고 계속해서 살아가고자 한다면, 당신은 정말 더할 나위 없이 어리석은 자임에 틀림없지 않겠습니까? 보십시오. 하나님께서는 당신을 산 위로 데려가서서, 당신에게 천국과 그 모든 영광을 보여 주시면서, "네가 엎드려 나를 경배하고, 나의 자비와 긍휼을 받아 들여서, 내 아들을 영접하며, 의로움과 거룩함 가운데서 나를 섬기고자 하기만 한다면, 나는 이 모든 것을 네게 줄 것이다"라고 말씀하십니다.

"미련하고 선지자들이 말한 모든 것을 마음에 더디 믿는 자들이여"(눅 24:25), 당신은 영원한 영광을 거부하고, 지금처럼 세상을 추구하고 섬기는 삶을 계속해서 살고자 하는 것입니까? 도대체 그것이 말이나 되는 일입니까? 전에는 당신으로 하여금 낙원에 들어오지 못하게 하는 일을 하였던 화염검이 지금은 당신을 낙원으로 몰아가는 일을 하는데도, 당신은 여전히 낙원으로 들어가려고 하지 않으려고 하는 것입니까? 내가 당신을 신앙이 없는 불신자라고 말한다고 해서, 당신은 나를 냉정하고 비정한 사람이라고 말하고 싶은 것입니까? 내가 당신을 불신자라고 말하지 않는다면, 도대체 나는 당신을 무엇이라고 말해야 하겠습니까? 당신은 하나님의 말씀을 믿지 않는 절망적인 불신자이거나, 천국의 영원하고 놀라운 영광에 대한 하나님의 말씀을 알고 믿기는 하지만, 그 말씀을 깡그리 무시하고도 태평하게 살아갈 수 있는 제정신이 아닌 사람이거나, 둘 중의 하나입니다.

내가 방금 당신에게 해 준 말들을 곰곰이 생각해 보십시오: 천국은 복된 나라, 영광의 나라, 의의 나라, 평화의 나라, 영원한 나라입니다. 당신은 그 나라에 거할 수 있고, 거기에서 영원히 다스릴 수 있습니다. 하나님께서는 당신을 영광의 보좌에 앉히시고, 친히 자신의 손으로 당신의 머리에 면류관을 씌워 주실 것입니다. 거기에서는 범죄하는 것이나 고통당하는 것이 없을 것이기 때문에, 그것은 가시 면류관이 아니라, 진짜 면류관일 것입니다. 거기에서는 금이 티끌보다 더 흔할 것이기 때문에, 그것은 금으로 된 면류관이 아니라, 생명의 면류관, 의의 면류관, 영광의 면류관일 것입니다. 거기에서 당신은 영광을 옷 입을 것이고, 당신의 아버지의 나라에서 궁창의 해처럼 빛날 것입니다.

지금 당신의 비천하기 짝이 없는 육신을 보십시오. 지금은 티끌과 재에 불과한 당신의 육신이 그 때에는 별보다 더 밝게 빛날 것입니다. 간단히 말해서, 당신은 하나님의 천사들 같이 되어서, 의로움과 거룩함 가운데서 하나님의 얼굴을 뵈옵게 될 것입니다. 이제 나를 보고 대답해 보십시오. 아직도 믿지 않겠습니까? 당신이 믿지 않는다면, 당신은 양심을 따라서 당신이 불신자라는 것을 인정하고 선언하여야 합니다. 왜냐하면, 내가 말한 것들은 다 내가 지어낸 말들이 아니라 하나님의 말씀들이기 때문입니다.

그러나 당신이 믿는다면, 당신이 결단하였다는 것을 내게 보여 주십시오. 당신은 당신의 행복을 위하여 하나님께 돌이키시겠습니까? 당신은 이제 다시는 죄악들을 저지르고서 이득을 얻지 않겠다고 결단하고, 하나님이 금지하신 쾌락들을 버리겠다고 결단하십니까? 당신은 이제 세상의 명예를 쓰레기 같이 여기고, 세상의 아첨하는 말들에 귀를 막으며, 세상의 유혹을 단호하게 뿌리치겠다고 결단하십니까? 당신은 천국에 가는 길을 가는 데 필요하다면 모욕과 가난도 기꺼이 감내하고, 자기를 부인하는 가운데 육신과 육신의 욕심들을 죽이고 육신이 싫어하는 삶을 선택하여 겸손히 주를 따르는 삶을 살아가겠다고 결단하십니까? 당신이 그렇게만 한다면, 천국의 모든 영광은 영원히 당신의 것입니다!

하나님의 제안은 지극히 공정하고 공평한 제안입니다. 당신이 하나님의 제안을 받아들이기만 하면, 천국의 모든 영광이 당신의 것이 되는데도, 의도적으로 계속해서 죄악된 삶을 살다가, 결국 저주를 받아 영원히 멸망하게 된다면, 그것은 지극히 공정하고 공평한 처분이 아니겠습니까? 그런데도 당신은 하나님의 말씀을 받아들이지 않겠습니까? 세상을 붙잡고 있던 당신의 손을 놓아 버리고, 영원한 생명을 붙들지 않겠습니까? 그렇게 하지 않겠다면, 당신을 영원토록 행복하게 해 줄 지극히 복된 선택을 거절한 당신이 과연 제정신인지를 당신의 양심에게 물어보십시오.

3. 하나님께서는 현세에서도 당신에게 이루 말할 수 없이 놀라운 특권들을 주실 것입니다.

당신은 내세에 가서야 하나님이 주신 복을 온전히 제대로 누리게 될 것이지만, 현세에서도 결코 적지 않은 복들을 누리게 될 것입니다. 하나님께서는 당신을 노예 상태로부터 속량해 주심으로써, 당신을 속박하고 있던 것들로부터 당신을 자유롭게 해 주실 것입니다. 당신은 우는 사자의 발톱으로부터 벗어나게 될 것입니다. 뱀이 당신의 발꿈치를 상하게 할 것이지만, 당신은 뱀의 머리를 상하게 할 것입니다. 당신은 이 현재의 악한 세상으로부터 건짐을 받게 될 것입니다. 형통할 때에 재물과 쾌락의 노예가 되어 멸망하는 일도 없을 것이고, 역경에 처하여 너무나 힘들어서 하나님과 결별하는 일도 없을 것입니다. 당신은 음부의 권세로부터 건짐을 받고, 공포의 왕이 당신에게는 평화의 사자가 될 것입니다. 당신이 짊어지는 십자가에서는 저주가 제거될 것이고, 당신이 겪는 환난은 당신을 정화시켜서 정금으로 나오게 할 "풀무불"이자 당신에게서 겨들을 골라서 날려 버리는 "키"가 될 것이며, 당신의 마음을 치유해 주는 "묘약"이 될 것입니다. 당신은 율법의 속박으로부터 벗어나게 될 것이고, 율법의 저주가 복음 안에서의 복으로 바뀌게 될 것입니다. 하나님께서는 지옥과 사망의 열쇠를 가지고 계시고, 그 문을 닫으시면 열 자가 없는데, 전에 사자들의 입을 막으셨듯이, 이제는 당신 앞에서 지옥과 사망의 문을 닫아 버리셔서, 당신으로 하여금 결코 둘째 사망으로 인한 해를 받지 않게 하실 것입니다.

하나님께서는 단지 당신을 당신의 참상으로부터 구원해 주시는 것에서 그치시는 것이 아니라, 이루 말할 수 없이 놀라운 특권들을 당신에게 주실 것입니다. 하나님은 자기 자신을 당신에게 주셔서, 당신의 아버지이자 친구가 되어 주실 것입니다. 또한, 하나님은 당신에게 해와 방패가 되어 주실 것입니다. 한 마디로 말해서, 하나님은 당신의 하나님이 되어 주실 것입니다. 하나님께서 당신의 하나님이 되어 주신다는데, 우리가 더 이상 무슨 말을 할 수 있겠습니까? 당신은 하나님께서 당신을 위해 이렇게 해 주시기를 바라고, 저렇게 되어 주시기를 바라십니까? 하나님께서는 바로 그렇게 해 주실 것이고, 바로 그렇게 되어 주실 것입니다. 왕과 결혼하는 여자는 왕이 자기를 위하여 왕으로서 마땅히 해 줄 것들을 해 주기를 기대할 것입니다. 즉, 호화로운 왕궁에서 살게 해 주고, 결혼예물로 금은보화와 좋은 옷과 장신구들을 줄 것을 기대할 것입니다. 왕의 아들이나 친구도 왕이 왕에 걸맞은 것들을 자기를 위해 해 줄 것이라고 기대할 것입니다. 하지만 당신에게는 너무나 높아 보이는 이 땅의 왕도 하나님과 비교하면 단지 수많은 동종의 나비들 중에서 화려한 날개를 가진 나비에 불과하고, 수많은 벌레들 중에서 유독 화려한 색깔을 지닌 벌레에 불과할 뿐입니다. 하나님이 흙으로 빚은 그릇들 중에서 가장 빛나는 그릇이 큰 영광과 권능을 지니고 있다고 할지라도, 하나님의 영광과 권능은 그런 것과는 비교할 수 없을 정도로 무한히 큰 것과 마찬가지로, 하나님께서 자신의 택하신 자들에게 해 주시는 것은 이 땅의 왕들이 자신의 왕후나 왕자나 신민들에게 해 주는 것과 비교할 수 없을 정도로 무한히 크다는 것은 두말할 필요가 없습니다.

하나님은 당신에게 은혜와 영광을 주실 것이고, 좋은 것들은 하나도 빼놓지 않고 당신에게 주실 것입니다. 하나님은 당신을 자신의 자녀로 삼으실 것이고, 자신의 약속들을 받게 될 상속자로 세우실 것이며, 당신과 영원한 언약을 맺으실 것입니다. 하나님은 율법과 양심과 사탄이 당신에 대하여 제기하는 모든 고소와 고발에 대해서 당신을 의롭다고 하실 것입니다. 하나님은 당신으로 하여금 자신의 존전에 자유롭게 드나들게 하실 것이고, 당신의 인격 전체를 받으실 것이며, 당신의 기도들을 들어주실 것입니다. 하나님은 당신 안에 거하셔서 끊임없이 당신과 친밀한 교제를 나누실 것입니다. 하나님의 귀, 하나님의 문, 하나님의 곳간이 당신에게 늘 열려 있을 것입니다. 하나님은 자신의 복이 당신 위에 머물러 있게 하실 것이고, 당신의 원수들로 하여금 당신을 섬기게 하실 것이며, 모든 것이 합력해서 당신에게 복이 되게 하실 것입니다.

4. 하나님께서는 당신에게 긍휼을 베푸시기 위하여 최소한의 조건만을 제시하십니다.

하나님께서는 자신의 존귀하심을 훼손시키지 않는 한도 내에서 자기 자신을 최대로 낮추시고 죄인들에게 다가오셨습니다. 하나님은 죄의 근원이 되실 수도 없으시고, 자신의 거룩하심의 영광을 훼손시키실 수도 없으십니다. 이 두 가지 조건을 충족시킬 수 있는 한도 내에서, 하나님께서는 자신을 최대한으로 낮추셨습니다.

하나님은 당신에게 이치에 맞지 않거나 불가능한 조건을 제시하시면서, 당신이 그 조건을 충족시키면, 당신에게 영원한 생명을 주시겠다고 말씀하신 것이 결코 아닙니다. 첫 번째 언약에서는 생명을 얻으려면 두 가지 조건을 충족시켜야 했는데, 하나는 과거의 죄들에 대한 공의의 요구들을 온전히 충족시켜야 한다는 것이었고, 다른 하나는 현재 이후로는 율법 전체를 계속해서 온전히 지켜 행하여야 한다는 것이었습니다. 하지만 인간은 아담의 죄로 인하여 태어날 때부터 타락하고 부패해 있었기 때문에, 이 두 가지 조건을 충족시켜서 구원을 얻는 것은 불가능했습니다. 그러자 하나님께서는 그 크신 은혜로 말미암아 당신에게 이 두 가지 조건을 충족시킬 수 있는 길을 열어 주셨는데, 그것은 당신으로 하여금 이 두 가지 조건을 직접 충족시키라고 요구하시는 것이 아니라, 당신을 대신해서 이 두 가지 조건을 충족시킬 보증인인 그리스도를 친히 세우셔서, 그 보증인으로 하여금 당신의 죄 문제를 해결하게 하신 것이었습니다.

"모든 것이 하나님께로서 났으며 그가 그리스도로 말미암아 우리를 자기와 화목하게 하시고 또 우리에게 화목하게 하는 직분을 주셨으니 곧 하나님께서 그리스도 안에 계시사 세상을 자기와 화목하게 하시며 그들의 죄를 그들에게 돌리지 아니하시고 화목하게 하는 말씀을 우리에게 부탁하셨느니라"(고후 5:18-19). 하나님께서는 자기 아들인 예수 그리스도를 이 땅에 보내시고 당신의 보증인으로 세우셔서, 그의 대속의 희생제사를 통해서 이미 속전을 받으셨기 때문에, 당신이 하나님의 아들인 그리스도를 영접함으로써, 그리스도가 당신에게 의로움과 속량함이 되게 할 것만을 요구하십니다. 따라서 당신이 하나님의 아들 예수 그리스도를 영접하고, 하나님을 기쁘시게 하는 삶을 살겠다고 결심하며, 이것을 당신의 인생의 가장 중요한 일로 삼기만 한다면, 하나님께서는 그 풍성하신 은혜로 반드시 당신을 받아주실 것입니다.

당신의 하나님께서 당신의 구원을 위하여 자기 자신을 얼마나 낮추셨는지를 곰곰이 생각해 보십시오. 나는 나아만의 종들이 나아만에게 한 말을 당신에게도 해 주고 싶습니다: "내 아버지여 선지자가 당신에게 큰 일을 행하라 말하였더면 행하지 아니하였으리이까 하물며 당신에게 이르기를 씻어 깨끗하게 하라 함이리이까"(왕하 5:13). 만일 하나님께서 영원한 형벌과 멸망을 피하기 위해서는, 이런저런 가혹하고 혹독한 일들을 행함으로써, 거기에 상응하는 대가를 치를 것을 당신에게 요구하셨다면, 당신은 영원한 생명을 얻기 위해서 그런 혹독한 대가를 치르고자 하지 않았겠습니까? 예를 들면, 하나님께서 당신에게 영원한 생명을 주시기 위한 조건으로, 당신이 이 땅에 사는 모든 날 동안에 사람이 살지 않는 황량한 광야에서 금식을 밥 먹듯 하며 뼈만 앙상하게 남은 채로 당신의 죄를 슬퍼하며 지내야 한다고 요구하셨더라도, 당신은 감사한 마음으로 그 조건을 받아들이지 않았겠습니까?

한 걸음 더 나아가서, 하나님께서 당신이 영원한 생명을 얻기 위한 조건으로, 수천만 년 동안 지옥의 불구덩이에서 불태워지며 고통을 당할 것을 요구하셨더라도, 당신은 기꺼이 그 조건을 받아들이지 않았겠습니까? 왜냐하면, 수천만 년이라는 세월도 영원의 모래시계 속에서는 모래알 하나에도 미치지 못하기 때문입니다. 만일 하나님께서 범죄한 당신을 일 년 동안 고문대 위에 묶어 놓고서 온갖 고통을 당하게 하신 후에, 당신을 자기 앞으로 부르셔서, 당신의 죄를 버리고, 그리스도를 영접하여, 당신 자신을 부인하는 가운데 몇 년 동안 그리스도를 섬길 것인지, 아니면 고문대 위에서 영원토록 고통을 당하며 지낼 것인지를 선택하라고 하신다면, 과연 당신은 하나님의 그러한 제안을 받아들이는 것을 망설이면서, 하나님이 내거신 조건들에 대하여 이의를 제기하고, 그 제안을 받아들일지 말지를 놓고 고민을 하고 있겠습니까? 틀림없이 당신은 한 치의 망설임도 없이 하나님의 제안을 무조건 받아들일 것입니다.

죄인이여, 돌이켜서 영원한 생명을 얻으십시오. 하나님의 자비와 긍휼이 당신에게 구원을 받아 영원히 살라고 간청하고 있고, 당신의 손을 뻗어서 붙잡기만 하면, 영원한 생명은 당신의 것이 될 것인데, 왜 당신은 죽고자 하는 것입니까? 당신은 종들에게 달란트들을 맡기고 타국으로 출타했다가 돌아와서 종들과 회계하고 있는 주인에게 악한 종이 그랬던 것처럼, "주인이여, 당신은 굳은 사람이라"(마 25:24)고 말하고 싶으십니까? 하지만 그런 변명은 통하지 않을 것입니다. 하늘에 계신 하나님께서 당신을 구원하시기 위하여 자신을 지극히 낮추시고 이 땅에 종의 형체로 당신에게 다가오셔서 손을 내미셨는데도, 그 손을 잡지 않고 뿌리친 것은 바로 당신이 아닙니까? 그런 당신이 그런 하나님을 "심지 않는 데서 거두고 헤치지 않은 데서 모으는" 철면피로 몰아서, 당신의 책임을 회피하고자 한다면, 누가 당신의 말이 맞다고 맞장구를 쳐주겠습니까?

여기에서 당신은 "하나님이 주신 새 언약은 첫 번째 언약에 비해서 사람들에게 유리한 조건들을 제시하고 있기는 하지만, 나는 회개할 능력도 없고 믿을 능력도 없기 때문에, 그 조건들을 충족시킬 수가 없습니다"라고 반론을 제기할지도 모르겠습니다. 그러한 반론에 대한 나의 대답은 "당신은 하나님의 은혜를 의지해서 얼마든지 그 조건들을 충족시킬 수 있습니다"라는 것입니다. 이제 우리가 다음으로 고찰해 보고자 하는 것은 이 문제에 대해서 좀 더 온전한 대답을 제시해 줄 것입니다.

5. 하나님께서는 당신이 구원을 얻는 데 필요한 모든 은혜를 친히 주십니다.

하나님께서는 "내가 손을 폈으나 돌아보는 자가 없었고"(잠 1:24)라고 말씀하십니다. 당신은 너무나 비참하고 끔찍한 구덩이에 빠져 있고, 당신 자신의 힘으로는 결코 그 구덩이에서 나올 수 없는데도 아무렇지도 않습니까? 그리스도께서는 당신을 그 구덩이에서 건져 주시겠다고 말씀하시며, 당신에게 손을 내밀고 계십니다. 따라서 당신이 그 구덩이 속에서 결국 멸망하게 된다면, 그것은 전적으로 당신이 그리스도의 도우심의 손길을 거절하였기 때문입니다. "볼지어다 내가 문 밖에 서서 두드리노니 누구든지 내 음성을 듣고 문을 열면 내가 그에게로 들어가 그와 더불어 먹고 그는 나와 더불어 먹으리라"(계 3:20).

당신은 가난하고 비참하며 눈멀고 벌거벗었는데도 아무렇지도 않습니까? 그리스도께서는 당신의 눈먼 것을 치유해 줄 약과 당신의 벌거벗은 것을 가려 줄 옷과 당신을 가난함에서 벗어나게 해 줄 많은 재물을 당신에게 주시겠다고 제안하고 계시고, 당신에게 자신의 의와 은혜를 주시겠다고 제안하고 계십니다: "내가 너를 권하노니 내게서 불로 연단한 금을 사서 부요하게 하고 흰 옷을 사서 입어 벌거벗은 수치를 보이지 않게 하고 안약을 사서 눈에 발라 보게 하라"(계 3:18). 당신은 "내게는 그런 것들을 살 수 있는 돈이 없는데, 사라고 하는 것이 말이 됩니까"라고 반문하고 싶습니까? 하나님의 말씀을 들어보십시오: "오호라 너희 모든 목마른 자들아 물로 나아오라 돈 없는 자도 오라 너희는 와서 사 먹되 돈 없이, 값없이 와서 포도주와 젖을 사라"(사 55:1). 당신은 아무리 많은 돈을 가지고 있어도, 하나님께 속한 것들을 돈으로 살 수 없습니다. 왜냐하면, 하나님이 당신을 위해 준비해 두신 금과 흰 옷과 안약은, 당신이 온 마음을 다하여 간절히 구할 때에 당신에게 값없이 거저 주어지는 것이기 때문입니다.

하나님께서는 당신에게 하나님을 알고 하나님을 경외하라고 명하십니다. 당신은 "그렇게 하고 싶지만, 내 마음은 눈멀어 있고, 내 마음은 완악해져 있어서, 하나님을 경외한다는 것은 내게 불가능합니다"라고 말하고자 합니까? 나의 대답은 하나님께서 당신의 마음에 빛을 비처 주시고 당신에게 하나님을 경외하는 법을 가르치시겠다고 분명하게 약속하셨다는 것입니다. 그러므로 사람들이 하나님을 알지 못하고 하나님을 떠나서 살아가고 있다면, 그것은 그들이 하나님의 법도를 깨닫고자 하지도 않고 알려고 하지도 않기 때문입니다. "지식을 불러 구하며 명철을 얻으려고 소리를 높이며 은을 구하는 것 같이 그것을 구하며 감추어진 보배를 찾는 것 같이 그것을 찾으면 여호와 경외하기를 깨달으며 하나님을 알게 되리니"(잠 2:3-5).

이것은 공평한 제안이 아닙니까? "나의 책망을 듣고 돌이키라 보라 내가 나의 영을 너희에게 부어 주며 내 말을 너희에게 보이리라"(잠 1:23). 당신은 스스로는 아무것도 할 수 없지만, 하나님께서 자신의 영을 통해서 당신에게 능력을 주시면, 당신은 모든 것을 할 수 있습니다. 그런데 지금 하나님께서는 당신을 도우시겠다고 제안하고 계십니다. 하나님은 당신에게 "스스로 씻으며 스스로 깨끗하게 하여 내 목전에서 너희 악한 행실을 버리며 행악을 그치고"(사 1:16)라고 명하십니다. 당신은 표범이 자신의 얼룩무늬를 씻어낼 수 없는 것과 마찬가지로, 당신도 스스로의 힘으로 당신 자신을 씻어 깨끗하게 될 수 없다고 말할 것입니다. 그렇습니다. 당신은 자신의 힘으로 깨끗하게 될 수 없습니다. 그래서 하나님께서는 당신을 깨끗하게 해 주시겠다고 당신에게 제안하시는 것입니다. 그런데도 당신이 여전히 더러운 상태로 살아가고 있다면, 그것은 전적으로 당신의 고집 때문입니다: "내가 너를 깨끗하게 하나 네가 깨끗하여지지 아니하니"(겔 24:13). "예루살렘이여 네가 얼마나 오랜 후에야 정결하게 되겠느냐"(렘 13:27). 하나님께서는 당신에게 깨끗하게 되라고 권하시고, 하나님께 순복하라고 청하십니다. 하나님의 제안을 받아들여서, 당신이 스스로의 힘으로 할 수 없는 일을 하나님께서 당신을 위하여 당신 안에서 행하게 하십시오.

결론

사랑하는 자여, 지금 당신의 심정이 어떻습니까? 이제 어떻게 할 작정입니까? 지금처럼 계속해서 살아가다가 영원히 멸망을 당하겠습니까, 아니면 돌이켜서 영원한 생명을 붙잡겠습니까? 즉시 소돔을 떠나지 않고, 얼마나 더 거기에 머뭇거리며 몸을 담고 있으려고 합니까? 얼마나 더 이러지도 못하고 저러지도 못한 채 그 자리에 멈춰 서 있을 참입니까? 그리스도냐 바라바냐, 지극한 복이냐 영원한 고통이냐, 이 허망하고 비참한 세상이냐 저 복된 하나님의 낙원이냐를 놓고서, 어느 쪽을 선택하는 것이 더 나은 선택인지를 아직도 결정하지 못했습니까? "다메섹 강 아바나와 바르발"(왕하 5:12) 같이 이 세상에서 맑은 편에 속하는 강물들도 에덴 동산을 흐르는 모든 강물들에 비하면 더럽기 짝이 없는 것인데도, 당신은 아직도 후자가 전자보다 과연 더 나을까 하고 의심하고 있는 것입니까? 아니면, 하나님과 어린 양의 보좌로부터 흘러나오는 저 수정 같이 맑은 생명수가 흐르는 낙원과, 죄악이라는 오물로 가득 들어찬 저수지인 이 세상을 저울의 양 쪽에 올려놓고서 어느 쪽이 좋을까 하고 아직도 여전히 저울질을 하고 있는 것입니까? 그리스도께서 당신을 위해 해 주시는 것들은 세상이 당신을 위해 결코 해 줄 수 없는 것들입니다. 그리스도께서는 영원무궁토록 당신과 함께 해 주실 것이지만, 세상은 당신 곁에 영원히 있어 줄 수 없습니다. 쾌락들과 당신의 소유인 땅들과 명예와 당신이 가진 보화들은 당신이 죽으면 작별해야 하고, 내세에까지 당신과 동행해 줄 수는 없습니다. 그러므로 당신은 내세에도 당신과 동행해 줄 것을 찾아야 하는데, 어쩌려고 이렇게 이러지도 못하고 저러지도 못한 채 머뭇거리고 서 있는 것입니까? 당신은 사도 바울의 전도를 받고 거의 회심할 뻔하다가 막판에 거부하고서 영원한 멸망에 떨어진 아그립바 왕 같은 신세가 되고자 하는 것입니까? 당신이 여기에서 결단을 하지 못하고 유야무야 지나간다면, 당신은 영원히 멸망할 수밖에 없습니다. 온전히 회심하여 그리스도인이 되는 것만이 중요하고, 그리스도인이 될 뻔한 것은 아무 소용이 없습니다. 당신은 얼마나 더 허황된 소원들과 열매 없는 계획들에 안주해서 살아갈 생각입니까? 회심하고자 하는 확고한 결단은 언제쯤 하렵니까? 사탄이 당신을 미혹시키고 속여서 그 결단을 미루게 하고 있는 것이 당신의 눈에는 보이지 않습니까? 당신은 이미 너무나 오랜 세월 사탄에게 휘둘려서 영원한 멸망의 길을 한참 걸어 왔습니다!

계속해서 확답을 피하며 얼버무리지 말고, 늦기 전에 지금 즉시 내게 대답해 보십시오. 나는 당신이 즉각적으로 동의하고 결단하는 말을 들어야 하겠습니다. 지금 하나님께서 당신을 붙들고서 간곡하게 청하시는데도, 당신이 결단하지 못한다면, 시간이 지날수록, 내가 당신에게 해 준 말들이 당신의 뇌리에서 희미해질 뿐만 아니라, 당신의 마음도 죄의 속임수에 속아서 더욱 완악해질 것이기 때문에, 당신이 나중에 결단하기는 더욱더 어려워질 수밖에 없습니다. 그러니 이제 내 손을 잡으십시오. 마음 문을 활짝 열고, 주 예수께 당신을 온전히 드리십시오. 그리스도와의 언약에 서명하십시오. 더 이상 미루지 말고 결단하십시오. 당신이 또다시 결단을 미룬다면, 나의 수고는 헛수고가 되고 말 것이고, 모든 것은 수포로 돌아가고 말 것입니다. 어서 와서, 당신의 영원한 운명을 스스로 선택하십시오. "보라 지금은 은혜 받을 만한 때요 보라 지금은 구원의 날이로다"(고후 6:2). "그러므로 성령이 이르신 바와 같이 오늘 너희가 그의 음성을 듣거든 광야에서 시험하던 날에 거역하던 것 같이 너희 마음을 완고하게 하지 말라"(히 3:7-8). 오늘을 기점으로 해서 영원토록 복된 자가 될 수 있는 기회가 당신에게 주어져 있는데도, 당신이 이 기회를 붙잡지 않을 이유가 어디 있습니까? 당신이 이 두렵고 끔찍하며 위험천만한 현재의 삶을 하루라도 더 길게 끌 이유가 어디 있습니까? 하나님께서 오늘밤에 당신의 영혼을 데려가시겠다고 하시면, 당신은 어쩌려고 그러십니까? 당신의 영원한 평강과 관련된 일들을 당신이 선택할 수 있는 기회가 당신의 눈 앞에서 사라져 버리기 전에, 그 기회가 이렇게 분명하게 주어져 있는 "오늘"이라고 일컫는 동안에, 당신이 그 일들을 알고 결단한다면, 얼마나 좋겠습니까! 오늘은 객관적으로는 수많은 날들 중의 하나에 불과하지만, 당신에게는 당신의 영원한 운명을 결정지을 날입니다. 다른 사람들에게도 그런 특정한 "오늘"이 주어졌지만, 그 "오늘"이라 일컫는 날 동안에 하나님께 돌이키기로 결단하지 않음으로써, 영원한 멸망을 당했습니다. 이제 그들의 날들은 다 지나갔고, 당신이 당신의 영원한 운명을 선택하고 결정지을 날이 이 역사의 무대에 동터왔습니다. "오늘"이라고 일컬어지는 바로 지금, 당신이 지혜로운 선택을 하지 않는다면, 당신은 영원히 멸망당하게 될 것임을 기억하십시오. 바로 지금 당신의 선택과 결단이 당신의 영원한 운명을 결정짓게 됩니다.

　이것은 한 치의 거짓도 없는 진실입니다. 당신이 영원한 생명을 얻어 살게 될 것인지, 아니면 영원한 사망에 처해지게 될 것인지가 오늘 당신의 선택에 달려 있습니다. 당신이 영원한 생명을 얻어서 행복하게 되는 것을 방해하는 것은 무엇입니까? 당신이 고집을 부리고 하나님께로 돌이키기를 거절하거나, 아예 이 문제에 관심을 갖지 않고 무시해 버리지만 않는다면, 그 어떤 것도 당신이 영원히 행복하게 되는 것을 방해할 수 없습니다. 에디오피아 내시는 전도자 빌립에게, "보라 물이 있으니 내가 세례를 받음에 무슨 거리낌이 있느냐"(행 8:36)고 말했습니다. 마찬가지로, 나도 당신에게 이렇게 말하고 싶습니다: "보라, 여기에 그리스도께서 계시고, 여기에 긍휼하심과 죄 사함과 생명이 있으니, 당신이 죄 사함을 받고 구원을 얻는 것을 무엇이 방해하겠습니까?"

한 순교자가 화형대 앞에서 기도하고 있을 때, 그에게 조건부 사면 제안이 들어왔습니다. 하지만 그는 그 조건이 합당하지 않은 것임을 알고서 사면 제안을 거절했는데, 이 때에 이 순교자가 그 제안을 거절한 것은 옳은 선택이었고 합당한 결정이었습니다. 그러나 하나님께서 당신에게 제안하신 조건들은 아주 명예롭고 쉬운 것들입니다. 죄인이여, 당신은 당신의 모든 죄를 사함 받을 수 있는 기회가 주어졌는데도, 영원토록 불명예스럽게 죄인이라는 낙인이 찍힌 채로 영원한 멸망 속으로 들어가고자 하는 것입니까? 오직 그리스도의 모든 복음을 다 인정하고, 그리스도를 영접하며, 당신의 죄들을 버리고, 당신 자신을 부인하며, 하나님이 메워 주시는 멍에와 십자가를 지십시오. 그러면, 당신은 오늘 승리자가 됩니다. 그리스도는 당신의 주가 되어 주실 것이고, 죄 사함과 평강과 생명과 복이 모두 당신의 것이 될 것입니다. 이것은 받아들일 만한 제안이 아닙니까? 그런데도 왜 당신은 이 제안을 즉시 받아들이지 않고, 의심하고 머뭇거리며 이의를 제기하고 주저하는 것입니까? 하나님이 죄보다 더 좋고, 영광이 허영보다 더 좋다는 것은 논쟁의 여지가 없는 사실이 아닙니까? 그런데도 왜 당신은 당신에게 영원한 생명을 주시겠다고 하시는 하나님의 자비와 긍휼을 거절하고, 죄악된 삶을 계속해서 살아가겠다고 고집을 부리는 것입니까? 도대체 언제 당신의 게으름을 떨쳐 버리고, 당신의 변명과 핑계들을 집어치우겠습니까? 내일이 있다고 말하지 마십시오. 당신이 오늘밤에 어디에 당신의 잠자리를 펴게 될지는 아무도 모릅니다.

지금은 성령께서 당신과 씨름하고 계시지만, 언제까지나 당신과 씨름하지는 않으실 것입니다. 하나님의 말씀을 들을 때에 당신의 마음이 뜨거워져서, 순간적으로 당신의 죄들을 버리고 그리스도께로 나아가고자 하는 마음이 들었던 적이 있지 않습니까? 당신이 처한 위험에 대하여 경고해 주면서, 당신이 별 생각 없이 이대로 살아간다면 그 결말이 어떻게 될 것임을 깨닫게 해 주는 어떤 감동들을 당신의 마음속에서 느꼈던 적이 있지 않습니까? 당신에게 그런 일들이 있었다면, 당신은 옛적의 어린 사무엘처럼, 하나님께서 여러 번 당신을 부르셨는데도, 하나님의 음성을 알아듣지 못한 것일 수도 있습니다. 당신의 마음속에서 일어나는 그러한 감동들은 성령이 당신에게 주시는 제안들이고 부르심들입니다. 성령께서는 그런 식으로 당신과 씨름을 계속하십니다. 그러므로 그러한 감동들이 있을 때를 놓치지 마시고, 그 기회들을 적극적으로 활용하십시오. 왜냐하면, 그러한 때들은 주님께서 성령을 통해서 당신을 찾아오시는 때들이기 때문입니다.

주 예수께서 당신을 받으시기 위하여 두 팔을 활짝 벌리고 계십니다. 주님은 우리 같은 복음 사역자들을 통해서 당신에게 간청하고 계십니다. 주님이 당신을 부르시는 음성은 너무나 감동적이고 온유하며 불쌍히 여기시는 마음이 가득한 그런 음성입니다. 교회는 주님의 음성을 듣는 순간 그 즉시 이루 말할 수 없이 황홀한 기쁨 속으로 빠져듭니다. "내 사랑하는 자의 목소리로구나"(아 2:8). 그런데도 당신은 귀를 막고 주님의 음성을 들으려고 하지 않는 것입니까? 주님의 음성은 백향목들을 쓰러뜨리고, 산들로 하여금 송아지처럼 뛰게 만들며, 광야를 뒤흔들고, 불길들을 가르는 음성이 아닙니까?

주의 음성은 시내 산의 우렛소리가 아니라, 부드럽고 세미한 음성입니다. 주님의 음성은 저주하고 공포를 조성하는 에발 산의 음성이 아니라, 복된 소식을 전하는 그리심 산의 음성입니다. 주님의 음성은 전쟁을 알리는 나팔소리나 전쟁터의 요란한 소리가 아니라, 평강의 왕으로부터 오는 평화의 메시지입니다. 마르다가 마리아에게 "선생님이 오셔서 너를 부르신다"(요 11:28)고 말했듯이, 나도 죄인인 당신에게 그렇게 말해 주고 싶습니다. 이제 마리아처럼 얼른 일어나서 주님께 나아가십시오.

주님의 초대는 얼마나 달콤하고 감미롭습니까! 주님께서는 사람들이 많이 모인 광장에 서서, "누구든지 목마르거든 내게로 와서 마시라"(요 7:37)고 외치셨습니다. 주님의 초대는 얼마나 관대하고 너그럽습니까! 아무도 배척하지 않으시고, 누구도 배제하지 않으시고, "누구든지" 오라고 하십니다. "원하는 자는 값없이 생명수를 받으라"(계 22:17). "너는 와서 내 식물을 먹으며 내 혼합한 포도주를 마시고 어리석음을 버리고 생명을 얻으라"(잠 9:5-6). "수고하고 무거운 짐 진 자들아 다 내게로 오라 내가 너희를 쉬게 하리라 나는 마음이 온유하고 겸손하니 나의 멍에를 메고 내게 배우라 그리하면 너희 마음이 쉼을 얻으리니"(마 11:28-29). "아버지께서 내게 주시는 자는 다 내게로 올 것이요 내게 오는 자는 내가 결코 내쫓지 아니하리라"(요 6:37). 주님께서는 그 마음이 완악하여 자신의 초대를 거절하는 사람들을 너무나 가엾게 여기십니다. "예루살렘아 예루살렘아 선지자들을 죽이고 네게 파송된 자들을 돌로 치는 자여 암탉이 그 새끼를 날개 아래에 모음 같이 내가 네 자녀를 모으려 한 일이 몇 번이더냐 그러나 너희가 원하지 아니하였도다"(마 23:37). "내가 여기 있노라 내가 여기 있노라 하였노라 내가 종일 손을 펴서 자기 생각을 따라 옳지 않은 길을 걸어가는 패역한 백성들을 불렀나니"(사 65:1-2). 이제는 주님의 초대를 받아들여서, 주님의 사랑의 팔에 안기십시오.

보십시오! 주 예수께서는 이미 감옥 문들을 활짝 열어 놓으시고서는, 자신의 사역자들을 통해서 당신에게 오셔서, 이제는 그만 감옥에서 나가라고 간청하십니다. 아담은 사탄에게 속아서 아주 쉽게 낙원을 버리고 나왔지만, 어쨌든 만일 주님께서 당신에게 궁전이나 낙원에서 나가라고 하시는 것이라면, 당신이 거기에서 나가기 싫어한다고 해도, 그것은 충분히 이해할 수 있는 일일 것입니다. 그러나 주님께서는 당신이 지금 갇혀 있는 지하 감옥과 쇠사슬과 어둠에서 나오라고 부르시는 것입니다. 그런데도 당신이 거기에서 나오려고 하지 않는다면, 누가 그것을 이해할 수 있겠습니까? 주님께서는 당신에게 그 어둡고 더러운 감옥에서 나와서 자유를 누리라고 부르시는 것인데도, 도대체 왜 당신은 그 부르심을 귀 기울여 들으려고 하지 않는 것입니까? 주님의 멍에는 쉽고, 주님의 법은 자유를 주며, 주님을 섬기는 것은 자유를 얻는 것입니다. 주님의 길에 대하여 당신이 어떤 선입견과 편견을 가지고 있을지라도, 주님을 믿기만 하면, 당신은 주님의 길이 온통 즐거움과 평강으로 가득하다는 것을 알게 될 것이고, 이루 말할 수 없는 달콤함과 기쁨을 맛보게 될 것이며, 그 길에서 무한한 즐거움과 지극한 복을 누리게 될 것입니다(잠 3:17; 벧전 1:8; 시 119:103, 111, 165).

사랑하는 자여, 나는 당신을 이대로 두고는 정말 당신 곁을 떠나고 싶지 않습니다. 내가 어떻게 당신을 포기할 수 있겠습니까? 이제 이 글을 끝낼 때가 다가오고 있지만, 나는 이 글을 끝내기 전에 그리스도와 당신 사이에 언약이 맺어지는 것을 보고 싶습니다. 당신이 꼼짝도 하지 않고 있는데, 내가 어떻게 이 글을 끝내고 당신 곁을 떠나 버릴 수 있겠습니까? 당신은 이 글을 여기까지 읽어 왔으면서도, 아직도 당신의 모든 죄들을 버리고, 예수 그리스도께 나아가기로 결단하지 못했습니까? 그렇다면, 내가 무슨 말을 할 수 있겠으며, 어떻게 할 수 있겠습니까? 내가 이렇게 끈질기게 간청하고 애원하였는데도, 당신은 그 모든 것을 다 뿌리쳐 버리려고 하는 것입니까? 내가 지금까지 힘들게 달려온 것이 다 헛수고가 되어 버린 것입니까? 내가 당신을 설득하기 위해서 그토록 많은 근거들을 제시하고 이렇게 많은 시간을 들였는데, 나는 결국 실망스러운 마음에 털석 땅바닥에 주저앉아야 하는 것입니까? 당신이 나를 실망하게 만드는 것은 대수롭지도 않고 별로 중요하지도 않은 일입니다. 그러나 당신이 내가 하나님을 대신하여 전한 말들을 듣고 회개하고자 하지도 않고 회심하고자 하지도 않는다면, 그것은 당신을 지으신 하나님을 무시하는 것이고, 당신을 불쌍히 여기셔서 당신에게 간절하게 구애하시는 구주를 배척하는 것이며, 성령을 거슬러 행하는 것이 된다는 것이 문제입니다.

내가 오랜 시간에 걸쳐서 당신을 불렀지만, 당신은 나의 부름에 화답하기를 거절했습니다. 그럴지라도, 나는 "모든 것이 끝났다!"고 서글픈 탄식으로 이 글을 끝내기 전에, 다시 한 번 도시의 가장 높은 곳들에 서서, 무신경한 죄인들을 향하여 나의 목소리를 나팔소리처럼 높여 외쳐서, 그들을 깨우고자 합니다: "땅이여, 땅이여, 땅이여, 여호와의 말을 들을지니라"(렘 22:29). 당신이 영원한 멸망을 당하여 죽기로 작정한 것이 아니라면, 하나님이 당신을 불쌍히 여기셔서 마지막으로 부르시는 음성에 귀를 기울이십시오. 나는 하나님의 이름으로 당신에게 이렇게 공개적으로 선포합니다: "아들들아 이제 내게 들으라… 훈계를 들어서 지혜를 얻으라 그것을 버리지 말라"(잠 8:32-33). "오호라 너희 모든 목마른 자들아 물로 나아오라 돈 없는 자도 오라 너희는 와서 사 먹되 돈 없이, 값 없이 와서 포도주와 젖을 사라 너희가 어찌하여 양식이 아닌 것을 위하여 은을 달아 주며 배부르게 하지 못할 것을 위하여 수고하느냐 내게 듣고 들을지어다 그리하면 너희가 좋은 것을 먹을 것이며 너희 자신들이 기름진 것으로 즐거움을 얻으리라 너희는 귀를 기울이고 내게로 나아와 들으라 그리하면 너희의 영혼이 살리라 내가 너희를 위하여 영원한 언약을 맺으리니 곧 다윗에게 허락한 확실한 은혜이니라"(사 55:1-3).

어떤 질병을 앓고 있거나 고통을 당하고 있거나, 교만이나 분노나 욕망이나 탐욕 같은 악한 영에 사로잡혀 있는 자여, 당신의 온갖 병을 가지고서, 의사이신 그리스도 앞으로 나아오십시오. 사람들이 지니고 있던 "모든 병과 모든 약한 것"을 다 고쳐 주신 분이 여기에 계십니다(마 4:23-24).

온갖 고민을 안고 살아가는 자여, 당신도 그리스도께로 나아오십시오. 그리스도께서 당신의 대장이 되셔서 당신을 이끌어 주실 것입니다. 그는 율법의 모든 속박으로부터 당신을 보호해 주실 것이고, 공의의 손아귀에서 당신을 건져 주실 것입니다. 그리스도는 당신에게 열려 있는 성소이고, 잘 알려져 있는 도피성입니다. 하늘을 찌를 듯한 분노로 당신에게 보복하기 위하여 당신을 추격해 오는 "피의 보복자"의 손에 잡혀서 영락없이 죽게 되지 않도록, 당신의 죄들을 버리고 그리스도께 나아오십시오.

모든 눈멀고 무지한 죄인이여, 그리스도께로 나아와서 안약을 사서, 당신의 눈이 밝히 볼 수 있게 하십시오. 당신이 이 상태로 계속해서 살아간다면, 당신은 영원히 멸망하게 될 것이기 때문에, 온갖 변명과 핑계들을 다 내려놓으시고, 그리스도를 당신의 선지자로 영접하십시오. 그러면, 그리스도께서 당신에게 빛이 되어 주실 것입니다. 그리스도께 하나님을 아는 지식을 달라고 부르짖으시고, 그리스도의 말씀을 연구하며, 신앙을 알기 위하여 힘쓰고, 하나님 앞에서 당신 자신을 낮추십시오. 그러면, 그리스도께서는 당신에게 길을 가르쳐 주실 것이고, 당신을 구원에 이르게 해 줄 지혜 속으로 인도해 주실 것입니다. 그러나 당신이 한 달란트밖에 받지 않았기 때문에, 자기에게는 그럴 힘이 없다고 핑계를 대면서, 그 자리에 주저앉아 버리고, 그리스도를 따르려고 하지 않는다면, 그리스도께서는 당신을 "악하고 게으른 종"으로 단죄하실 것입니다(마 25:24-26).

모든 불경건하고 속된 죄인이여, 그리스도께 나아와서 생명을 얻으십시오. 주께 돌아오십시오. 그러면, 주께서 당신을 긍휼히 여기실 것입니다. 주님의 간곡한 청을 뿌리치지 마십시오. 어서 돌아오십시오! 온갖 더러운 욕설들과 불경스러운 말들을 밥 먹듯이 그 입으로 내뱉으며 살아 왔던 자여, 그런 당신도 철저하게 돌이켜서 그리스도 앞에 나아오기만 하면, 당신은 지금까지 내뱉었던 온갖 죄악되고 불경스러운 말들을 다 사함 받게 될 것입니다.

모든 더러운 죄인이여, 당신의 얼굴에서 "음란"을 제하고 당신의 유방 사이에서 "음행"을 제하고서(호 2:2), 그리스도께 쓰임 받을 수 있도록, 당신 자신을 그리스도께 거룩한 그릇으로 드리십시오. 그러면, 당신의 죄가 주홍 같을지라도 눈과 같이 희어질 것이고, 진홍 같이 붉을지라도 양털 같이 희게 될 것입니다(사 1:18).

술 없이는 못 사는 자들이여, 당신은 얼마나 더 술에 취한 채로 세월을 보낼 작정입니까? 당신이 들고 있는 술병을 내려놓으십시오. 지금까지는 당신의 더러운 죄 가운데서 뒹굴며 살아 왔을지라도, 이제부터는 당신 자신을 그리스도께 드리고, 제정신으로 의롭고 경건하게 살아가십시오. 그리스도의 의를 받아들이고, 그리스도의 다스리심에 순복하십시오. 그러면, 지금까지 추악하고 사악하게 살아 왔던 당신을 그리스도께서는 깨끗이 씻어 주실 것입니다(계 1:5).

방탕하게 살아 온 모든 자들이여, 지금까지 당신은 악한 무리들과 어울려서 허탄한 얘기들을 하고 육신적인 쾌락을 누리는 것을 좋아하며 허송세월하는 방탕한 삶을 살아 왔습니다. 하지만 이제는 지혜의 부르심에 응답하여 나아오십시오. 지혜를 택하고 지혜의 길을 따르십시오. 그러면, 당신은 살게 될 것입니다(잠 9:5-6).

조롱하기를 즐겨 하는 자들이여, 하나님의 말씀을 들어보십시오. 당신은 신앙과 신앙인들을 조롱해 왔고, 그리스도와 그의 법도를 비웃어 온 사람이지만, 주께서는 그런 당신조차도 자신의 긍휼의 날개 아래로 모으시기 위하여 부르고 계십니다. 한 마디로 말해서, 당신이 가장 극악무도한 죄악들을 범한 자들의 명부에 등재되어 있다고 할지라도, 지금이라도 철저하게 회개하고 회심하기만 한다면, 당신은 주 예수의 이름으로 하나님의 성령으로 말미암아 정결하게 씻음을 받고, 거룩하게 되며, 의롭다 하심을 얻게 될 것이라는 것입니다(고전 6:10-11).

형식적으로 신앙생활을 하고 있는 자들이여, 지금까지 당신은 뜨겁지도 않고 차갑지도 않은 미지근한 상태로, 참된 신앙과 경건은 없고, 오직 그 모양새만을 갖추고서, 자신을 그리스도인으로 자처하며 살아 왔습니다. 이제는 그런 미지근한 태도를 버리고, 참된 그리스도인이 되십시오. 열심을 내어서 회개하십시오. 그러면, 당신이 지금까지는 그리스도의 진노를 불러일으켜 왔던 존재였을지라도, 지금부터는 그리스도께서 진심으로 기뻐하시는 존재가 될 것입니다(계 3:16-20).

하나님께서는 이미 무수히 당신에게 자신의 자비와 긍휼을 베풀어 주시겠다고 약속해 오셨습니다. "내가 오늘 하늘과 땅을 불러 너희에게 증거를 삼노라 내가 생명과 사망과 복과 저주를 네 앞에 두었은즉 너와 네 자손이 살기 위하여 생명을 택하고 네 하나님 여호와를 사랑하고 그의 말씀을 청종하며 또 그를 의지하라"(신 30:19-20). 그러므로 내가 할 수 있는 일은 단지 당신에게 간청하고 경고하는 것뿐입니다. 만일 사람이 행복해질 수 있는 다른 방법이 존재한다면, 나는 기꺼이 당신에게 그 다른 방법을 제시할 것입니다. 그러나 실제로 다른 방법은 존재하지 않습니다. 내가 나의 주인께 가서 , 당신이 무엇이라고 대답했다고 전할까요? 아브라함의 심부름으로 이삭의 신붓감을 구하기 위하여 메소보다미아로 간 종이 나홀의 가족에게, "이제 당신들이 인자함과 진실함으로 내 주인을 대접하려거든 내게 알게 해 주시고 그렇지 아니할지라도 내게 알게 해 주셔서 내가 우로든지 좌로든지 행하게 하소서"(창 24:49)라고 청하였는데, 내가 지금 당신에게 하고 싶은 청이 바로 그것입니다. 아울러, 나는 리브가가 아브라함의 종에게 주었던 저 복되고 시원시원한 대답을 당신에게서도 듣고 싶습니다. "리브가를 불러 그에게 이르되 네가 이 사람과 함께 가려느냐 그가 대답하되 가겠나이다"(창 24:58).

당신의 구원을 이렇게 애타게 바라는 내가 결국에는 당신을 고소하고 고발하는 사람이 되어 버리는 것으로 끝이 난다면, 그것이 말이 되겠습니까? 하나님의 자비와 긍휼을 받아들이라고 이렇게 간청하고 애원해 온 내가 결국에는 당신의 완악함을 더욱 가중시키고 당신의 비참한 상태를 더욱 증폭시킨 꼴이 되고 만다면, 그것이 말이 되겠습니까? 한 번 스스로 판단해 보십시오. 돌이키라고 간청하고 애원하는 말들을 무수히 듣고도, 그 말들을 전부 다 깡그리 무시해 버리고, 계속해서 죄 가운데서 살아가는 자들에게 임할 하나님의 진노와 심판은 갑절이나 더 무시무시하고 두려운 것이 되리라는 것을 당신은 아십니까? 최후의 심판의 날에 두로와 시돈의 백성들, 아니 소돔과 고모라의 백성들의 형편이 당신보다 더 나을 것이 틀림없습니다(마 11:22-24).

사랑하는 자여, 영원한 멸망을 향해 쇄도하고 있는 당신의 영혼을 불쌍히 여기는 마음이 당신에게 조금이라도 있다면, 하나님께서 지금 당신에게 내미시는 그 풍성하신 자비와 긍휼의 손을 망설이지 말고 잡으십시오. 하나님은 당신을 지으셨기 때문에, 하나님께서는 당신에 대하여 권세가 있으시다는 것을 조금이라도 인정한다면, 하나님의 명령에 순종해서 하나님 앞으로 나아오십시오. 당신이 하나님의 은혜를 멸시하는 자가 되고자 하는 것도 아니고, 당신에게 열려 있는 긍휼의 문을 스스로 닫아 버리고자 하는 것도 아니라면, 회개하고 돌이키십시오. 당신에게 천국 문이 열려 있는 이 기회를 날려 버리지 마십시오. 주 예수께서 자신의 곳간을 개방하시고서, 당신에게 돈 없이 값없이 사 가라고 명하시고 있는 이 기회를 날려 버리지 마십시오. 지금까지 성령과 복음 사역자들이 당신을 붙들고 씨름해 온 그 수고를 헛되이 하지 마십시오. 당신이 끝까지 회심하지 않는다면, 결국 다음과 같은 판결이 당신에게 내려지게 될 것입니다: "풀무불을 맹렬히 불면 그 불에 납이 살라져서 단련하는 자의 일이 헛되게 되느니라 이와 같이 악한 자가 제거되지 아니하나니 사람들이 그들을 내버린 은이라 부르게 될 것은 여호와께서 그들을 버렸음이라"(렘 6:29-30).

"영들의 아버지시여, 나의 연약함으로 인해서 도저히 감당할 수 없는 이 심령을 맡아 주십시오. 이제 나는 그 심령을 설득하는 일을 끝냈지만, 주께서는 이 일을 계속하실 것을 믿습니다. 주의 능력의 말씀으로 이 일을 이루어 주십시오. 한 번 열면 닫을 자가 없는 열쇠를 가지신 주여, 옛적에 루디아의 마음을 여셨듯이, 이 심령도 여셔서, 영광의 왕께서 이 심령 안으로 들어가셔서, 이 영혼을 사로잡게 해 주십시오. 시험하는 자가 이 심령을 완악하게 하여, 이 심령이 결단을 미루는 일이 일어나지 않도록 도와주십시오. 이 심령이 자신의 죄들을 버리고, 자기를 부인하고서는, 영원한 생명을 받아들일 때까지, 이 자리를 떠나지 않게 하시고, 이 글에서 눈을 떼지 않게 해 주십시오. 주 하나님이시여, 나는 처음에 주의 이름으로 이 일을 시작하였던 것과 마찬가지로, 이제 주의 이름으로 이 일을 끝마치고자 합니다. 내가 수고한 모든 시간들이 헛된 것들이 되지 않게 해 주십시오. 내가 이 일을 위해 무수히 고민하고 애쓴 것들이 헛수고가 되지 않게 해 주십시오. 주여, 옛적에 하나님의 말씀을 읽고 있던 에디오피아 내시에게 빌립을 보내 주셨던 것처럼, 이제도 이 글을 읽는 모든 사람들의 마음에 주의 손을 얹어 안수해 주시고 주의 영을 보내 주십시오. 오, 주 하나님이시여, 내가 수고하여 쓴 이 글로 말미암아 여러 영혼들이 회심하였다는 것을, 내가 살아 있는 동안에 알 길은 없겠지만, 마지막 날에는 밝혀지게 하시고, 그들로 하여금 이 글로 말미암아 자신들이 회개하여 주께 돌이키게 되었다고 서서 간증할 수 있게 해 주십시오. 아멘, 아멘."

이 글을 읽는 사람들도 "아멘"이라고 말할지어다.

"크리스천의 영적 성장을 돕는 고전"
세계기독교고전 목록

1 데이비드 브레이너드 생애와 일기
조나단 에드워즈 편집

2 그리스도를 본받아 | 토마스 아 켐피스

3 존 웨슬리의 일기 | 존 웨슬리

4 존 뉴턴 서한집 - 영적 도움을 위하여 | 존 뉴턴

5 성 프란체스코의 작은 꽃들

6 경건한 삶을 위한 부르심 | 윌리엄 로

7 기도의 삶 | 성 테레사

8 고백록 | 성 아우구스티누스

9 하나님의 사랑 | 성 버나드

10 회개하지 않은 자에게 보내는 경고
조셉 얼라인

11 하이델베르크 요리문답 해설 | 우르시누스

12 죄인의 괴수에게 넘치는 은혜 | 존 번연

13 하나님께 가까이 | 아브라함 카이퍼

14 기독교 강요(초판) | 존 칼빈

15 천로역정 | 존 번연

16 거룩한 전쟁 | 존 번연

17 하나님의 임재 연습 | 로렌스 형제

18 악인 씨의 삶과 죽음 | 존 번연

19 참된 목자(참 목자상) | 리처드 백스터

20 예수님이라면 어떻게 하실까 | 찰스 쉘던

21 거룩한 죽음 | 제레미 테일러

22 웨스트민스터 소교리문답 강해
알렉산더 화이트

23 그리스도인의 완전 | 프랑소아 페넬롱

24 경건한 열망 | 필립 슈페너

25 그리스도인의 행복한 삶의 비결 | 한나 스미스

26 하나님의 도성(신국론) | 성 아우구스티누스

27 겸손 | 앤드류 머레이

28 예수님처럼 | 앤드류 머레이

29 예수의 보혈의 능력 | 앤드류 머레이

30 그리스도의 영 | 앤드류 머레이

31 신학의 정수 | 윌리엄 에임스

32 실낙원 | 존 밀턴

33 기독교 교양 | 성 아우구스티누스

34 삼위일체론 | 성 아우구스티누스

35 루터 선집 | 마르틴 루터

36 성령, 위로부터 오는 능력 | 앨버트 심프슨

37 성도의 영원한 안식 | 리처드 백스터

38 웨스트민스터 소요리문답 해설 | 토마스 왓슨

39 신학총론(최종판) | 필립 멜란히톤

40 믿음의 확신 | 헤르만 바빙크

41 루터의 로마서 주석 | 마르틴 루터

42 놀라운 회심의 이야기 | 조나단 에드워즈

43 새뮤얼 러더퍼드의 편지 | 새뮤얼 러더퍼드

44-46 기독교 강요(최종판) 상·중·하 | 존 칼빈

47 인간의 영혼 안에 있는 하나님의 생명
헨리 스쿠걸

48 완전의 계단 | 월터 힐턴

49 루터의 탁상담화 | 마르틴 루터

50-51 그리스도인의 전신갑주 I, II | 윌리엄 거널

52 섭리의 신비 | 존 플라벨

53 회심으로의 초대 | 리처드 백스터

54 무릎으로 사는 그리스도인 | 무명의 그리스도인

55 할레스비의 기도 | 오 할레스비

56 스펄전의 전도 | 찰스 H. 스펄전

57 개혁교의학 개요(하나님의 큰 일)
헤르만 바빙크

58 순종의 학교 | 앤드류 머레이

59 완전한 순종 | 앤드류 머레이

60 그리스도의 기도학교 | 앤드류 머레이

61 기도의 능력 | E. M. 바운즈

62 스펄전 구약설교노트 | 찰스 스펄전

63 스펄전 신약설교노트 | 찰스 스펄전

64 죄 죽이기 | 존 오웬